中央编译局文库编辑委员会

主　　任：贾高建
副 主 任：魏海生　柴方国　季正聚　崔友平
委　　员（按姓氏笔画排序）：
　　　　　冯　雷　牟建君　杨雪冬　沈红文　张凤宝
　　　　　陈家刚　胡长栓　郝卫东　葛海彦

马克思主义经典著作研究读本

主　编　杨金海　李惠斌

马克思《十八世纪外交史内幕》研究读本

白云真

《马克思主义经典著作研究读本》顾问委员会

贾高建　俞可平　柴方国　庄福龄　陈先达　赵家祥　詹汝琮
李洙泗　张钟朴　冯文光　安启念　韩庆祥　李小兵　张曙光

《马克思主义经典著作研究读本》编委会

主　编　杨金海　李惠斌
副主编　薛晓源　林进平
编　委　（按姓氏拼音排序）
　　　　　曹典顺　冯　章　韩立新　江　洋　姜海波
　　　　　李百玲　吕梁山　苗永姝　聂锦芳　闫月梅
　　　　　杨学功　姚　颖　张　盾　张云飞　郑　锦

总　序

呈献给读者的这套"马克思主义经典著作研究读本"丛书，旨在立足于21世纪中国和世界发展的现实，对马克思、恩格斯、列宁重要著作以及有关专题思想重新进行较为深入的研究和解读，供广大读者特别是致力于深入研究马克思主义经典作家原著的读者阅读使用。计划出版40种，三年内陆续完成编写和出版工作。

马克思主义经典著作是学习和研究马克思主义理论的基础文本，历来为人们所重视。在我国学术史上，曾编写和出版过不少关于经典著作的读本，包括各种注释性读本和导读性读本，对学习和研究马克思主义理论发挥过重要作用。然而，随着时代的发展，这些读本也越来越显出历史局限性。比如，以往对经典著作的解读视角较旧，对马克思主义理解不够全面；解读的经典著作范围较小，视野有限；解读所依据的文献不足，深度不够等。进入新世纪以来，特别是自2004年中央实施马克思主义理论研究和建设工程以来，马克思主义经典著作的教学、研究以及普及工作不断加强，这就迫切要求对经典著作重新进行解读。

同时，这些年我国学界有关经典著作的翻译和研究成果不断推出，为更好地解读经典著作提供了可能。改革开放以来，特别是进入新世纪以来，随着我国社会主义现代化建设以及人类文明的深入推进，我们对马克思主义的理解以及对经典著作的研究不断深化，解读视角发生重大转变，对马克思主义的理解更加全面。例如，以往由于受革命实践的影响，我们较多地从社会主义"革命"视角去解读，而较少从社会主义"建设"视角去解读，因此，较多地注重研究其中的阶级斗争、无产阶级革命和无产阶级专政等理论，而较少研究社会和谐发展、人的全面发展等思想。革命胜利后,仍然沿袭了这种解读模式。这就造成了对马克思主义理解的片面性。实际上,马克思主义经典著作中有丰富的新社会建设思想,恰恰是这些长期被忽视的思想对我们今天的社会主义建设实践来说更有意义。近些年来,我国学者自觉地从"建设"视角研究经典著作基本观点,取得了一系列可喜成就。又如,过去对经典著作的解读主要限于对若干重要经典著作的解读,如对《共产党宣言》等五六部名著有较为详细的解读,对其他著作的解读不多。即使有收文较多的导读性读本,但常常由于篇幅所限,也只能对这些著作进行简要介绍,不可能对每一部著作展开研究。近些年来,这种情况在逐步发生变化。研究经典著作的专题成果越来越多。再如,近年来新的经典著作编译成果和相关研究成果不断推出,大大拓宽了人们对经典著作基本观点的理解。加之这些年我国学界一大批优秀的中青年学者成长起来,他们的外语水平较高,知识储备较多,研究方法较新等,对经典著作的研究和理解也更有新意。这些都为更好地解读经典著作提供了新的时代条件。

为了继承前人研究的成果,弥补以往研究的不足,总结这些年我国学界编译、研究经典著作的成果和经验,比较全面系统地解读和阐释经典著作的基本观点,中央编译局专门成立了"马克思主义经典著作及其重大理论问题研究"课题组,并对该项研究提供了基金资助。课题组不仅在局内组织力量进行研究,而且向社会公开招标,争取到社会力量的支持,一批有造诣的中青年专家参与到课题研究中来。经过课题组同仁两年多努力,已经形成一批研究成果,并将继续补充、完善并陆续推出。这套"马克思主义经典著作研究读本"丛书就是这些成果的集中体现。

本丛书力求体现如下特点,这也是丛书编著工作所力求遵循的原则:第一,体现全面性和系统性。本丛书不仅对经典作家的名著进行解读,也对其他重要著作进行解读,还要对经典作家的一些重要思想,如马克思的人类学思想、列宁的新经济政策理论等,进行专题梳理和解读。不仅从"革命"视角,而且从"建设"视角,全面、系统地梳理经典作家的思想观点。力求使这套丛书成为收文最全面、解读最系统、最能够反映经典作家著作全貌的学术成果。第二，突出文献性和考证性。每一研究读本的写作，力求充分反映国内外有关研究成果，特别是要充分反映我国新时期在经典著作翻译和研究方面所发现的新文献、取得的新成果。在此基础上，要对经典著作形成的历史背景、国内外传播、原著重要思想观点及其流变，以及后人对这些观点的理解等，进行考证研究。如果说过去的解读主要是"注"的话，那么，这套读本则要进一步体现"疏"的特点。通过这种"注疏"性考据研究，不仅使读者知其然，也知其所以然。这样，也能够为学界进一步研究提供尽可能丰富的文献资料。第三，力求权威性和准确性。一方面，研究读本所依据的经典著作文本力求具有权威性和准确性。主要依据中央编译局所编译的最新译本，如《马克思恩格斯全集》第二版、《马克思恩格斯文集》、《列宁全集》第二版、《列宁专题文集》等。对还没有新译文的文本，可以采用旧译文。同时，适当参照外文版本，进行比较研究。另一方面，所依据的其他文献资料，也力求具有权威性和准确性。要选择国内外在该研究领域最具权威性的专家学者的最具代表性的观点和最有影响力的文章。

基于上述考虑，本丛书采取大致统一的研究和写作框架。除导论外，各个读本均有五个部分组成。一是历史考证部分，其中包括写作背景、国内外主要版本和传播考证等；二是研究状况部分，包括对国内外已有的研究情况进行梳理；三是当代解读部分，包括对经典著作的内容简介，对已有研究观点的疏正，对重要理论观点及其当代意义的阐述；四是原著选编部分，根据经典著作的不同情况，或采取全选的形式，或采取节选的形式，均采用中央编译局的最新译本，个别读本同时选编原著的旧文本，以方便比较研读；五是附录部分，包括3到5篇关于本著作的国内外有一定权威性的研究文章，以及进一步研究需要参考和阅读的文献资料。

需要说明的是，对于经典著作的研究，往往会有仁者见仁、智者见智的情况。所以，尽管我们在组织编写工作中努力体现上述原则，但这些读本的观点不一定都具有代表性，更不可能与每一位读者的观点完全一致。加之作者研究角度不同，水平各异，每一读本的结构、篇章、内容、观点都不尽相同，其权威性程度也不尽一致。其中很可能有疏漏和错误之处，谨请读者批评指正。

  该丛书在编写和出版过程中，得到了各个方面的大力支持。中央编译局对此项工作高度重视，始终给予鼎力支持。国家出版基金将该丛书列入2012年资助项目。中央编译出版社为该丛书申报国家出版基金项目并最终立项，以及为丛书出版做了大量工作。本丛书中收入的译著和文章的译者、作者和出版者同意我们使用相关的著作版权。该项目顾问委员会的专家对丛书的编写工作给予热情指导，编委会成员和课题组同仁为丛书的编写付出了辛勤劳动。在此一并致以衷心的谢意！

《马克思主义经典著作研究读本》

编辑委员会

2013年6月16日

目 录

导 论 ………………………………………………………………… 1

第一部分 历史考证 ……………………………………………… 5

第一章 《十八世纪外交史内幕》创作的背景 …………………… 7
一 欧洲国际关系 ……………………………………………… 9
二 马克思的外交观 …………………………………………… 16
三 马克思与乌尔卡尔特 ……………………………………… 30

第二章 《十八世纪外交史内幕》的写作、传播 ………………… 35
一 《十八世纪外交史内幕》的写作与发表 ………………… 35
二 《十八世纪外交史内幕》的中外传播 …………………… 46

第二部分 研究状况 ……………………………………………… 53

第三章 国内外研究状况 …………………………………………… 55
一 国外研究状况 ……………………………………………… 55
二 国内研究状况 ……………………………………………… 59

第三部分 当代解读 ……………………………………………… 63

第四章 《十八世纪外交史内幕》的框架与内容 ………………… 65
一 第一部分 四封外交信件 ………………………………… 65
二 第二部分 英国外交的亲俄性质 ………………………… 67

三　第三部分　利益集团、议会政治与英国对外政策 …… 69
　四　第四部分　俄国政治史 …… 71
　五　第五部分　英国、俄国的传统外交政策 …… 74

第五章　《十八世纪外交史内幕》的理论观点　78
　一　长时段的外交史观 …… 79
　二　传统观念与外交传统 …… 80
　三　对外政策的国内根源 …… 82
　四　俄国的地缘政治角色 …… 84
　五　人民—民族的利益观 …… 86

第六章　《十八世纪外交史内幕》的当代意义　88
　一　推进外交学的中国化 …… 89
　二　致力于公正的世界秩序建设 …… 92
　三　增进人类命运共同体的意识 …… 93
　四　秉承外交为民的宗旨 …… 95
　五　践行外交高于战略的思想 …… 96

第四部分　经典著作选编 …… 99
卡·马克思　十八世纪外交史内幕 …… 101

第五部分　附　录 …… 167
附录Ⅰ　研究文献精选 …… 169
　一　弗·恩格斯：《俄国沙皇政府的对外政策》（节选）…… 169
　二　莱·哈钦森：《马克思〈十八世纪外交史内幕〉1969年英文版的〈导言〉》（节选）…… 181
　三　达·梁赞诺夫：《卡尔·马克思论俄国在欧洲的霸权地位的起源》（节选）…… 212
　四　陈乐民：《〈十八世纪外交史内幕〉笔记》（节选）…… 233
附录Ⅱ　延伸阅读书目 …… 244

导　论

　　《十八世纪外交史内幕》是马克思原计划撰写的一部关于 18 世纪英国和俄国外交关系史的著作的导言，在其有关欧洲外交史研究中占有十分重要的地位。1856 年，马克思在翻阅大英博物馆保存的外交手稿时，发现了一些鲜为人知的文件，涉及英国政府同俄国政府之间从彼得一世时代起就已经开始的秘密交往的内幕。马克思当时打算利用这些文件撰写一部著作来披露这些事实，但是没有实现这个计划，只是以《十八世纪外交史内幕》为标题撰写了这部著作的导言。马克思认为这些历史资料是判断 18 世纪欧洲外交关系的重要依据，因此详加批注，重新发表，"以便对历史作出新的说明"①。

　　在《帕麦斯顿勋爵传》中，马克思斥责英国是俄国专制制度的"工具和帮凶"，而在《十八世纪外交史内幕》中又提供历史资料来证明这种默许的做法可以追溯到 18 世纪初。马克思着重论述了沙皇彼得一世妄图征服世界的野心及其争夺世界霸权的外交传统。英国亲俄的外交传统必须回溯到彼得大帝时期。事实上如果没有英国的姑息和纵容，沙皇俄国无法称霸波罗的海。自从 1688 年"光荣革命"开始，英国厚颜无耻地支持沙皇俄国的侵略扩张政策，牺牲英国人民—民族利益而充当沙皇俄国侵略扩张的工具。如梁赞诺夫所说的，"《内幕》一书则是马克思在研究英国的特别是俄国的政治历史方面的唯一尝试。他想在这遥远的过去中探索出俄国何以变得如此强大，以及整个欧洲何以又在熬受着英俄两国奴役的谜底。"②

---

　　①　《马克思恩格斯全集》第 29 卷，北京：人民出版社 1972 年版，第 522 页。
　　②　达·梁赞诺夫：《卡尔·马克思论俄国在欧洲的霸权地位的起源》，见《马列著作编译资料》第 5 辑，北京：人民出版社 1979 年版，第 55 页。

事实上马克思善于从"一大堆杂乱的、看来是偶然的、互不连贯而又矛盾的、当前活生生的历史事实"①中把握事实的本质,以厚重的历史感、卓识的历史远见揭示出事件的深刻历史根源,从中预判事件未来的必然结果。马克思"在《路易·波拿巴的雾月十八》中已经初次表现出的惊人的才能,即在伟大历史事变还在我们眼前展开或者刚刚终结时,就能准确地把握住这些事变的性质、意义及其必然后果"②。大多数西方学者并没有意识到或强调《十八世纪外交史内幕》的学术意义与现实意义。即使马克思主义历史学家霍布斯鲍姆也并不认为《十八世纪外交史内幕》是一部重要的著作。相比之下,哈钦森在 1969 年英文版导言中强调,"马克思写《外交史内幕》的动机是政治性的。……他是为当时发生的重大政治问题提供一个历史背景。现在,在这部著作写成一百多年之后,它获得了非同寻常的历史价值;马克思的深刻观察和尖锐分析对那些比较正统的学究式历史作了必要的矫正。"③

不可否认的是,《十八世纪外交史内幕》是马克思对欧洲各国外交活动进行广泛而深入研究的产物,有助于我们深刻地理解马克思历史唯物主义的外交观。在马克思看来,英国和俄国之间的外交关系并不是两国共同物质利益的自然产物,更大程度上是彼得大帝以来外交传统的延续和承继。"光荣革命"之后英国寡头政治集团的对外政策反映着其狭隘的物质利益,而是以牺牲英国大众的人民—民族利益为代价的。正如中国学者陈乐民认为的,《十八世纪外交史内幕》"是一本别具特色的国际问题著作,贯串着引人入胜的理论思维"④。

在这篇经典著作发表 150 多年之后,尤其是在中国和平崛起的现时

---

① 《马克思恩格斯全集》第 8 卷,北京:人民出版社 1961 年版,第 7 页。
② 《马克思恩格斯文集》第 3 卷,北京:人民出版社 2009 年版,第 99 页。
③ 莱·哈钦森:《马克思〈十八世纪外交史内幕〉1969 年英文版的〈导言〉》,见《马列著作编译资料》第 5 辑,北京:人民出版社 1979 年版,第 6 页。(罗铁鸽译 杜章智校)
④ 陈乐民:《〈十八世纪外交史内幕〉笔记》,载《中国社会科学院研究生院学报》1987 年第 1 期,第 42 页。

代我们重新阅读和理解这篇著作，探讨其文本、思想与方法对于推进外交学中国化、致力于公正的世界秩序建设、增进人类命运共同体意识、秉承外交为民的宗旨、践行外交高于战略的思想等具有特定的现实感与学术意义，仍然丝毫没有失去其价值。

第一部分　历史考证

第一章 《十八世纪外交史内幕》创作的背景

从大工业和世界市场形成之时起,资产阶级"在现代的代议制国家里夺取了独占的政治统治。现代的国家政权不过是管理整个资产阶级的共同事务的委员会罢了"①。随着生产的国际化,资产阶级日益扩大自己的跨国活动,然而只有无产阶级才是真正革命的阶级。"现代的工业劳动,现代的资本压迫,无论在英国或法国,无论在美国或德国,都是一样的,都使无产者失去了任何民族性。"② 维也纳会议期间所建立起来的国际体系阻碍了欧洲的进步发展。欧洲的革命与民主依赖于外部的国际力量。1848 年英国外交大臣帕麦斯顿希望重复维也纳会议以来英国的政策,即 1830 年在比利时问题上的绥靖行动。"在东方问题上所宣布的'节制政策',同样也是内阁的对内政策。"③ 1848 年欧洲革命后,"欧洲的新统治者们不是保守的而是专制的。他们在国内依靠军事力量,在外交事务中也是从实力出发来考虑问题,完全不想去建立任何全欧洲的秩序,而是像任何一个革命者那样狂妄地去重绘欧洲的地图。"④ 欧洲革命之后,英国、法国、俄国等大国所主导的欧洲国际体系阻碍了欧洲的进步发展、民族解放和国家的政治统一。俄国不断侵略与扩张,成为欧洲专制统治的支柱,然而英国等西欧国家再三地迁就俄国的扩张计

---

① 《马克思恩格斯文集》第 2 卷,北京:人民出版社 2009 年版,第 33 页。
② 同上书,第 42 页。
③ 马克思:《内阁的成就》,见《马克思恩格斯全集》第 12 卷,北京:人民出版社 1998 年版,第 54 页。
④ 〔英〕泰勒:《争夺欧洲霸权的斗争》,沈苏儒译,北京:商务印书馆 1987 年版,第 45 页。

划，以维持现状与均势为借口推行卑贱屈膝、软弱无力、胆小怕事的对外政策。正是在这种历史背景下，马克思从无产阶级革命民主的立场出发看待欧洲国际体系的变化、英国等西欧国家外交的软弱、虚伪、卑怯等特性。

早在《莱茵报》从事新闻工作时马克思就洞察到"物质利益"、"经济问题"的重要性。马克思主义的唯物史观注重历史现实中的一些个体及其他们的活动与所处的物质生活条件。19世纪50年代的经济学研究促使马克思更加强调物质资料的生产方式对政治生活、外交生活的制约。"各民族之间的相互关系取决于每一个民族的生产力、分工和内部交往的发展程度。这个原理是公认的。然而不仅一个民族与其他民族的关系，而且这个民族本身的整个内部结构也取决于自己的生产以及自己内部和外部的交往的发展程度。"① 一国外交既不能从它们本身来理解，也不能从所谓纯粹的外交辞令来理解，反而是根源于物质的生活关系。历史主体的能动性总是受到既定的社会经济状况的限制，而无法超越现有的历史条件以创造历史。"人们自己创造自己的历史，但是他们并不是随心所欲地创造，并不是在他们自己选定的条件下创造，而是在直接碰到的、既定的、从过去承继下来的条件下创造。一切已死的先辈们的传统，像梦魇一样纠缠着活人的头脑。"② 因而马克思侧重从较长的历史时段审视传统观念、外交传统对一国外交活动的影响和塑造。此外，马克思、恩格斯在《共产党宣言》中指出，"现代的国家政权不过是管理整个资产阶级的共同事务的委员会罢了。"③ 现代国家政权管理着共同的对外事务并以其服务于资产阶级的共同利益。由此，马克思揭露与批判现代国家政权外交活动中寡头政治集团统治的实质。这些寡头政治集团借助外交等国家工具维护自己的特殊利益，从而牺牲整体的民族利益，往往拙劣与卑劣地从事外交活动。

---

① 《马克思恩格斯文集》第1卷，北京：人民出版社2009年版，第520页。
② 《马克思恩格斯文集》第2卷，北京：人民出版社2009年版，第470—471页。
③ 同上书，第33页。

一 欧洲国际关系

1. 19世纪中期前欧洲关系中的英俄关系

在西班牙和葡萄牙发起的"地理大发现"之后，欧洲国际关系出现了新的变化。一方面，西欧国家已开始向大西洋彼岸扩展商业势力；另一方面，欧洲大国争夺中欧、东欧的领土。此时俄罗斯君主伊凡三世（1462—1505年在位）早已利用立陶宛和波兰王室内乱的时机，入侵立陶宛，夺取了白俄罗斯和小俄罗斯的许多边界领土。从此，俄国成为欧洲事务中的一个重要力量。瓦西里三世（1505—1533年）建立了统一的俄罗斯国家。伊凡四世（1533—1584年）在1547年加冕称"沙皇"，曾经对奥斯曼帝国藩属克里木汗国进行了三次军事远征。16世纪中叶俄国对外贸易又开始发展起来，首先与俄国发生商业关系的是英国。为了商业航道，俄国试图从瑞典手中夺取芬兰湾及其附近领土。① 英国历经玫瑰战争（1455—1485年）建立了都铎王朝，逐渐发展成为一个民族国家。亨利八世（1509—1547年在位）实行了宗教改革。伊丽莎白一世（1558—1603年在位）在对外关系方面抵制罗马教皇和西班牙天主教会，保护英国宗教改革和新贵族的利益。1603年继承英国王位的斯图亚特王朝代表着封建贵族的利益，但是并未妨碍资产阶级和新贵族对海外殖民地的争夺。

"三十年战争"（1618—1648年）预示着欧洲从封建主义向资本主义的转变，标志着近代国际关系的新开端。1648年签订的《威斯特伐利亚和约》在欧洲大陆确立了一个相对均势状态的格局，为欧洲国际关系奠定了新的基础。英国、法国等国家日益在欧洲国际关系中起着重要作用。英国积极干预欧洲事务，力图维持欧洲均势，在西班牙、法国、荷兰之间纵横捭阖。"英国既同大西洋沿岸国家争夺海上霸权，又利用

---

① 王绳祖：《国际关系史》第1卷，北京：世界知识出版社1995年版，第12页。

法国与西班牙的矛盾干预欧洲大陆事务。"① 1604年英国国王詹姆斯一世（1603—1625年在位）与西班牙媾和，以维持欧洲均势以及在欧洲大陆的利益。尽管沙皇俄国是个封建农奴制的君主专制国家，但是俄国商人要求夺取贸易航道，力争波罗的海沿岸的商业口岸。彼得一世（1682—1725年）为实现僻居内陆的斯拉夫人世代"探海"的梦想，使俄国的地缘政治向海洋延伸，其战略目标是征服波罗的海沿岸。

为了维护英国在北欧的商业利益与战略利益，1654年4月11日英国与瑞典签署了和平同盟条约。1656年英国同瑞典签署了《瑞典国王查理·古斯塔夫和英国护国主奥利弗·克伦威尔条约》，确认了1654年的和平同盟条约。1675年英国议会在专制王权问题上开始形成两个政党。一个政党主张君权神授，即后来的托利党；另一个政党主张国家契约说，即后来的辉格党。1688年的"光荣革命"推翻了斯图亚特王朝的专制统治，结束了英法联盟，开始了英国同欧洲大陆的强国法国竞争的历史。"斯图亚特王朝为了自己和宫廷贵族的利益，毫不在乎地把所有英国工商业利益出卖给法国政府，即卖给当时唯一能在竞争中威胁英国并且在许多方面取得胜利的国家的政府……"② 从此英法矛盾开始成为欧洲国际关系的主要矛盾。1697年在荷兰海牙附近里斯维克达成的《里斯维克和约》标志着欧洲国际关系多极格局的发展，影响着18世纪的国际关系。1701—1713年的西班牙王位继承战争结束后所达成的《乌德勒支和约》使英国成为世界强国，改变了欧洲国家力量的分配，形成了欧洲国际关系的新均势状态。

英国与法国争夺欧洲大陆霸权，实行维持波罗的海地区均势的政策，难以对付俄国最初在波罗的海的扩张。在这种背景下，彼得一世先南后北地争夺出海口，为征服亚速海和黑海而两次对土耳其作战，为夺取波罗的海而同瑞典进行了长达21年之久的"北方大战"。1699年俄国、萨克森、丹麦三国反瑞典的"北方同盟"正式形成。为了维持波

---

① 王绳祖：《国际关系史》第1卷，北京：世界知识出版社1995年版，第65页。
② 《马克思恩格斯全集》第7卷，北京：人民出版社1959年版，第251页。

罗的海的均势以保护英国在这一地区的商业利益，1700年初英国和瑞典签署了全面防御条约，规定缔约国任何一方如受到第三国的攻击，另一方面应对被攻击的一方予以援助。1700年7月14日俄国与土耳其签订了为期30年的《君士坦丁堡条约》。1700年8月7日，俄国正式向瑞典宣战，北方大战爆发了。然而英国、丹麦等国开始担心沙皇的影响将扩展到整个欧洲，因而反对俄国的扩张。例如，英国政府认为"如果沙皇实现他的宏伟计划，他将由于摧毁和征服瑞典而成为离我们更近和更可怕的邻居"①。然而在瑞典需要帮助的关键时刻，英国没有采取坚决果断的措施帮助瑞典而防止俄国在波罗的海的扩张。1721年4月俄国、瑞典代表在芬兰阿兰群岛尼什塔特举行和谈，8月30日签订了《尼什塔特和约》，使俄国由一个内陆国家成为一个濒临海洋的欧洲强国。此后，沙皇俄国不断向外扩张，争夺欧洲霸权。1733—1735年波兰王位继承战争之后法、奥缔结了《维也纳和约》。不久，1736年的俄土战争结束后，俄国被迫在1739年10月3日缔结了《尼萨条约》，放弃了除亚速以外的所占地区，并不得在亚速海和黑海部署俄国海军。

1762年当"叶卡特琳娜二世在丈夫被杀后登上王位的时候，国际形势从来不曾这样有利于沙皇政府推行其侵略计划"。"七年战争把整个欧洲分裂成两个阵营。英国摧毁了法国人在海上、在美洲、在印度的威力，然后又把自己在大陆上的同盟者普鲁士国王弗里德里希二世抛给命运去摆布。这后者，在1762年……已经濒于毁灭……只得投身到刚即位的俄国女皇的脚下，而不能有其他的选择。"② 据此，叶卡捷琳娜③二世（1762—1796年在位）对土耳其进行了两次战争，打通了进入黑海的出海口；三次瓜分波兰，兼并了乌克兰从而巩固了彼得一世时所占领的波罗的海沿岸的地位。特别是，叶卡捷琳娜意识到英法之间长期海外争夺所形成的深刻矛盾，1766年与英国缔结了商约，以英国方面答

---

① 《马克思恩格斯全集》第44卷，北京：人民出版社1982年版，第284页。
② 《马克思恩格斯全集》第22卷，北京：人民出版社1965年版，第25页。
③ 叶卡捷琳娜在本书中还有叶卡特琳娜或叶卡特林娜的翻译方式，除尊重引文的原翻译，编著者将使用叶卡捷琳娜。——编著者注

应在波兰问题上与俄国意见完全一致为交换条件。俄土战争（1768—1774年）结束后，俄土两国代表在俄军大本营所在地库楚克-凯纳吉村签订了合约，使俄国终于打通了南方出海口。俄国提出了对多瑙河两公国和格鲁吉亚的保护权问题，很快导致了一场新的俄土战争（1787—1792年）。尽管英国首相威廉·庇特（1783—1801年在位）试图组织一个国际联盟以孤立俄国，然而辉格党的著名活动家尖锐批判庇特的政策，坚持对俄国采取友好态度，视俄国为牵制法国的筹码。这些主张反映了在波罗的海进行广泛的对俄贸易的英国资产阶级的利益和要求，迫使庇特放弃了战争的计划。

　　随着奥斯曼帝国的衰落，英法俄等国家在近东的矛盾日益尖锐。1806年12月土耳其苏丹向俄国人宣战，然而英国积极助俄攻土。1810年左右法俄关系迅速恶化。作为反法联盟核心的英国自然愿意支持俄国，1812年7月18日与俄国签订同盟条约。在1814年9月召开的维也纳会议某种程度上确立了欧洲均势。英国的基本政策是夺取海上绝对优势并且建立欧洲大陆国家之间的均势。对于维也纳会议，恩格斯指出"分配赃物和奖金并商讨能把革命前的形势恢复到什么程度，民族买进和卖出，被分割和合并，只要完全符合统治者的利益和愿望就行"①。1815年9月20日，沙皇亚历山大一世（1801—1825年在位，保罗一世之子）、奥皇弗兰茨一世、普王腓特烈·威廉三世签订了《神圣同盟条约》，体现了欧洲专制君主以基督教为名义而镇压民族民主运动。1822年9月乔治·坎宁接任卡斯尔雷担任英国外交大臣，企图以合作的方式约束俄国的行动。如果俄国侵占了土耳其达达尼尔海峡和博斯普鲁斯海峡，"无论在贸易和政治方面，对英国实力都是一个沉重的打击，如果不是致命打击的话"②。1826年4月4日英俄两国签订了《彼得堡议定书》。

　　土耳其在1828—1829年的战争中战败，与俄国签署了《亚得里亚

---

① 《马克思恩格斯全集》第2卷，北京：人民出版社1957年版，第641页。
② 《马克思恩格斯全集》第12卷，北京：人民出版社1998年版，第16页。

堡条约》。它使俄国夺得了多瑙河和整个黑海东岸地区，扩大了俄国在巴尔干地区的势力和影响。"俄国的宿愿终于实现了。来自冰冷的涅瓦河畔的野蛮人把繁华的拜占庭和阳光煦丽的博斯普鲁斯海岸紧紧地抱在自己怀里。自封的希腊皇帝后裔——虽然是暂时地——占领了东方的罗马。"① 1833年7月8日，俄国与土耳其签订了有效期为8年的《安吉阿尔-斯凯莱西条约》，规定土耳其政府同俄国建立攻守同盟，未经俄国同意不得与其他国家签订任何新的条约，并确认以前的各项俄土条约，特别是《亚德里亚堡约》。在此次俄土战争期间英国拒绝了土耳其数次的海军援助要求。《安吉阿尔-斯凯莱西条约》实际上确认了俄国对奥斯曼帝国的控制。随着英法矛盾的日益暴露，俄国与其威胁最大敌人英国结盟。1841年7月13日英、法、俄、奥、普五国和奥斯曼帝国之间签订了关于对各国军舰封闭达达尼尔海峡和博斯普鲁斯海峡的公约，简称《伦敦海峡公约》。这项公约使俄国丧失了18世纪以来在俄土双边交涉中所取得的一切优势，使英国成为近东最大的既得利益者。

2. 1848年欧洲革命后的国际关系

1830年法国七月革命推翻了波旁王朝的统治，建立了以路易·菲利普为国王（1830—1848年在位）的七月王朝，致命地打击了正统主义原则，极大地塑造着欧洲外交关系。仅俄国尼古拉一世（1825—1855年在位）仇视法国革命和七月王朝。尽管此后俄国勉强承认了七月王朝，但是法俄关系依然紧张。在法国七月革命的影响下，1830年8月25日比利时人发动了反对荷兰统治的起义，并在10月4日宣布独立。正是由于1830年11月波兰也爆发了起义，俄国放弃了武装干涉比利时革命的计划。波兰起义直接威胁着正统主义原则和维也纳会议决议，危害到俄国的切身利益。1831年2月，11.5万俄军进军波兰，致使波兰起义失败。

1848年革命席卷欧洲大陆，但是受到各国统治者的反对和镇压。

---

① 《马克思恩格斯全集》第12卷，北京：人民出版社1998年版，第432页。

充当欧洲宪兵的俄国仇视一切革命运动,它不仅千方百计阻挠革命向俄国的传播,严密监视俄国人民的革命动向,而且阻挠德意志的统一,维护奥地利对意大利人、匈牙利人和捷克人的压迫,以重兵扼杀了波兰起义,伙同土耳其镇压了多瑙河两公国革命,同奥地利联合,共同镇压了匈牙利革命。英国虽未以武力镇压别国革命,但它却用英镑和外交阻挠民族解放运动的发展,借以维护欧洲均势,保证英国在欧洲的利益和对外殖民侵略与扩张的自由。①

1852年12月英国组成了以阿伯丁为首的联合内阁。1853年"东方问题"②再次成为欧洲的议事日程,主宰着欧洲局势,是"欧洲外交上的绊脚石"③。英国政府非常担心在"东方问题"上与俄国发生冲突,从而导致战争引起欧洲革命。对此,马克思指出:

"沙皇的这样大的一个帝国只有一个港口作为出海口,而且这个港口又是位于半年不能通航,半年容易遭到英国人进攻的海上,这种情况使沙皇感到不满和恼火,因此,他极力想推行他的先人的计划——开辟一条通向地中海的出路。他正在把奥斯曼帝国的最边远的地区逐个地从奥斯曼帝国主体上分割下来,直到最终使这个帝国的心脏——君士坦丁堡——停止跳动为止。每当他认为土耳其政府的统治似有加强,或者发现斯拉夫人中有自我解放的更危险的征兆,从而威胁到他对土耳其的计划时,他就会故伎重演侵入这个帝国。他利用西方列强的胆小怕事吓唬欧洲,尽可能地提出自己的要求,以便在后来得到自己最想要的东西而止步时显得宽容大量。另一方面,不坚定的、畏缩而又相互猜忌的西方列强,起初由于害怕俄国侵略而鼓励苏丹反抗沙皇,而最后却由于害怕一场大战会引起一次大革命而强迫苏丹让步。它们太软弱,太胆小,不敢用建立希

---

① 王绳祖:《国际关系史》第2卷,北京:世界知识出版社1996年版,第119页。
② "东方问题"意指欧洲大国争夺日益衰落的奥斯曼帝国领土所引起的复杂的国际问题,成为19世纪期间欧洲外交活动的中心和大国争夺的对象。
③ 《马克思恩格斯全集》第11卷,北京:人民出版社1997年版,第674页。

腊帝国或建立斯拉夫国家的联邦共和国的办法来重建奥斯曼帝国，所以它们的全部目的就是保持现状，即保持使苏丹不能摆脱沙皇、斯拉夫人也不能摆脱苏丹的腐败状态。"①

正是由于英国等西欧国家在对外政策上的纵容态度，俄国与土耳其之间的冲突终于演变成一场战争，即克里木战争。"克里木战争是一出无与伦比的大型误会喜剧，在看这出戏的时候，你时刻都会问自己：这儿被骗的究竟是谁？但是这出喜剧花了无数的钱财和100多万人的生命。"②"每当革命风暴暂时平息的时候，一个老是反复出现的问题必定要冒出来，这就是永远解决不了的'**东方问题**'。"③ 俄国1853年2月28日进入君士坦丁堡，意在恢复、保持在君士坦丁堡占主导地位的影响力。最初西欧国家并未使用武力而是以外交照会回应俄国的行动。"像把骨头扔给狗一样，俄国把许多照会扔给了西方外交家，唯一的目的就是让他们作无害的消遣，而保证自己进一步赢得时间。自然，英国和法国都踊跃上钩。"④ 直到1854年英法两国才正式对俄宣战。"君士坦丁堡是永恒之城，是东方的罗马。在这里，在古希腊皇帝统治时代，西方的文明和东方的野蛮如此紧密地交织在一起，在土耳其人统治时代，东方的野蛮和西方的文明又如此紧密地交织在一起，致使这个神权帝国的中心成了欧洲进步的严重障碍。……西欧和俄国争夺君士坦丁堡的斗争包含着这样一个问题：是拜占庭主义在西方文明面前衰落下去呢，还是它们之间的对抗将以空前可怕而粗暴的形式重演。"⑤

随着18世纪晚期"东方问题"的出现，在英法矛盾依然十分尖锐的情况下英俄矛盾急剧上升。各种冲突和矛盾的发展导致了1853—1856年克里米亚战争的爆发。克里米亚战争使俄国处于空前的孤立状态，使其在外交和军事上遭受了严重的挫折和失败。在极端不利情况下

---

① 《马克思恩格斯全集》第12卷，北京：人民出版社1998年版，第239—240页。
② 《马克思恩格斯文集》第4卷，北京：人民出版社2009年版，第379页。
③ 《马克思恩格斯全集》第12卷，北京：人民出版社1998年版，第5页。
④ 同上书，第236页。
⑤ 同上书，第263页。

俄国所签订的《巴黎条约》将"东方问题"归属于欧洲大国协调的范畴之中，致使俄国无法继续发挥自拿破仑战争结束以来在欧洲事务中所起的支配作用。① 由于内阁认识上的分歧，"东方问题"初期，英国的政策处于徘徊之中，但从小皮特、卡斯尔累、坎宁到帕麦斯顿，逐渐形成了维持奥斯曼土耳其领土完整、保持地中海"均势"、确保英国在东方利益的中近东政策。英国中近东的战略重点在黑海海峡、君士坦丁堡、苏伊士运河、埃及和波斯湾等通往印度的航路上。为了保证这条航路的畅通无阻，英国在1856年与奥国、法国结成克里米亚同盟，向俄国开战。相互戒惧而不是相互侵略造成了克里米亚战争。无耻、背信弃义、卑鄙怯懦的西欧"强国"胁迫着土耳其政府，然而这种卑怯手段并未使这些国家摆脱困境。"土耳其政府不仅不能因俄国人的强盗行为造成的重大损失而得到任何赔偿，相反地，俄国强迫土耳其戴了四分之一世纪的锁链将被锻打得更结实，而且对这个囚犯将比过去看管得更严。"②

二 马克思的外交观

1. 历史唯物主义的外交观

马克思将其国际关系与外交观确立在其唯物史观、国家观与民主观等的基础上，将现代工业以至于整个财富领域对外交领域的影响视为重要的外交问题之一，从而提供了外交研究的政治经济学方法。如同个人完全屈从于分工而身处相互依赖的关系之中一样，民族国家也完全屈从于国际分工，身处相互依赖的对外交往形式之中。"国家不外是资产者为了在国内外相互保障各自的财产和利益所必然要采取的一种组织形式。……国家是统治阶级的各个人借以实现其共同利益的形式，是该时代的整个市民社会获得集中表现的形式，所以可以得出结论：一切共同

---

① 陈乐民主编：《西方外交思想史》，北京：中国社会科学出版社1995年版，第134页。
② 《马克思恩格斯全集》第13卷，北京：人民出版社1998年版，第11页。

的规章都是以国家为中介的，都获得了政治形式。"① 马克思将资本主义国家视为虚假的共同体，而不是真正的共同体，批判英国官方政党的衰朽瓦解，将国家机器比喻为一个巨大的从事诈骗活动和证券交易的商行。在市民社会日益发展起来的国度里，国家日益受制于市民社会。"市民社会包括各个人在生产力发展的一定阶段上的一切物质交往。……它超出了国家和民族的范围，尽管另一方面它对外仍必须作为民族起作用，对内仍必须组成为国家。"② 随着生产方式的变化，人们会改变自己的一切社会关系，包括外交关系。外交关系并不是永恒不变的，而是历史的、暂时的产物。外交的内容和形式是由在特定国家中占据主导地位的阶级的物质生活条件所决定的，而且外交活动屈从于物质或资本的力量。"资本不是一种个人力量，而是一种社会力量。"③

如同战争一样，外交本身也是一种通常的交往形式，是以一定国家的一定阶级的整个生活条件为基础的。1845年马克思在《关于费尔巴哈的提纲》中指出，"人的本质不是单个人所固有的抽象物，在其现实性上，它是一切社会关系的总和。"④ 据此，马克思并没有抽象地看待国际关系与外交的本质，而是认为国际关系与外交都根源于一切具体的历史性社会关系。马克思批评布·鲍威尔"在自己臆想出来的关于奥地利和英国的过去关系的历史推论中，纯粹按照俄国的方式来歪曲历史"⑤。按照马克思的观点，一切历史冲突都根源于生产力和交往形式之间的矛盾，那么历史与现实的外交冲突也产生于生产力与交往形式之间的矛盾。一国外交无法脱离其自身所处的物质环境与现实前提，即不同社会团体的外交活动及其所处的物质生活条件。"各民族之间的相互关系取决于每一个民族的生产力、分工和内部交往的发展程度。这个原理是公认的。然而不仅一个民族与其他民族的关系，而且这个民族本身

---

① 《马克思恩格斯文集》第1卷，北京：人民出版社2009年版，第584页。
② 同上书，第582页。
③ 《马克思恩格斯文集》第2卷，北京：人民出版社2009年版，第46页。
④ 同上书，第501页。
⑤ 《马克思恩格斯全集》第29卷，北京：人民出版社1972年版，第380页。

的整个内部结构也取决于自己的生产以及自己内部和外部的交往的发展程度。"① 一国一定的国际关系和外交关系产生于具体的生产方式及其现实生活过程中从事实际活动的人。

具有现代生产方式的社会呈现出独特的国际关系与对外政策,即保守主义与革命之间的斗争。欧洲正统主义的代表们"既不懂历史,不了解事实,也没有自己的主张和主动精神,他们只是膜拜他们自己拼凑起来的现状,尽管他们也知道,他们的这件作品是多么粗糙和拙劣"②。马克思批判军事专制的现代恐怖制度、幕后外交活动,强调从专制统治下解放出来。"从第一次法国革命以来,正统主义君主政权的软弱无力就表现为这样一条格言:维持现状。这种一致同意坚决维持偶然形成的状况的原则,是列强在能力上的赤贫证明书,证明它们完全没有能力为进步或文明做任何事情。"③ 西欧国家外交家与政治家所持有的和平主义无法掩饰其胆怯的心理。

马克思反对英国、沙俄等外交的狭隘内容,清除过去回忆对特定历史时期外交的影响和困扰。各国对外行为并不是以空洞的原则为指导的,而是各自所认知的利益,特别是在政治经济中占主导地位的社会群体的利益。马克思指出,"至于以联合内阁为代表的不列颠贵族,只有他们觉得需要,就会牺牲英国的民族利益来满足他们特殊的阶级利益,让东方羽毛未丰的专制制度得到加强,以期为他们在西方的虚弱的寡头统治赢得支持。"④ 马克思强调土耳其问题现状的新变化、新问题、新关系、新利益,那么外交官们要适应土耳其问题现状的改变。"要维持土耳其的现状!是啊,还可以把一匹死马的尸体的腐烂过程维持在一定阶段上,以防止它完全腐烂。土耳其正在继续腐烂,而且只要目前的'均势'和维持'现状'的体系继续存在下去,它还会继续腐烂下去。因此,不管有多少会议、议定书和最后通牒,它还是每年都要惹出一定

---

① 《马克思恩格斯文集》第2卷,北京:人民出版社2009年版,第520页。
② 《马克思恩格斯全集》第12卷,北京:人民出版社1998年版,第6页。
③ 同上书,第6页。
④ 同上书,第25页。

数量的外交难题和国际纠纷，就像任何其他腐烂物体向周围不断放出沼气和其他'芬芳的'气体那样。"①

一般而言，学者们强调均势在维系欧洲和平与稳定中的角色。"欧洲所经历的和平几乎与战争一样多；而它所以能有这些和平时期，则要归功于势力均衡。没有一个国家曾强大到足以把所有其他国家都吃掉；而各大强国又相互嫉妒，因而连那些难以自保的小国也得以维持下来。"② 事实上，势力均衡与维持现状并非是自发或偶然形成的，而且也不是自动地产生作用。如同马克思一样，恩格斯也质疑与批判维护现状的人的错误看法，斥之为"畏首畏尾和因循守旧的外交"。"推动俄国向君士坦丁堡迅速挺进的强大动力，正是原来想借以阻止它这样做的那个办法，即空幻的、从来没有实现过的维持现状的理论。"③ 维持现状的理论意味着土耳其政府管辖下的基督教臣民永远受土耳其的压迫。"当俄国如此无所顾忌地动手肢解土耳其的时候，西方的外交家们却仍然在维护现状和奥斯曼帝国领土的不可侵犯，把它们奉为神圣！只要西方外交界仍然把不惜任何代价维持现状和维持土耳其目前状态下的独立这一传统当做他们的指导原则，欧洲土耳其十分之九的居民就始终会把俄国看做他们唯一的靠山，他们的解放者，他们的救世主。"④ 欧洲正统主义君主体系强调维持现状的原则，因而证明列强"完全没有能力为进步或文明做任何事情"⑤。土耳其人并没有主导着黑海地区的贸易。如恩格斯所说，"各城市和商埠的希腊和斯拉夫中等阶级才是有效地输入这个国家的任何一种文明的真正支柱。"⑥ 然而土耳其的变化导致了新的问题、新的利益、新的关系，威胁着欧洲正统主义体系。马克思批

---

① 《马克思恩格斯全集》第12卷，北京：人民出版社1998年版，第7页。
② 〔英〕泰勒：《争夺欧洲霸权的斗争》，沈苏儒译，北京：商务印书馆1987年版，第1页。
③ 恩格斯：《欧洲土耳其前途如何？》，见《马克思恩格斯全集》第12卷，北京：人民出版社1998年版，第38页。
④ 同上书，第39页。
⑤ 同上书，第6页。
⑥ 恩格斯：《土耳其问题》，见《马克思恩格斯全集》第12卷，北京：人民出版社1998年版，第32页。

判俄国在土耳其的秘密计划与西欧国家的秘密外交,谴责英国统治集团的代表人物帕麦斯顿在意大利问题上与路易·波拿巴相勾结及其对俄国姑息纵容的态度。

马克思充分意识到跨国阶级的联合的角色,但并非否定国家之间的竞争与冲突。1847年11月29日,马克思在伦敦举行的纪念1830年波兰起义十七周年的国际大会上指出,"各民族的联合和兄弟联盟,这是目前一切派别,尤其是资产阶级自由贸易派的一句口头禅。的确,现在存在着一种各民族资产阶级的兄弟联盟。这就是压迫者对付被压迫者的兄弟联盟、剥削者对付被剥削者的兄弟联盟。一个国家里在资产阶级各个成员之间虽然存在着竞争和冲突,但资产阶级却总是联合起来并且建立兄弟联盟以反对本国的无产者;同样,各国的资产者虽然在世界市场上相互冲突和竞争,但总是联合起来并且建立兄弟联盟以反对各国的无产者。"① 正是现代工业造就了具有共同利益的国际主义者工人阶级。"一般来说,大工业到处造成了社会各阶级间相同的关系,从而消灭了各民族的特殊性。最后,当每一民族的资产阶级还保持着它的特殊的民族利益的时候,大工业却创造了这样一个阶级,这个阶级在所有的民族中都具有同样的利益,在它那里民族独特性已经消灭,这是一个真正同整个旧世界脱离而同时又与之对立的阶级。大工业不仅使工人对资本家的关系,而且使劳动本身都成为工人不堪忍受的东西。"② 正是在这种历史背景下,工人阶级将在消除秘密外交,推进正义的外交行动方面发挥着显著的作用和角色。

2. 寡头政治集团与英国对外政策

正是在唯物史观的指导下,马克思注重揭示西欧国家外交的社会基础与阶级特征,论述其外交的本质特征,批判其均势、自由贸易等外交原则的历史局限性和空洞性。当时世人密切关注着英国所耍的各种外交手段,然而"欧洲的政治家们所看到的,更多的是政治的表面现象而不

---

① 《马克思恩格斯文集》第1卷,北京:人民出版社2009年版,第694页。
② 同上书,第567页。

是经济的现实状况"①。在马克思看来，英国对外政策维护着其国内资产阶级寡头统治集团自身狭隘的利益，而且反映了英国执政者对欧洲革命的担忧。"'国家'，这是土地贵族和金融巨头联合统治的化身，它需要金钱来实现对国内和国外的压迫。"② 英国占主导地位的集团借助国家工具维护自己特殊的阶级利益，却牺牲了整体的民族利益，而且借助沙俄专制国家来维护自己脆弱的政治统治。1853年时马克思指出，"以联合内阁为代表的不列颠贵族的态度是：一有必要他们就会牺牲英国的民族利益来满足自己特殊的阶级利益，让东方年轻的专制制度加强，以期为自己在西方的虚弱的寡头政治找到支持者。"③ 英国寡头政府在对外政策上保障资产阶级的共同利益并管理其共同对外事务。"不列颠的王权已被不列颠寡头政治削弱到了极其软弱无力的程度；例如大家都知道，威廉四世是俄国的死敌，而他却被他的外交大臣——辉格党寡头政治的成员——迫使去同土耳其为敌。"④ 马克思以悲剧的隐喻描述因循守旧的英国外交、帕麦斯顿等政治家的戏剧性表演。

马克思批判地关注议会在对外政策制定中的角色，质疑英国议会政治中外交辩论的性质。1853年1月11日，马克思总结道："从1830年到1850年一直在阿伯丁和帕麦斯顿之间进行的整个斗争，即前者力求与北方强国结成同盟，而后者坚持同法国'友好协约'；一个反对而另一个赞成路易-菲利浦；一个反对而另一个赞成干涉。"⑤ 在土耳其干预问题上，俄国沙皇根据1841年条约否认了西欧各国进行干预的权利，但是却依据同一个条约坚决要求其他国家的军舰不得驶入达达尼尔海峡。莫名其妙的是，英国阿伯丁勋爵在议会会议上认可了俄国对1841年条约蛮横无理的解释，然而俄国专制君主只是在把英国赶出攸克辛海

---

① 〔英〕泰勒：《争夺欧洲霸权的斗争》，沈苏儒译，北京：商务印书馆1987年版，第16页。
② 《马克思恩格斯全集》第12卷，北京：人民出版社1998年版，第63页。
③ 《马克思恩格斯全集》第9卷，北京：人民出版社1961年版，第22—23页。
④ 《马克思恩格斯全集》第13卷，北京：人民出版社1998年版，第44页。
⑤ 《马克思恩格斯全集》第11卷，北京：人民出版社1997年版，第591页。

时才会尊重这项条约。"1831年工业资产阶级加强了自己的议会影响，就像金融资产阶级通过1689年光荣革命所做的那样。"① 英国议会是由交易所商人、工业巨头和贵族的代表组成的。这些代表胆小怕事，恐惧战争，从而主张实施保持和平的对外政策。英国政治家在议会上演针对土耳其外交纠纷问题的拖延政策，放弃了反对俄国侵略政策的任何权利。事实上议会"只不过是一个用空前的行贿和恫吓手段硬拉起来的选举僵尸生下的瘫痪产儿而已"，因而英国懦弱外交的责任主要在于英国政府本身。1836年英国政府默认了俄国强占多瑙河口的行为，而且"竭力在有待解决的土耳其问题上隐瞒情况的做法暴露了自己，它在上下两院同时上演了一出十分可笑的滑稽剧"②。英国政府丝毫没有反对或阻止俄国扩张的意图，却卑劣地践行自己对俄国的承诺，屈从于俄国的侵略行动。"当时托利党政府的外交大臣马姆兹伯里勋爵在这次讲话中满不在乎地将奥斯曼帝国加以分割，把一向从属于它的一个国家同它分割开来，同时承认俄皇对于土耳其帝国臣民进行精神统治的要求。关于这两个寡头政治集团，除了他们争做蠢事外，我们还有什么可说的呢？"③

马克思在《帕麦斯顿勋爵》中细致地揭示了帕麦斯顿与俄国外交大臣涅谢尔罗迭所采用的复杂手腕、空话与虚假。帕麦斯顿1807年时担任英国海军部部委委员，1809至1828年5月担任军务大臣，1830年转投辉格党并担任辉格党永久的外交大臣。除1834年11月至1835年4月、1841年至1846年托利党执政的两个时期之外，1830年革命至1851年12月帕麦斯顿负责英国对外政策。帕麦斯顿"比利时革命爆发以后和议会批准给俄国新的贷款以前，勋爵阁下就已经以偿还英国在1815年所欠旧债务为名，承担了俄在对波兰战争中的开支"④。早在1831年帕麦斯顿就承认俄国侵占高加索，暗地里承认了《阿德里安堡条约》。

---

① 《马克思恩格斯全集》第44卷，北京：人民出版社1982年版，第376页。
② 《马克思恩格斯全集》第12卷，北京：人民出版社1998年版，第205页。
③ 《马克思恩格斯全集》第13卷，北京：人民出版社1998年版，第74页。
④ 《马克思恩格斯全集》第12卷，北京：人民出版社1998年版，第429页。

"如果说，在帕麦斯顿公然参预推翻法兰西共和国的12月2日阴谋的时候，在他表演火药喜剧的时候，英国人民曾经受骗上当的话，那么，对勋爵阁下作过认真研究的**戴维·乌尔卡尔特**先生所进行的揭露就成了一副清醒剂。这位先生不久以前发表的著作《俄国的进展》，他在英国刊物上登载的许多文章，特别是他在一些反俄集会上发表的传遍整个王国的讲话，都给了帕麦斯顿勋爵的政治威信重重一击，这种打击在今后的历史进程中将显示出更大的力量。"① 马克思将帕麦斯顿刻画为不拘礼数、圆滑灵巧的策略专家，厚颜无耻但颇有眼力的观察家，老奸巨猾且饱经世故。"帕麦斯顿勋爵在现在这个紧要关头撤退，除了挽救自己的名声并且在新政府中稳占一个突出的地位以外，也是在直接为俄国效劳。"② 帕麦斯顿满足于对俄国专制政府坚持抽象原则。寡头政治代表帕麦斯顿拙劣的外交行为、伪善外交措辞反映出英国政府外交的传统特点，如两面三刀、借刀杀人、恶意挑拨、背信弃义等。

马克思无情地揭露了帕麦斯顿政策的所有矛盾，特别指出帕麦斯顿在对波兰的问题上同俄国妥协，坚定地维护俄国利益。"在整个东方危机期间，英国宫廷都同俄国狼狈为奸，竭力使好人老阿伯丁得以留任首相，使摆出来给人看的与法国的同盟陷于瘫痪，并使为反对俄国侵略而采取的官样措施名存实亡。"③ 英国人对俄国人的侵略采取纵容姑息的态度。1836年，英国政府默认了俄国无理强占多瑙河口的行为，尽管在承认之前还曾指示一个商行抵抗俄国政府官员的干涉。1853年8月16日，马克思强调，"当英法第一次表示要干预当前的土耳其事态时，俄皇曾断然否认1841年条约对他同土耳其政府的关系的约束力和由这个条约产生的西方各国当局进行干涉的权利。但同时他却依据同一个1841年条约坚持其他强国的军舰不得驶入达达尼尔海峡。现在，阿伯丁勋爵竟然在公开的庄严的议会会议上认可了对这个条约的这种蛮横无理的解释，而俄国专制君主是只有在把大不列颠赶出攸克辛海时才会尊

---

① 《马克思恩格斯全集》第12卷，北京：人民出版社1998年版，第639页。
② 同上书，第638页。
③ 同上书，第292页。

重这个条约的。"① 英国阿伯丁勋爵否认英国对土耳其的义务，从而放弃了反对俄国的任何权利。1855年1月30日英国阿伯丁政府因作战无能而垮台；2月6日帕麦斯顿组阁。对于帕麦斯顿和辉格党的一切当权人物的以往活动，"公众一般只能从这个寡头集团过去的种种主张、言辞以及它所谓的原则方面来了解，总之，只能从它的故意做作和虚假姿势方面，从它的伪装方面来了解。"② 英国政府和社会在实际上是分离的，远离群众的压力。英国市民"社会仍然在同属于过去的一个发展阶段的政治传统作斗争，以及它们尚未拥有更符合新的发展阶段的要求的那种政治形式"③。因而公众舆论几乎无力对英国外交政策制定产生实际的影响。

马克思并没有以国家至上原则解读欧洲外交，而是从唯物史观的政治经济学视角考察社会与经济结构对外交行为的影响。一国外交是受到日益扩大的归根结底表现为世界市场的力量的支配的。马克思从特定历史时期的英国社会与经济结构角度理解其对外政策，考察其贸易利益对外交的影响。在彼得一世时，英国辉格党人将自己的舰队交给俄国支配，帮助其在波罗的海东部海岸建设港口，承认彼得一世的皇帝称号。英国的这种外交方式决不是由于其幻想与无知，而是有着深刻的经济根源。1857年7月马克思总结道，"1848—1849年，英国的威力曾像梦魇一样沉重地压着欧洲革命，最初它对革命还有些惧怕，后来为排遣自己固有的寂寞而把革命当做一出戏来欣赏，后来有些背叛革命，后来有些向革命卖弄风情，最后则靠革命大发其财。……如今大陆上的革命，对英国来说，将不再是一出可供欣赏的戏剧，也不再是一场可资利用的衰退，而是一场必须经受的严重考验。"④ 有产的和统治的社会阶层主导着英国的对外政策行为。英国不同党派、英国贵族、金融寡头、工业巨头等国内社会、经济与政治团体塑造着对外政策的选择与行为。马克思认为，

---

① 《马克思恩格斯全集》第12卷，北京：人民出版社1998年版，第303页。
② 同上书，第456页。
③ 《马克思恩格斯全集》第29卷，北京：人民出版社1972年版，第377页。
④ 《马克思恩格斯全集》第16卷，北京：人民出版社2007年版，第173页。

"如果这种寡头政府的官僚的愚昧无知表明了英国现在的**能力**,那就意味着英国统治世界的时代已经一去不复返了。"① 英国政府玩弄外交骗局,牺牲自己的民族利益,从而预示着英国统治世界的时代的终结。

3. 专制与俄国外交

马克思反对俄国沙皇的专制统治,视其阻碍了欧洲民主革命运动,揭示俄国侵略性的外交本质、外交阴谋及其西欧国家的卑劣妥协和纵容行为。"俄国以其特有的沉着、谨慎和耐心,从不偏离其既定目标。"② 1854年1月14日,马克思在《东方战争》中指出,"西方强国的外交活动丝毫不带有敌视俄国的性质。正相反,这些活动表现出一种倾向:千方百计地对正义敷衍搪塞,对罪行迁就妥协。"③ 在1843年1月4日出版的《莱茵报》上,他写了一篇言辞激烈的抨击性文章,指控沙皇俄国是欧洲各个独裁政权的主要支持者。自此马克思对沙俄专制的憎恨延续了整整一生。这也使他在今后评价一项外交政策时总是以其会给沙皇带来什么收益或花费沙皇多大的代价为标准。沙俄彼得大帝尽管从英国政府官员那里获得空前的让步和直接帮助,但是仍然在外交上搞阴谋。君士坦丁堡是俄国政策一贯追求的目标。正如马克思所指出的,"彼得一世自己早就打算在土耳其的废墟上登上统治的宝座。叶卡捷琳娜也曾一再劝说奥地利并要求法国一同来参与拟议中的肢解土耳其,在君士坦丁堡建立一个以她孙子为首的希腊帝国,而且胸有成竹地让她的孙子受了相应的教育,甚至为此还给他取了相应的名字。"④ 1772年叶卡捷琳娜二世在福克夏尼会议上要求土耳其无条件接受其"两公国在欧洲列强共同保护下的独立"。俄国大臣和外交官"抱着野蛮人的蛮横无耻态度,混杂着谄媚者阴毒的冷嘲热讽,一同策划着怎样使巴黎不信任英国,使伦敦不信任奥地利,使维也纳不信任伦敦;怎样唆使他们相互

---

① 《马克思恩格斯全集》第12卷,北京:人民出版社1998年版,第103页。
② 《马克思恩格斯全集》第16卷,北京:人民出版社2007年版,第289页。
③ 《马克思恩格斯全集》第13卷,北京:人民出版社1998年版,第26页。
④ 《马克思恩格斯全集》第12卷,北京:人民出版社1998年版,第123页。

倾轧，把他们全部变成俄国的单纯的工具"①。

俄国在1774年签订《库楚克－凯纳吉条约》时就企图合并波斯尼亚、塞尔维亚和阿尔巴尼亚。"政治家们要说明俄国的整个传统政策，特别是要说明它对君士坦丁堡的意图的时候，通常都援引彼得一世遗嘱。但是他们还可以追溯更远的历史。远在八百多年以前，当时是异教徒的俄罗斯大公斯维亚托斯拉夫，曾召集大贵族宣布说，'由俄罗斯来统治的不仅应该有保加利亚，而且应该有欧洲的希腊帝国，以及波希米亚和匈牙利。'斯维亚托斯拉夫于公元967年占领了锡利斯特里亚并且进窥君士坦丁堡，像尼古拉在1828年所做的那样。在俄罗斯帝国建立后不久，柳里克王朝便把自己的王都从诺夫哥罗德迁到基辅，以便更靠近拜占庭。在11世纪，基辅在各方面都仿效君士坦丁堡，被称为**第二个君士坦丁堡**，这个称呼表达了俄国长期的愿望。"② 从彼得一世以后，俄国外交没有发生任何实质的变化，因而传统的野心主导着俄国的对外行为。俄国始终不渝地坚守自己不断扩张的传统观念。"在获得一系列辉煌的胜利之后，俄国已不可能向土耳其提出比这更过分的要求了。这再清楚不过地证明了俄国是如何顽固地坚持着它的已经根深蒂固的观念，即欧洲每个反革命的王位虚悬时期都给予它向奥斯曼帝国勒索让步的权利。实际上也正是这样，从第一次法国革命的时候起，欧洲大陆上的倒退总是意味着俄国在东方的扩张。"③

畏首畏尾与相互猜忌的西欧国家为了维持现状，不断向俄国让步，充当着俄国不断扩张的工具。1854年1月24日，马克思强调："据说沙皇讲过，'我不相信，拥有**资产阶级**议会的英国能够打一场辉煌的战争'。无疑，沙皇很了解他的科布顿们和布莱特们，并且对欧洲中等阶级的下流卑鄙的灵魂有恰如其分的评价。"④ 当时很多西欧外交官和政治家竭力强调维持现状的好处，并不能够维护自己的民族利益，反而纵

---

① 《马克思恩格斯全集》第12卷，北京：人民出版社1998年版，第452页。
② 同上书，第261页。
③ 同上书，第105—106页。
④ 《马克思恩格斯全集》第13卷，北京：人民出版社1998年版，第43页。

容俄国变本加厉地侵略。"英国在君士坦丁堡和维也纳这样忙着充当俄国的保镖。"① 沙皇俄国是欧洲一切反动势力的堡垒和支柱。"英国如果畏缩不前,不敢用战争维护自己的荣誉和利益,那就是鼓励俄国这个无法无天的强国,它的野心迟早必然导致战争。俄国现在的行为不应当看做是一种纯粹偶然的一时的现象,而应当看做一项广泛的政策图谋的主要组成部分。"② 1853年,英国竭力强迫土耳其停火,但这会为沙皇集结军队提供时间余地并试图瓦解英法之间的正式联盟。俄罗斯、普鲁士和奥地利所组成的神圣同盟的保守性具有双重意义:"它既是一个维持现状的联盟,反对改变疆界;又是一个政治上的联盟,反对各国在各自国家内作出立宪让步。"③ 正是英国政府主导着俄国与土耳其的悲喜剧。

由于西欧国家外交家与政治家的懦弱,俄国并不害怕其所谓的强硬姿态,反而担心反对专制制度的革命行动。"在俄国贵族中,沙皇真正害怕的只有一个党派,这个党派的目的是按照英国模式建立贵族立宪制度。"④ 因而"'好心的沙皇'把发动侵略战争和执行俄国的传统对外政策看成是推迟国内革命的惟一手段"。⑤ 事实上亚历山大二世继任了尼古拉一世,不再诉诸反对"革命"的斗争,仅关注俄国的利益。"1854年前,俄国为了欧洲普遍关心的问题几乎忽视了它的国家利益;现在,在十五年时间里,为了它的国家利益——或者不如说,为了它的国家荣誉——它忽视了欧洲的一切问题。在18世纪、甚至在19世纪初,黑海和近东是俄罗斯帝国野心的中心区域,现在不再是这样了。俄罗斯帝国的未来在亚洲,它在黑海所关心的只是防御。同在中亚细亚和远东所能攫取的利益相比,巴尔干就太微不足道了。"⑥

---

① 《马克思恩格斯全集》第12卷,北京:人民出版社1998年版,第625页。
② 同上书,第308页。
③ 〔英〕泰勒:《争夺欧洲霸权的斗争》,沈苏儒译,北京:商务印书馆1987年版,第22页。
④ 《马克思恩格斯全集》第12卷,北京:人民出版社1998年版,第127页。
⑤ 《马克思恩格斯全集》第19卷,北京:人民出版社2006年版,第209页。
⑥ 〔英〕泰勒:《争夺欧洲霸权的斗争》,沈苏儒译,北京:商务印书馆1987年版,第115页。

1827年俄国曾要求占领多瑙河两公国摩尔多瓦和瓦拉几亚。俄国早在《阿德里安堡条约》的时候就曾千方百计地企图将亚美尼亚的巴统港等地方据为己有，那将会使土耳其丧失自己在本土的最后一个海军基地，黑海将变成纯粹俄国的内涵，从而切断英国和波斯之间通过特拉佩宗特的贸易。"1828年，俄国曾得到机会向土耳其发动了战争，结果缔结了《阿德里安堡条约》，该条约把整个黑海东岸地区北起阿纳帕南至波季（切尔克西亚除外）割让给俄国，并且把多瑙河河口诸岛屿划归俄国所有，使摩尔多瓦和瓦拉几亚实际上也脱离了土耳其，转归俄国统辖，当时大不列颠的外交大臣是阿伯丁勋爵。1853年，我们看到，同一位阿伯丁成了这同一个国家的'混合内阁'的首脑。只要指出这个简单的事实，就足以说明为什么俄国目前在它同土耳其和同欧洲的冲突中表现得那样咄咄逼人了。"① 俄国之所以不断地扩张，就在于英国一贯卑劣的妥协和纵容。"我们认为，如果战争终于爆发，那将是因为俄国走得太远而无法体面地收场。而且更重要的是，我们认为俄国之所以如此胆大妄为，仅仅是因为它一直指靠英国的纵容。"② 西欧国家奉行的拖延政策致使俄国像过去一样实现其在土耳其的扩张计划。"俄国只有一个公认的目标，这就是通过战争来加强自己的政治实力。它的目的是扩张领土。从俄国专制君主在这方面采取最初措施时撒弥天大谎起，直到在锡诺普进行残忍的大屠杀止，他的行为特点就是凶狠、诈骗和罪恶。"③

恩格斯在《俄国沙皇政府的对外政策》中指出，"卡尔·马克思的功劳就在于，他第一个在1848年指出，并从那时起不止一次地强调：正是由于这个原因，西欧的工人政党必须与俄国沙皇政府作殊死的斗争。"④ 1853年7月29日马克思写道，"俄国政治中最显著的特点就是这种不仅在目的方面，而且在达到目的的方法方面的传统的守恒性。在

---

① 《马克思恩格斯全集》第12卷，北京：人民出版社1998年版，第154页。
② 同上书，第158页。
③ 《马克思恩格斯全集》第13卷，北京：人民出版社1998年版，第90页。
④ 《马克思恩格斯文集》第4卷，北京：人民出版社2009年版，第353页。

现在的东方问题上,没有一次纠纷,没有一项交易,没有一个官方照会,不带有重复历史上某些事件的印记。"① 马克思强调,对于"东方问题"中俄国的侵略行为与英国等国家的软弱无能,"革命政党只能为自己庆幸。西方各国的反动政府的卑躬屈膝,以及它们在保卫欧洲文明的利益不受俄国侵犯方面明显地暴露出来的无能,不能不使1849年以来一直处在反革命统治下的各族人民产生强烈的愤慨。这些半东方的纠纷也同在中国发生的纯粹东方的纠纷一样,将使日益迫近的工业危机更加尖锐化和更快地到来。"② 俄国的侵略行径打破了英国内阁政府的如意算盘,推翻了其卑鄙可耻的对外政策。

相比于军事才能,俄国外交促使英国等西欧国家坚决实施绥靖政策,因而更具危害。"外交高于战略"③。俄国外交表现出其狂妄的野心、狡黠的伎俩和十足的野蛮,然而英国外交家与政治家从没有怀疑过俄国的侵略计划,却相信俄国的荣誉。在土耳其问题上,"西方列强**起初**由于害怕俄国侵略而鼓励苏丹反抗沙皇,而**最后**却由于害怕一场大战会引起一次大革命而**强迫苏丹让步**。"④ 事实上,俄国的侵略性计划和政策并不是突然产生的。马克思将1853年俄土战争类比于1828—1829年俄土战争,即从历史与传统角度看待俄国外交问题。"俄国的政策在目的方面的统一性,是由它过去的历史、由它地理位置决定的,是由它必须在阿希佩拉哥群岛(像在波罗的海一样)获得出海港口以便在欧洲保持它的统治地位这一情况决定的。但是,俄国用来追求这些目的的传统手法,根本不值得欧洲的政治家们那样赞扬。它的传统政策的成功证明了西方列强的软弱,而这一政策的手法的一成不变则证明了俄国本身固有的野蛮。"⑤ 虽然俄国外交显示出了西欧国家的软弱无力,但是无法应对人民的革命行动。"尽管俄国的外交善于敏锐地、聪明地、

---

① 《马克思恩格斯全集》第12卷,北京:人民出版社1998年版,第260页。
② 同上书,第240页。
③ 《马克思恩格斯全集》第13卷,北京:人民出版社1998年版,第443页。
④ 《马克思恩格斯全集》第12卷,北京:人民出版社1998年版,第239页。
⑤ 同上书,第262页。

熟练地和巧妙地找到欧洲的国王、大臣和宫廷的弱点，但是，每当涉及西方各国人民自己的历史运动时，它的聪明才智就完全不中用了。……俄国的政策以其传统的诡谲、狡猾可以让本身也是传统之物的欧洲宫廷上它的圈套，但是，它在对付革命人民时却证明是完全无能为力的。"①

三　马克思与乌尔卡尔特

马克思所撰写的《十八世纪外交史内幕》先后发表在乌尔卡尔特派所办的杂志上，因而我们有必要了解马克思与乌尔卡尔特之间的关系。戴维·乌尔卡尔特（David Urquhart）让《人民报》转载了发表马克思的一组抨击文章，即《帕麦斯顿勋爵》。自此，马克思认识了乌尔卡尔特及其朋友，但是并不是像李卜克内西那样完全欣赏式地看待乌尔卡尔特的观点。威廉·李卜克内西曾经回忆道，戴维·乌尔卡尔特"对东方和东方问题以及俄国政策均有研究。马克思帮助他在报纸上发表文章，撰写政治性小册子揭露和公开谴责中欧和西欧外交家尤其是帕麦斯顿勋爵卑鄙的蠢举和骗术"②。威廉·李卜克内西将乌尔卡尔特视为朋友和老师。"乌尔卡尔特是一位对俄国的外交政策和土耳其形势了解得非常透彻的人。……长期居住在土耳其，并周游各地，多年来一直是英国驻君士坦丁堡大使馆外交官员，他与许多有权势的、消息灵通的国家头面人物和外交官们保持着密切的关系。他对有关东方的各种问题以及属于'东方问题'范畴的事情都非常熟悉，是第一流的权威人物，甚至是最高权威。他那惊人的对人和事物的了解以及真正的苏格兰人敏锐的洞察力，使他的每一句话都很有分量。他这个巧妙的、顽强的外交侦探，亦步亦趋地追踪着俄国的秘密政策，紧盯着他的死敌——帕麦斯顿勋爵，他认为帕麦斯顿勋爵自愿充当俄国的工具，——而这也的确不是无缘无故的。"③ 乌尔卡尔特撰写了《公文集》、《俄国向西方、北方

---

① 《马克思恩格斯全集》第12卷，北京：人民出版社1998年版，第262页。
② 中央编译局编：《回忆马克思》，北京：人民出版社2005年版，第32页。
③ 同上书，第69—70页。

和南方的进展》等论著。乌尔卡尔特"写文章反复指出帕麦斯顿勋爵利用议会的腐败成功地演出了一出专制主义俄国的闹剧，同时扮演了颇得人心的反对专制君主以及欧洲革命的'煽动者'的角色"①。

曾任驻君士坦丁堡大使馆一等秘书的戴维·乌尔卡尔特20年多一直不屈不挠地反对帕麦斯顿。"他的表现说明了他是帕麦斯顿的唯一的对手，他从没有因恫吓而沉默，因收买而让步，因甜言蜜语而倾倒。可是女巫阿耳契娜——帕麦斯顿的其他敌人却都被帕麦斯顿用时而哄骗时而诱惑的手法愚弄了。"② 如恩格斯所指出的，英国下院议员戴维·乌尔卡尔特是"位出生于苏格兰的绅士，受过他家乡中世纪宗法思想的熏陶，又受到现代英国的文明教育，他在希腊同土耳其人打过三年仗以后到了土耳其，一变而为土耳其的最狂热的崇拜者。这位浪漫的苏格兰高地人生活在品都斯山脉和巴尔干山脉的峡谷之中，感到好像重回家乡一样"③。乌尔卡尔特向自由派的机关报《每日新闻》提供颂扬土耳其的材料，反对帕麦斯顿，因而反对帕麦斯顿的英国自由派视乌尔卡尔特为"东方问题"的权威。戴维·乌尔卡尔特"发表的著作《俄国的进展》，他在英国报刊上登载的许多文章，特别是他在一些反俄集会上发表的传遍整个王国的讲话，都给了帕麦斯顿勋爵的政治威信重重一击，这种打击在今后的历史进程中将显示出更大的力量"④。

乌尔卡尔特将土耳其视为像英国一样可以享有自治以及公民自由和宗教自由的国家，是土耳其和东方制度的著名崇拜者。事实上土耳其人或是抢劫商队，或是横征暴敛，几乎没有什么文明进步的迹象。"乌尔卡尔特先生建议国王威廉四世同苏丹缔结一项通商条约，这项条约要能保证不列颠贸易的最大利益，同时也能促进土耳其的生产力的发展，整顿它的财政，从而使它摆脱俄国的羁绊。"⑤ 然而帕麦斯顿

---

① 中央编译局编：《回忆马克思》，北京：人民出版社2005年版，第70页。
② 《马克思恩格斯全集》第12卷，北京：人民出版社1998年版，第456页。
③ 恩格斯：《土耳其问题》，见《马克思恩格斯全集》第12卷，北京：人民出版社1998年版，第31页。
④ 《马克思恩格斯全集》第12卷，北京：人民出版社1998年版，第639页。
⑤ 《马克思恩格斯全集》第9卷，北京：人民出版社1961年版，第438页。

篡改了条约，实施着有利于俄国而有害于英国的亲俄政策。恩格斯指出，"按照英国国王威廉四世指示，戴维·乌尔卡尔特于1834年将它们发表在《公文集》上。这个《公文集》至今仍是关于沙皇政府力图使西欧各国彼此发生争吵，从而利用它们的分裂使它们全都服从自己的统治的那些阴谋历史的主要资料之一，至少是最可靠的资料。"① 恩格斯质疑乌尔卡尔特，"为了竭力把法国革命起的全部现代历史归结为俄国和土耳其之间的外交象棋戏，其他欧洲国家在其中只是充当俄国的小卒，乌尔卡尔特就必须装扮成这样一个东方先知：他不是宣告简单的历史事实，而是用玄秘的夸张的外交语言宣告一个秘密的、神秘的学说。"②

马克思清醒地意识到乌尔卡尔特的错误观念，质疑其对专制统治的崇拜。"土耳其和东方制度的著名崇拜者，下院议员乌尔卡尔特先生出版了一本论述丹麦王位继承的小册子，这本小册子我将在今后的一篇通讯中加以评论。这本书提出的主要论点是：俄国打算让松德海峡为它在北方起达达尼尔海峡在南方所起的作用，就是说，利用松德海峡来保障它在波罗的海的海上霸权，就像战略达达尼尔海峡来保障它在攸克辛海的海上霸权一样。"③ 尽管马克思后来没有实现这篇文章的写作计划，但是显然马克思批评乌尔卡尔特没有清醒地意识到俄国在土耳其的扩张传统与侵略计划。

1853 年 8 月 16 日马克思再次指出，戴维·乌尔卡尔特曾经针对"东方问题"发表了文章，"目的是澄清下述四种误解：第一，认为东正教教会和俄国教会是一回事；第二，认为英俄之间存在着外交冲突；第三，认为英俄可能发生战争；第四，英法之间似乎存在着同盟。这几篇文章，我打算将来再比较详细地谈谈。"④ 马克思后来也并未如愿地按计划完成其评论。乌尔卡尔特曾经在英国《晨报》上建议根据英国

---

① 《马克思恩格斯文集》第4卷，北京：人民出版社2009年版，第352页。
② 同上书，第354页。
③ 《马克思恩格斯全集》第12卷，北京：人民出版社1998年版，第129页。
④ 同上书，第295页。

法律严厉惩办四个卖国贼（阿伯丁、克拉伦登、帕麦斯顿和罗素），或是让俄国沙皇统治世界。"应当由谁来审判四个卖国贼呢？议会，这个议会是由哪些人组成的呢？是由证券交易人、工业巨头和贵族的代表组成的。这些代表所主张的对外政策是什么呢？是不惜一切代价保护和平的政策。而谁来贯彻他们的对外政策思想呢？也就是头脑简单的《晨报》认为要由他们当做卖国贼来加以审讯的那四个人，不过至少有一点应该是很清楚的，即政治寡头在政府中所代表的证券交易人和投和平之机的资产阶级正在把欧洲出卖给俄国，因此，为了反抗沙皇的侵略，首先必须推翻这些卑鄙无耻、奴颜婢膝和声名狼藉的金牛犊崇拜者的可耻的统治。"① 可见乌尔卡尔特对英国议会抱有幻想，然而这些议会代表却将欧洲出卖给俄国。正是在如何对待俄国侵略行动的问题上，马克思与乌尔卡尔特分道扬镳了，尽管马克思赞赏乌尔卡尔特对英国内阁政府成员与议会代表丑陋行径的批判与质疑。1853年11月，马克思评论戴维·乌尔卡尔特，"乌尔卡尔特总是醉心于**某种**固执的思想。二十年来他总是没有成效地揭露帕麦斯顿和俄国人的诡计，由于这个缘故，他像一个着了某种正确思想的迷而又不能实现这种思想的人一样，自然而然地失掉了一半理智。……他的历史观一定带有极大的主观性；他在某种程度上把历史仅仅当做外交问题。至于客观的唯物史观，他认为这是某种力图阻挠犯罪行为受到法院审判的东西，或者相反，是某种希望把它当做法律的东西。"②

事实上，马克思与乌尔卡尔特在对待帕麦斯顿的问题保持着一致的看法，但是除此之外毫无共同的立场和态度。1854年6月1日马克思致信拉萨尔时指出，"就在同一套《政治评论集》中，除了我的文章外，还有乌尔卡尔特的抨击文，而我不愿意被列为这位先生的战友，我同他只在一点上，即在对帕麦斯顿的评价上是一致的；其他一切方面，我都抱着截然相反的意见，这在我们第一次见面时就清楚了。"③ 马克思明

---

① 《马克思恩格斯全集》第12卷，北京：人民出版社1998年版，第362页。
② 《马克思恩格斯全集》第44卷，北京：人民出版社1982年版，第204—205页。
③ 《马克思恩格斯全集》第28卷，北京：人民出版社1973年版，第615页。

确地意识到乌尔卡尔特所扮演的角色及其思想上的幼稚。1856年1月18日马克思致信恩格斯时指出，"我把乌尔卡尔特的劣作寄给你，这是他们在报纸出版以前寄给我的。涉及宪章运动历史的'揭露'确实非常幼稚，因为乌尔卡尔特暴露出自己是英国的警探，幻想扮演西塞罗对待卡提利纳的角色。"[①]

虽然马克思对乌尔卡尔特关于俄国的和反对帕麦斯顿的著作感兴趣，但是并没有信服过。对此，梁赞诺夫指出，"乌尔卡尔特曾在二十年当中始终不懈地揭露俄国外交的阴谋，指责帕麦斯顿讨好俄国，同时热烈称赞土耳其在巴尔干半岛统治中的德政。正是这种对俄国的仇视和对帕麦斯顿的一贯反对，使乌尔卡尔特不仅接近了波兰和匈牙利的革命流亡者，而且还接近了马克思。然而，不应当认为马克思受了乌尔卡尔特的特别影响。这是不可能的，单是从他们两个人所根据的原则完全不同，所要完成的任务也完全不同就可看出了。马克思不仅没有乌尔卡尔特那样的亲土耳其倾向，而且还嘲弄了这种倾向。"[②]

[①]《马克思恩格斯全集》第29卷，北京：人民出版社1972年版，第7页。
[②] 达·梁赞诺夫：《卡尔·马克思论俄国在欧洲的霸权地位的起源》，载《马列著作编译资料》第5辑，北京：人民出版社1979年版，第49页。（马立译）

第二章 《十八世纪外交史内幕》的写作、传播

无产阶级的革命民主运动与被压迫民族的政治解放都必然涉及国际关系与外交问题。马克思的外交论述是与其理论研究与其所确定的政治诉求密切联系在一起的。马克思、恩格斯在1848年欧洲革命之后广泛而深入地研究了欧洲各国的对外政策，作了大量的摘录、笔记、评注和札记。《十八世纪外交史内幕》一文是马克思在这一时期所撰写的欧洲外交史的重要著作。"经常地和更多地进行这种对比，就会改变我的计划，而我的计划并不在于使众所周知的材料具有新的意义，而是在于提供新的材料，以便对历史作出新的说明。"① 马克思借助于唯物史观以及政治经济学研究欧洲各国对外政策与外交行为，以此揭露英国、俄国等欧洲国家卑劣的外交行为、伪善的外交辞令，思考无产阶级在欧洲国家对外政策上所采取的立场和策略。

一 《十八世纪外交史内幕》的写作与发表

经斐迪南·弗莱里格拉特介绍，马克思认识了《纽约每日论坛报》的总经理查·安·德纳。从1851年8月起马克思为当时美国进步报纸《纽约每日论坛报》撰稿，除了一个短暂的间断，写了大量通讯和社论。1853年编者按语如下："马克思先生有他自己的非常明确的见解，其中有相当一部分我们决不能赞同，但是，不读他的文章的

---

① 《马克思恩格斯全集》第29卷，北京：人民出版社1982年版，第522页。

人，在获得现代欧洲政治的重大问题的消息方面，将失去一个最有教益的来源。"① 1852 年 11 月 17 日共产主义同盟解散之后马克思全力以赴地投入政治经济学研究和政论工作，白天为《纽约每日论坛报》撰写通讯稿，晚上进行政治经济学研究，也会阅读英国与世界报纸。从 1853 年 1 月起马克思开始自己用英文写作，不再需要恩格斯为其翻译。1857 年初因美国总统《纽约每日论坛报》表示不再刊发马克思的文章，然而马克思以蠢驴自嘲。"我简直是头蠢驴，我不仅最近，而且多年来，为了几个钱而给这些家伙拿出的东西太多了。"②

1. 窘迫生活下的写作

马克思在伦敦没有固定收入，生活极端窘迫，1851 年 8 月开始为《纽约每日论坛报》的专刊《纽约半周论坛报》、《纽约每周论坛报》撰稿以维持家庭生活。1859 年 1 月马克思在《〈政治经济学批判〉序言》中总结道，"使我所能够支配的时间特别受到限制的，是谋生的迫切需要。八年来，我一直为第一流的美国英文报纸《纽约每日论坛报》撰稿（写作真正的报纸通讯在我只是例外），这使我的研究工作必然时时间断。然而，由于评论英国和大陆突出经济事件的论文在我的投稿中占很大部分，我不得不去熟悉政治经济学这门科学本身范围以外的实际的细节。"③ 可见，现实生活的困苦某种程度上促使马克思观察各国政府对外政策，细致地把握欧洲国际关系与外交史的诸多细节，做了大量的摘录、笔记、评注和札记。"谋生的迫切需要使他不得不接受了《纽约每日论坛报》驻欧洲记者的职务，这是当时第一流的美国英文报纸。用他的话说，他真正给报纸写通讯的时候很少，但这要分散他许多精力选择题材。而在这种使他不能集中主要精力研究经济学、似乎与经济学很少关系的工作中，国际外交关系史的研究占有相当大的

---

① 中央编译局编：《回忆马克思》，北京：人民出版社 2005 年版，第 229 页。
② 《马克思恩格斯全集》第 29 卷，北京：人民出版社 1972 年版，第 97 页。
③ 《马克思恩格斯文集》第 2 卷，北京：人民出版社 2009 年版，第 594 页。

分量。"①

当时马克思深受顽固的痔疮之苦、贫穷之难、沮丧之情的困扰，特别是背部的风湿病。1856 年 5 月 23 日马克思向恩格斯诉苦，"这个星期我无力工作，一方面因为家务繁忙，另一方面因为背部的风湿病更厉害了。""我碰到一个难题，现在是去旅行还是不去。一方面，为了弄到钱，我必须埋头工作。另一方面，医生告诉我，而且我觉得他是对的，我应当去旅行，换换空气，因为我的肝脏功能又不正常。我还没有决定怎么办。呆在这里并不少花钱，因为皮佩尔还靠我周济。但是主要的是工作。"② 1856 年 7 月，马克思如坐针毡，为住房而操心。"我不知道怎样从旧宅搬出，又怎样搬进新住宅，因为我手头没有现款，最近也没有任何指望。电刷也涂黑不了头发，因为沉重的心事从来没有这样厉害地使它发白。"③ 1856 年 9 月两个星期内，马克思每天从早到晚地忙于找房子，不再打算住在伦敦索荷区第恩街 28 号的房子了。马克思的妻子燕妮在 1856 年下半年几个月一直生病。1856 年 12 月 2 日，马克思说道："12 月底我要付一大笔钱。到时候你能不能给我想点法子？我的妻子的钱大部分都用在购置日常用具和弥补收入的巨大亏空上面了。"④ 1856 年 9 月 22 日，马克思说，"大约已经有两个星期，每天从早到晚都忙于找房子。我们终于找到了住宅——一整栋房子，家具要自己解决。"⑤ 此后，马克思忙于搬家。1857 年 1 月 20 日马克思写道，"住在这里绝不能像在第恩街那样一天一天地熬日子：既没有指望，家庭费用又越来越大。我根本不知道怎么办才好，我的处境的确比五年前更惨。我曾以为苦水已喝到头了。但是不然。而且最糟糕的时，这回的危机不是暂时的。我不知道如何才能脱身。"⑥ 尽管马克思深受艰苦生活与疾

---

① 达·梁赞诺夫：《卡尔·马克思论俄国在欧洲的霸权地位的起源》，载《马列著作编译资料》第 5 辑，北京：人民出版社 1979 年版，第 48 页。（马立译）
② 《马克思恩格斯全集》第 29 卷，北京：人民出版社 1972 年版，第 53—54 页。
③ 同上书，第 62 页。
④ 同上书，第 85 页。
⑤ 同上书，第 68 页。
⑥ 同上书，第 92—93 页。

病的困扰，仍然搜集外交材料揭露俄国侵略扩张的行径与英国卑颜屈膝的外交行为。

19世纪50年代，当研究欧洲国家对外政策并且竭力揭示出这些政策的内在机理时，马克思往往诉诸外交史。在英国博物馆，他在英国历史学家与作家威廉·科克塞（William Coxe）的集子中发现了许多18世纪的文件，包括英国驻彼得堡大使的信件。尽管历史学家熟知其中一些材料，但是并没有理解这些材料的钥匙。这些材料促使马克思在1856年初开始构思《十八世纪外交史内幕》的写作，当时克里米亚战争尚未结束。遗憾的是，如马克思在《福格特先生》一文中所说的那样，[①]他只来得及发表论述这一题目的巨著的一篇导言。

1856年2月12日马克思致信恩格斯，"我在博物馆发现一些十七世纪末和十八世纪最初几十年的历史资料，这些资料有关彼得一世和查理十二之间的斗争和英国在这一出戏中所扮演的决定性角色。当时托利党人和辉格党人在对外政策上的不同之处只不过是前者把自己出卖给法国，后者把自己出卖给俄国。……也许，主要由英国帮助俄国成为波罗的海的强国这一事实，不如十八世纪初人们就揭露出这个政策并异常精确地预言俄罗斯帝国必将强大这一点，令人感兴趣。"[②] 马克思认为，俄国彼得大帝从英国政府获得很多让步和直接帮助，并且与王位追求者詹姆斯·斯图亚特（后来号称詹姆斯三世）相互勾结。这完全是波茨措·迪·博尔哥的风格，从而表明彼得一世以来俄国外交没有任何实质的变化。另一方面，英国绝不是出于幻想和无知地将英国舰队交付彼得大帝支配，帮助其在波罗的海东部海岸建设港口。

1856年2月29日，马克思再次致信恩格斯，"我在博物馆找到五册对开本关于俄国的**手稿**（只涉及十八世纪）并作了摘录。这些手稿是以收藏丰富著名的大助祭司柯克斯的一部分遗产。其中有英国驻彼得堡大使们给这里内阁的许多信件原稿（迄今没有发表过），某些信件会

---

① 《马克思恩格斯全集》第14卷，北京：人民出版社1964年版，第508页。
② 《马克思恩格斯全集》第29卷，北京：人民出版社1972年版，第11页。

大出其丑。"① 正是这些外交档案材料为马克思论述英国与俄国外交提供了丰富的素材，促使其深刻地揭示出英俄两国的外交实质及其危害。该书的写作目的"不在于使众所周知的材料具有新的意义，而是在于提供新的材料，以便对历史作出新的说明"②。

2. 政治性的写作动机

马克思写《十八世纪外交史内幕》的动机不仅是受生活所迫，而且是政治性的。他想要驳倒"大陆和英国著作家们所共有的这样一种偏见，即英国只是在较晚的时候，而且是在过晚的时候，才理解或猜想到俄国的意图"，并且想要纠正欧洲革命运动中那些亲英派的想法。他是为当时发生的重大政治问题提供一个历史背景。③ 1848年欧洲革命之后，普鲁士、俄国和英国是欧洲最反动的三个大国。"普鲁士、英国和俄国这三个强国最害怕德国的革命和革命的最直接的结果——德国的统一。普鲁士怕德国统一以后自己不能再存在，英国怕因此不能再剥削德国的市场，俄国怕因此民主制不仅会推广到维斯瓦河，甚至会推广到德维纳河和德涅泊河。"④ 事实上，马克思早就意识到沙皇专制制度对于欧洲民主与革命的妨碍。"沙皇已经来到**托恩**的门前"⑤，"只有反对俄国的战争才是革命的德国的战争，只有在这个战争中它才能消除以往的罪过，才能巩固起来并战胜自己的专制君主，只有在这个战争中它才像那些要摆脱长期的奴隶枷锁的人民所应该做的那样，用自己子弟的鲜血来换取宣传文明的权利，并且在解放国外各民族的同时使自己在国内获得解放。"⑥

德国曾经被视为欧洲专制制度的支柱，然而马克思更强调英国和俄

---

① 《马克思恩格斯全集》第29卷，北京：人民出版社1972年版，第21—22页。
② 同上书，第522页。
③ 莱·哈钦森：《马克思〈十八世纪外交史内幕〉1969年英文版的〈导言〉》，载《马列著作编译资料》第5辑，北京：人民出版社1979年版，第6页。（罗铁鸽译　杜章智校）
④ 《马克思恩格斯全集》第5卷，北京：人民出版社1958年版，第467页。
⑤ 同上书，第92—93页。
⑥ 同上书，第235—236页。

国的帮凶作用。"我们丝毫不打算否认德国人在 1792—1815 年反对法国革命的历次可耻战争中,在 1815 年以后压迫意大利和 1772 年以后压迫波兰的过程中所起的可耻作用;但是,谁在背后为德国人撑腰呢?谁利用他们来作自己的雇佣兵或先锋队呢?**是英国和俄国**。"① 特别是"随着革命工人的失败,欧洲又落到了过去那种受双重奴役即受英俄两国奴役的地位"②。英国和俄国是 1852 年 5 月 8 日伦敦协定书的主要炮制者,而且英俄两国奴役着欧洲每一个角落。

事实上,英俄两国在反革命与维护专制制度方面是同盟者。如梁赞诺夫所指出的,"**俄国**对欧洲大陆的**政治**奴役,以**英国**对大陆的**经济**奴役作为补充。使 1848 年革命遭到失败的,既有英国这个世界市场的主宰,也同样有俄国这个欧洲的政治暴君。如果说从伦敦抛出的所有经济绳索束缚了世界市场,加强了欧洲大陆对伦敦交易所的依赖性,那么,在彼得堡则不遗余力地锻造了锁链,把革命扼杀在血泊之中,并加紧策划了反动的阴谋诡计,以便从柏林到马德里和里斯本的所有欧洲宫廷用来束缚他们人民的手脚。"③ 正是在这种的政治氛围中,马克思不仅重新着手政治经济学研究,而且同样努力地研究欧洲外交的秘密。

3. 恩格斯外交观的影响

马克思曾经坦率地承认,自己在《十八世纪外交史内幕》的最后一章逐字逐句地利用了恩格斯关于彼得一世的有关文章中的一篇,但是这篇文章未发表而且至今仍未找到。④ 1857 年 4 月 21 日,马克思指出,"我在《自由新闻》上发表的只有五章。李卜克内西等人已把它们带走。但是我可以给你找到。我在最后一章中逐字逐句地利用了你关于彼

---

① 《马克思恩格斯全集》第 6 卷,北京:人民出版社 1961 年版,第 335 页。
② 同上书,第 473 页。
③ 达·梁赞诺夫:《卡尔·马克思论俄国在欧洲的霸权地位的起源》,载《马列著作编译资料》第 5 辑,北京:人民出版社 1979 年版,第 47 页。(马立译)
④ 《马克思恩格斯全集》第 44 卷,北京:人民出版社 1982 年版,第 V 页。

得一世的那些文章中的一篇。现在我只写完了引言。但是，这些先生起初拖了好几个月；后来他们开始发表得较快一些。现在，第一次支付的日期已经到了，我催他们也白费力气。如果他们在这方面不能比以往有所改进，那就只好跟他们一刀两断。他们跟我签订过新的合同。但是，如果他们在最重要的问题上不遵守这个合同，它还有什么用处。"①恩格斯将俄国视为一个具有半亚洲式的社会条件、风俗、传统和机构的国家，将欧洲国家的要人们归结为顽固的不学无术、传统的因循守旧和世代相承的思想懒惰。恩格斯指出，早在叶卡捷琳娜二世即位以前，俄国就从来没有放弃任何一个机会来取得在摩尔多瓦和瓦拉几亚的特惠。彼得大帝"（其伟大决不是像彼得的继承者叶卡捷琳娜二世的恭顺奴仆弗里德里希大帝那样的'伟大'）第一个充分估计了对俄国非常有利的欧洲形势。他不仅清楚地（比他那大概是由某个后裔编写的所谓遗嘱中所写的要清楚得多）认识到，而且制定并开始实行了对瑞典、土耳其、波斯、波兰以及对德国的俄国政策的基本原则"②。

相当多的俄国人了解土耳其的真实情况和特性，然而西欧的外交家们并不了解土耳其的实际情况、力量和潜力、历史、社会制度，但是"顽固透顶地死抱住传统见解不放，说这些见解是从研读东方神话故事得来的，并且是经世上最腐败的一小撮被雇佣的希腊人用同样荒诞的无稽之谈加过工的"③。西欧各国政府在外交上软弱无力、愚昧无知、举棋不定、畏首畏尾，导致沙俄在重大问题上都实行了自己的目的，因而西欧各国政府的外交行动往往直接服务于沙俄的利益。"由于西方各国政府的愚昧无知、迟钝呆笨以及由此而表现出的自相矛盾和畏首畏尾，俄国在所有重大问题上都相继地——达到了自己的目的。……西方列强的行动不是被他们相互间的争吵所瓦解（发生这些争吵大半是由于它们都对东方情况茫然无知，也由于那种对东方人来说完全不可理解的

---

① 《马克思恩格斯全集》第29卷，北京：人民出版社1972年版，第120页。
② 《马克思恩格斯文集》第4卷，北京：人民出版社2009年版，第360页。
③ 恩格斯：《土耳其问题》，见《马克思恩格斯全集》第12卷，北京：人民出版社1998年版，第28页。

无谓的猜忌），就是全然为俄国的直接利益服务。"① 欧洲外交家与政治家由于其愚昧无知、相沿成习的因循守旧和时代相承的思想懒惰，根本无力解答土耳其问题。然而俄国毫不顾忌英法等国家的一切外交照会，逼进君士坦丁堡。

1853年3月恩格斯指出，"在目前东方问题的讨论中，英国报纸没有更大胆地阐明促使大不列颠认真地并坚决地反对俄国的兼并和扩张计划的根本利害关系之所在，对此我们感到吃惊。英国无法同意俄国占领达达尼尔海峡和博斯普鲁斯海峡，俄国如果占领这两个海峡，无论在贸易方面和政治方面，对英国实力都是一个沉重的打击，如果不是致命打击的话。"② 即使西方外交官意识到俄国侵略行为的危险，但是仍以维持土耳其现状为托辞，视其为伟大的外交上的万应灵药。维持现状的格言"最明显不过地暴露了某些夸夸其谈掩饰自己无能的当代政界人物的愚昧无知和束手无策。维持现状这句话虽然一直是有名无实，在短短的20年间却被传统奉为神圣……在欧洲外交界看来，甚至在欧洲的报界看来，整个东方问题的结局，只能是二者择一：不是俄国人坐镇君士坦丁堡，就是维持现状。除此以外，他们脑子里再也没有任何别的东西"③。恩格斯将欧洲大国在土耳其问题上的外交冲突视为俄国专制和欧洲民主之间的冲突。

在谈及土耳其问题的真正症结时恩格斯指出，"俄国毫无疑问是一个有侵略野心的国家，一百年来就是这样，直到1789年的伟大运动才给它产生了一个充满强大生命力的严峻敌人。我们指的是欧洲革命、民主思想的爆炸力量以及人生来就有的自由要求。从这个时候起，欧洲大陆实际上只存在着两种势力：一种是俄国和专制，一种是革命和民主。……但是俄国占领了土耳其，它的力量几乎会增加一半，

---

① 恩格斯：《土耳其问题》，见《马克思恩格斯全集》第12卷，北京：人民出版社1998年版，第29页。
② 《马克思恩格斯全集》第12卷，北京：人民出版社1998年版，第16页。
③ 恩格斯：《土耳其问题》，见《马克思恩格斯全集》第12卷，北京：人民出版社1998年版，第29—30页。

它就会比所有其他欧洲国家的力量加在一起还要强大。如果事态这样发展，对革命事业将是一种莫大的灾难。维护土耳其的独立或在奥斯曼帝国可能解体之际粉碎俄国的兼并计划，这是一件极其重要的大事。在这种情况下，革命民主派和英国的利益是相符的，无论前者或后者都不能让沙皇把君士坦丁堡变成自己的一个首府。"①

总之，马克思根据自己认真的研究以及与恩格斯的交流写出了《十八世纪外交史内幕》的外交论著，揭示出英俄之间争夺势力范围的对抗与勾结。该著作不仅是马克思对欧洲政治经济及其外交状况长期观察与详尽评论的自然产物，也是其唯物史观与政治经济学方法的结晶。

4. 《十八世纪外交史内幕》的发表

最初马克思计划在美国人普特南（Putnam）的《月刊》（*Monthly Magazine*）出版其中一些文件及其自己的评论，但是后来决定阐述这个主题，撰写18世纪英俄关系史的著作。1856年2月12日马克思写道，"我想把我在博物馆发现的奇闻寄到什么地方发表。如供报纸，这些东西追溯得太远了。所以我想投给《普特南》。"② 然而，1856年3月至5月马克思与德国出版商尼古劳斯（Nikolaus Trübner）协商该著作的出版事宜，但协商是徒劳的。马克思也未找到其他出版商，想在英国保守派记者戴维·乌尔卡尔特及其追随者所出版的一份报纸上刊登。戴维·乌尔卡尔特反对英国政府，强有力地批评英国对外政策。马克思时而向这些报纸投稿，尽管总是远离戴维·乌尔卡尔特的反民主立场。由于戴维·乌尔卡尔特的政治见解，马克思曾经犹豫了一段时间。

1856年6—8月，《十八世纪外交史内幕》部分地分期发表在《设菲尔德自由新闻报》（*The Sheffield Free Press*）上，1856年8月—1857年4月全文发表于伦敦《自由新闻》（*Free Press*）上。从一开始出版，1856年8月16日至1857年4月1日马克思所提交的文本没有任何删

---

① 恩格斯：《土耳其问题的真正症结》，见《马克思恩格斯全集》第12卷，北京：人民出版社1998年版，第20—21页。

② 《马克思恩格斯全集》第29卷，北京：人民出版社1972年版，第15页。

减。1857年1月20日,"我还没有最后同乌尔卡尔特派达成协议,此外,他们的小报篇幅有限,一篇文章一个月只能登出几小段,常常要拖上五六个星期才能登完。它们充其量只能用作微不足道的次要的来源。《论坛报》在它的极端贫乏无味的社论中,对于我在文章中写的看法,大都提出相反的意见。俄国人的影响是无可怀疑的。"①

《设菲尔德自由新闻报》删除了对彼得一世政策的重要分析,因而马克思委托威·皮佩尔致信赛普尔斯表示抗议。1856年7月艾萨克·埃恩赛德认为马克思的文章会葬送《设菲尔德自由新闻报》,要求不再刊发马克思的稿件。1856年7月19日,《设菲尔德自由新闻报》编辑赛普尔斯致信马克思,"您一下子提出要突然停止刊载您的文章,这是您和我们都不会感到满意的。您上星期寄来的文章,我们删节得不成功,十分抱歉,不幸的是,的确没有别的选择,不然我是不敢这样做的。"② 7月22日马克思愤然地提出要《设菲尔德自由新闻报》停止刊载自己的文章。"我绝对不会给艾萨克·埃恩赛德先生再开一剂'药',把他'埋葬'在他自己的报纸里,而使他自己背上杀人的罪名。"③

7月28日,马克思致信恩格斯,"关于设菲尔德的事情是这样的:这些先生在最近一号上卑鄙地进行删节。所以皮佩尔写信给赛普尔斯说:'我受马克思博士的委托通知您,他不能祝贺您的修改'等等。"④《设菲尔德自由新闻报》不仅篡改了马克思的文稿,而且还没有拨发任何稿费。这时马克思为钱、住房等事务而烦恼。

科勒特·多布森·科勒特(1812—1898年)系英国政论家,1856年8月起任《自由新闻》编辑兼发行人,1856年秋天开始与马克思保持通信联系。《自由新闻》自1855年10月13日起在英国设菲尔德出版,1956年10月迁至伦敦出版,截至1858年4月为周刊,此后至1858年6月为半月刊,再往后截至1877年停刊时为月刊。该刊物关注

---

① 《马克思恩格斯全集》第29卷,北京:人民出版社1972年版,第92页。
② 同上书,第61页。
③ 同上书,第62页。
④ 同上书,第61页。

外交事务，反对帕麦斯顿政府，于1866年更名为《外交评论》。马克思曾在《自由新闻》周刊上发表过多篇文章，如《帕麦斯顿勋爵》第三篇、第六篇，① 以及《十八世纪外交史内幕》。1856年8月1日马克思致信恩格斯：

> "昨天**乌尔卡尔特**的叭喇狗——著名的科勒特来我家。他说，他是受了大科夫塔本人的委托而来的。据说乌尔卡尔特对埃恩赛德先生竟干预我的文章感到十分不快，万分遗憾等等，他认为我的这些文章非常有价值等等。然后他要我给他讲一讲这一切是怎样发生的。他说，乌尔卡尔特先生认为争执的主要原因是删节了稿件的若干部分等等。我当时向他讲了事情的经过并给他看了书面的证据。接着，他便问我是否愿意作一些让步，我断然拒绝了，并且告诉他，我不是下贱文人，不能像对待伦敦的瘪三文人那样对待我。他似乎正是期望这种解释，以便非常严肃地告诉我，乌尔卡尔特认为《自由新闻》是不能令人满意的。埃恩赛德先生有难处，因为《自由新闻》实际上不过是《**设菲尔德**自由新闻报》（顺便说一说，它比《自由新闻》要大一倍）的摘要；能满足《设菲尔德自由新闻报》读者要求的东西，决不能经常都合《自由新闻》读者的口味，反之亦然。因此乌尔卡尔特先生决定大约一个月后开始在伦敦出版一份外交报。他希望我把《内幕》全文刊登在该报上，并希望我对他毫无恶感。我做了模棱两可的回答，这个回答可以理解为肯定的，但是，如果将来条件很坏或报纸极其荒唐的话，我是可以拒绝的。一切将取决于报纸的性质。伦敦不是设菲尔德，如果乌尔卡尔特出来散布反革命的胡说，使我因撰稿而在此地革命者的心目中名声扫地的话，那么，我自然要拒绝，不管在目前的困境中这将对我是怎样的沉重。我们瞧着吧。无论如何，现在我在关于我写作荣誉

---

① 《马克思恩格斯全集》第12卷，北京：人民出版社1998年版，第415—429页、451—457页。

的问题上已得到足够的满足,因为上司公开地否认了他的部下的话。"①

对此,恩格斯指出,"同乌尔卡尔特的事情有了这样的转变,我很高兴。归根到底,我们的坚决态度常常最能使这些坏蛋敬服。我希望这些东西能够在乌尔卡尔特的报刊上发表:等着瞧吧。""决不能让设菲尔德的这群坏蛋赖你的账——他们在任何条件下都必须付钱。"② 1856年10月30日,马克思写道,"直到上上星期为止,乌尔卡尔特派仍然断断续续转载我修改过的旧劣作。同他们的交涉至今还没有任何进展。但是这个问题必须在这个星期就解决。"③《自由新闻》编辑科勒特对马克思所提出的一切都表示同意,但是只字不提稿酬的事宜。1856年12月22日,马克思致信恩格斯,"我对卑鄙的乌尔卡尔特伙帮提出的要求,还没有得到解决。如果我头一次就不能给房东如期交付房租,那就要完全丧失信用。"④ 没过几天,乌尔卡尔特派预付马克思10英镑的稿费,稍解了其燃眉之急。

二 《十八世纪外交史内幕》的中外传播

《十八世纪外交史内幕》发表之时受到大众与评论家的关注以及沙俄的检查,但是后来并没有产生广泛的影响。西方学者并不关注马克思在《十八世纪外交史内幕》中所论述的外交观。相比之下,大多数中国学者强调《十八世纪外交史内幕》在国际政治研究方面的理论与方法论的指导意义。

1. 国外传播与影响

虽然马克思在《十八世纪外交史内幕》追述了久远的历史,但是

---

① 《马克思恩格斯全集》第29卷,北京:人民出版社1972年版,第63—64页。
② 同上书,第66、67页。
③ 同上书,第77页。
④ 同上书,第86页。

由于其深刻的现实意义，受到英国社会大众与评论家的注意。1856年10月30日，马克思致恩格斯时指出，"伟大的布赫尔在《国民报》上写了一篇关于'有趣的揭露'的文章，一字一句都是从我的文章上抄袭的；但是不提我的名字并使人推测揭露是来自英国方面。你看，这些坏蛋是何等嫉妒和可恶。"①《十八世纪外交史内幕》不仅受到当时质疑英国对外政策的评论家们的关注，而且因其对俄国侵略政策的抨击引起了俄国外交官的检查。1856年11月17日，恩格斯指出，"我们很荣幸，我们的文章受到——或更确切地说，已经受到——俄国大使馆直接的监督和检查。现在德纳似乎终于明白了古罗夫斯基是个什么样的人。"②尽管如此，在马克思与恩格斯生前《十八世纪外交史内幕》并未再版。在恩格斯逝世之后，像马克思与恩格斯在19世纪50年代所撰写的其他一些著作一样，马克思的女儿爱琳娜（Eleanor）·马克思筹划着出版。爱琳娜在1896年为编辑出版《德国的革命和反革命》英文单行本而撰写的序言中指出，"我希望能重新出版这些文章以及另外一些文章。"③1897年斯旺·桑南夏恩公司出版了由马克思的女儿爱琳娜·马克思和爱德华·艾威林编辑的他的《东方问题》一书。在《东方问题》一书的序言中，编辑者提到马克思在较早的时候写的两部关于这同一个问题的著作，并且答应早日予以出版，其中之一就是《十八世纪外交秘史》。④1899年，斯旺·桑南夏恩公司以《十八世纪外交秘史》的英文名字（Secret Diplomatic History of the Eighteenth Century）出版了由爱琳娜·马克思编辑、但未最后审定的单行本。在这本书中，《防御条约》（The Defensive Treaty）的小册子单独成章。因而不同于马克思生前的出版，本书包括6章。此外，在1899年版中第五章（原稿的第四章）的结语部分（4页左右）被省略了。在俄国1905年革

---

① 《马克思恩格斯全集》第29卷，北京：人民出版社1972年版，第77页。
② 同上书，第80页。
③ 中央编译局编：《回忆马克思》，北京：人民出版社2005年版，第229页。
④ 莱·哈钦森：《马克思〈十八世纪外交史内幕〉1969年英文版的〈导言〉》，载《马列著作编译资料》第5辑，北京：人民出版社1979年版，第1—2页。（罗铁鸽译　杜章智校）

命失败后，梁赞诺夫认为有必要批判性地考察德国社会民主党的对外政策纲领，为此而阐明马克思的无产阶级对外政策观。梁赞诺夫在《卡尔·马克思论俄国在欧洲的霸权地位的起源》中详细介绍了《十八世纪外交史内幕》，论述了马克思对俄国取得欧洲霸权的历史发展过程的看法。①

1969 年，英国出版商出版了由莱斯特·哈钦森编辑的、按照《自由新闻》全文稿补全了的单行本。期间 1954 年法文版出版了；1960、1977、1981 年德文版分别出版；1967 年波兰语版出版；1977 年意大利语版出版。所有这些出版物一般是以 1899 年版为依据，但是将 1899 年版所省略的结语部分还原了。② 马克思与恩格斯的苏联官方版本并未包括《十八世纪外交史内幕》，因为苏联试图掩藏马克思对沙皇俄国的"亚洲式"（Asiatic）解读。③ 大多数西方学者并没有意识到或强调《十八世纪外交史内幕》的学术意义与现实意义。作为马克思主义历史学家，霍布斯鲍姆的观点颇具代表性。霍布斯鲍姆指出，"马克思本人没有写过和出版过以'历史'为标题的著作，只有一系列写于十九世纪五十年代针对沙皇专制和帕麦斯顿勋爵的论战文章。这些文章不算他的最重要著作，其实，《十八世纪外交史内幕》真可以扔入废纸篓。"④ 日本学者却较为关注《十八世纪外交史内幕》的意义。⑤

2. 国内传播与影响

《十八世纪外交史内幕》在我国的翻译和出版推动了其在国内的传播和影响。特别是在"文革"期间，一些学者们借助马克思、恩格斯

---

① 达·梁赞诺夫：《卡尔·马克思论俄国在欧洲的霸权地位的起源》，载《马列著作编译资料》第 5 辑，北京：人民出版社 1979 年版，第 39 页。（马立译）
② 陈乐民主编：《西方外交思想史》，北京：中国社会科学出版社 1995 年版。
③ 其中缘由，参见《马克思著〈十八世纪外交史内幕〉为什么未编入俄文版〈马恩全集〉》，载《国外社会科学情报》1980 年第 3 期。
④ 霍布斯鲍姆：《马克思和历史》，载《第欧根尼》1985 年第 1 期，第 78 页。
⑤ 〔日〕高木隆：《为苏联隐讳了的马克思批判沙俄论文的发掘——介绍马克思著作〈十八世纪外交秘史〉》，载《学习与研究》1981 年第 2 期。

对沙皇俄国侵略政策的谴责批判苏联争夺世界霸权的贪婪欲望。① 根据1969年英国莱斯特·哈钦森编辑的、按照《自由新闻》补全了的单行本，中央编译局杜章智、陈慧生译出了《十八世纪外交史内幕》并于1979年在人民出版社出版了单行本。但是该单行本并未翻译出1969年英文版的导言，而是由罗铁鸽译经杜章智校后刊发在1979年《马列著作编译资料》第5辑上。② 其单行本的第五、六章采用了《历史研究》1978年第一期发表的译文。③

在20世纪80年代，中国学者从国际关系史、外交学等角度较为系统地评析了《十八世纪外交史内幕》的写作目的、主要内容及其现实价值。④ 特别是，《马克思恩格斯全集》第44卷以《马克思恩格斯全集》俄文第二版第四十四卷为依据，一部分文章是根据原文翻译的。俄文版没有收入马克思的《十八世纪外交史内幕》，《马克思恩格斯全集》第44卷按1969年英国莱斯特·哈钦森编辑的单行本把该文译出编入本卷，并编写了有关的注释和人地名索引。⑤ 朱寰将《十八世纪外交史内幕》视为一部光辉的历史文献、精辟的马克思主义经典著作，侧重第五章古代罗斯国家的起源问题，并未揭示出该书中独具特点的外交观。⑥ 学者们更强调该文对于理解当时苏联扩张主义的现实意义，其解读深受中俄关系的影响。⑦ 韩承文从国际关系史的角度谈及《十八世纪外交史内幕》对于研究十八世纪国际关系史的重要指导意义，将其视为国际关

---

① 彤心、史兵：《彼得一世的对外侵略扩张》，载《历史研究》1977年第1期；史兵等：《沙皇俄国从不改变的目的——世界霸权》，载《历史研究》1975年第1期；唐思等：《沙皇俄国海上霸权主义的彻底破产》，载《历史研究》1975年第1期；史兵等：《沙皇俄国对巴尔干的侵略扩张》，载《历史研究》1975年第6期。

② 莱·哈钦森：《马克思〈十八世纪外交史内幕〉1969年英文版的〈导言〉》，载《马列著作编译资料》第5辑，北京：人民出版社1979年版。（罗铁鸽译　杜章智校）

③ 马克思：《十八世纪外交史内幕》，载《历史研究》1978年第1期。

④ 《马克思恩格斯列宁斯大林著作学习与研究论文索引》，陕西师范大学出版社1983年版。

⑤ 《马克思恩格斯全集》第44卷，北京：人民出版社1982年版。

⑥ 朱寰：《论古代罗斯国家的起源——马克思〈十八世纪外交史内幕〉第五章读后》，载《社会科学战线》1979年第1期，第176—182页。

⑦ 东志：《揭露英国政府纵容老沙皇扩张主义的光辉文献——马克思〈十八世纪外交史内幕〉简介》，载《历史研究》1978年第1期。

系史研究的指导性的文献。① 尽管如此，张之芮意识到该著作对于欧洲外交史的指导意义，强调其历史价值及其对于外交研究的指导意义。②

特别是，陈乐民将《十八世纪外交史内幕》视为别具特色的学术著作，包含着引人注目的理论思维，有助于了解俄国和英国对外政策的历史根源，在国际问题的研究方法上给予我们深刻的启示。"马克思的《十八世纪外交史内幕》，篇幅不大，却是理论与实践相结合的巨著，通篇闪耀着理论思维的光芒，有着震撼人心的力量。其所以故，恰恰就在于马克思不作脱离事实的纯抽象思维，每一分析、每一推论、每一论断都有大量而全面的事实作为依据。"③ 陈乐民在一些大学兼课时发现参考书目包括该书，而且他自己也热情地向学生们推荐阅读此书。然而实际上学生们的阅读热情并不高。"我隐隐约约地感到，真正认真去读的人似乎不多，甚至多数人可能根本没有看。这是很可惜的。"④ 尽管陈乐民先生以自己粗浅的体会试图引起阅读该书的兴趣，但是事实上可能会使其失望了。

在20世纪90年代，中国人民大学教授冯民安将《十八世纪外交史内幕》视为揭示十八世纪英俄关系实质的光辉篇章，较为细致地介绍了写作背景、主要内容。"《内幕》以英俄关系为主线，展现了十八世纪欧洲列强纷争的历史画卷。马克思对英国和俄国外交政策思路和实质作了极为透彻的分析，许多论断精彩而深邃，体现着这位革命导师在国际关系方面很有价值的理论思维。从篇幅来看，《内幕》在马克思的著作中，算不得巨著，但从其丰富的内容和理论价值看，则形同一本巨著。"⑤ 陈乐民在概述西方大国外交思想的特性时，论述了马克思所谈

---

① 韩承文：《研究十八世纪国际关系史的重要著作》，载《许昌师专学报（社会科学版）》1989年第2期。
② 张之芮：《马克思的〈十八世纪外交史内幕〉介绍》，载《历史教学》1984年第9期。
③ 陈乐民：《〈十八世纪外交史内幕〉笔记》，载《中国社会科学院研究生院学报》1987年第1期，第49页。
④ 同上书，第49页。
⑤ 冯民安：《揭示十八世纪英俄关系实质的光辉篇章——读马克思〈十八世纪外交史内幕〉的一些体会》，载《国际政治研究》1993年第2期，第109页。

及的彼得大帝传统。① 冯民安强调《十八世纪外交史内幕》对于了解资本主义国家外交政策的实质和资本主义国家相互关系的真相以及据此制定我们的正确的对外政策，反对强权政治和霸权主义仍具有现实和指导意义。冯特君等学者在所主编的《国际政治概论》中强调唯物史观对于国际政治研究的普遍指导意义，以《十八世纪外交史内幕》等著作说明马克思对资产阶级国家对外政策实质的批判性分析。②

在21世纪初，《十八世纪外交史内幕》中的外交观持续性地发挥着影响。不少中国学者仍阅读和引用马克思在《十八世纪外交史内幕》中的深邃观点，将其列为《近代国际关系史》、《马克思主义哲学史》等课程必读的经典著作。王福春等在其主编的《西方外交思想史》时并未专门论述马克思的外交思想，而是以其论述俄国的近代外交思想，特别是彼得大帝的外交思想。③ 郭树勇从政治社会学角度探究马克思关于"国际政治的秘密"时以案例分析的方式论述马克思的外交观。④ 张文木在分析中国地缘政治特点时引用了马克思在《十八世纪外交史内幕》中对彼得大帝迁都的历史意义和战略作用的精辟分析。⑤

---

① 陈乐民：《西方外交思想史》，北京：中国社会科学出版社1995年版。
② 冯特君等：《国际政治概论》，北京：中国人民大学出版社1992年版，第23页。
③ 王福春、张学斌主编：《西方外交思想史》，北京：北京大学出版社2002年版。
④ 郭树勇：《"国际政治的秘密"：对马克思国际政治观的政治社会学重读》，载《太平洋学报》2007年第11期。
⑤ 张文木：《中国地缘政治特点及其变动规律（下）》，载《太平洋学报》2013年第3期。

第二部分　研究状况

第三章　国内外研究状况

马克思在《十八世纪外交史内幕》等外交理论著作中不仅揭示了英俄两国对外政策的实质，而且阐明了内政和外交的关系，即国内政治决定着对外政策，对外政策服务于国内政治。尽管《十八世纪外交史内幕》是学者们研读和学习马克思外交观的线索与文本，但是在其发表之后学者们只是断断续续地译介与评述这部著作所蕴涵的历史唯物主义外交观及其当代意义。"马克思、恩格斯有关'世界历史'和'社会交往'的理论，就为考察外交问题提供了重要的哲学方法论基础。"① 特别是国内外学者并没有从马克思的国家观、民主观以及政治经济学方法等角度结合马克思写的《帕麦斯顿勋爵传》、恩格斯写的《俄国沙皇政府的对外政策》等外交著作，以深刻地理解和把握马克思主义的外交观。在此笔者仅仅简单介绍一些较为有影响与有意义的论述。

一　国外研究状况

虽然恩格斯没有直接论及马克思《十八世纪外交史内幕》这部著作，但是1889年以马克思的精神剖析俄国政府对外政策的实质。特别是，恩格斯认为《十八世纪外交史内幕》论述了"英国辉格党大臣们对俄国的经常的自私自利的依赖"②。列宁曾经在《卡尔·马克思》（1914年）的文献目录中说明了"英国自由党的大臣们为了私利而常常

---

① 黄楠森主编：《邓小平理论的哲学基础研究》，北京：中国人民大学出版社2004年版，第236页。

② 《马克思恩格斯全集》第22卷，北京：人民出版社1965年版，第403页。

顺从俄国"的部分。① "马克思为了揭露当时反革命统治者的对外政策的历史根源，在文章中不惜用揭发性的笔调来评述他们的先辈——十八世纪的英国外交家和政治活动家。他说他的目的就是让读者知道'英国外交的卑鄙'，它对沙皇政府的奴颜婢膝。正像恩格斯后来所写的，这篇文章揭露了'英国辉格党大臣们对俄国的经常的自私自利的依赖'。列宁对这篇文章也作了同样的评价。"②

然而《马克思恩格斯全集》俄文版并未收录《十八世纪外交史内幕》。从斯大林对恩格斯《俄国沙皇政府的对外政策》的态度和立场可窥见一斑，即"这篇把俄国看成进行侵略的决定性因素的有缺点的文章，不宜在党的报刊上登载"③。虽然如此，费多谢耶夫却在其《卡尔·马克思》书中专门论述了马克思与乌尔卡尔特派的关系，特别指出其间的分歧并不影响马克思利用乌尔卡尔特派的报刊。费多谢耶夫不仅赞许马克思对俄国沙皇政府与英国资产阶级贵族寡头的反革命实质的看法，而且由于马克思过于尖刻的语言片面地理解了英俄关系。"这种关系的性质不仅取决于英国统治阶级的愿望，即利用沙皇政府对付革命，而且也取决于英国统治阶级本身的侵略意图，他们经常把俄国当做一个对手。无论是在北方战争时期还是在帕麦斯顿时期，英国对外政策的领导人都不止一次地策划用削弱沙皇俄国的办法来加强英国，并支持它的反对者。"④ 尽管如此，这部著作对于评价西欧大国的外交与制定工人阶级独立自主的对外政策仍具有原则性的意义。直到1986年苏联出版的《马克思恩格斯全集》第15卷英语版本才收录了马克思的《十八世纪外交史内幕》并在其前言做出了说明，突显了马克思外交观对于国际关系研究的意义。

早在1908年，梁赞诺夫为了批判地审查德国社会民主党的对外政

---

① 《列宁全集》第21卷，北京：人民出版社1959年版。
② 〔苏〕费多谢耶夫等：《卡尔·马克思》，上海：上海三联书店1980年版，第375页。
③ 王琥生：《马克思著〈十八世纪外交史内幕〉为什么未编入俄文版〈马恩全集〉?》，载《国外社会科学情报》1980年第3期，第6页。
④ 〔苏〕费多谢耶夫等：《卡尔·马克思》，上海：上海三联书店1980年版，第378页。

策纲领决定弄清楚马克思在无产阶级对外政策上的观点与看法，初步尝试性地论述了马克思关于俄国在国际政治领域的作用的观点。难得的是，梁赞诺夫并未教条式地理解马克思对于英俄关系、俄国对外政策的认知与判断。例如，他认为，俄国是由于英国和荷兰的资本而欧洲化的，而且英俄关系是欧洲资本主义发展的自然产物。再者，俄国彼得大帝是欧洲新兴资本主义的产物，那么如果马克思将彼得视为一个现代化的鞑靼人，这将会成为理解俄国对外政策的障碍。① 无论其观点是否正确，这种开放性的讨论与解读值得关注。当然这些观点尚未深入的研究以论证或反驳，而不是简单的否定或赞成。

事实上，《十八世纪外交史内幕》1969年英文版的出版进一步推动了学术界的关注。哈钦森在这个英文版的《导言》中提供了一些背景性材料，将其视为马克思在英国博物馆图书馆从事研究的成果。《十八世纪外交史内幕》的著作"获得了非同寻常的历史价值；马克思的深刻观察和尖锐分析对那些比较正统的学究式历史作了必要的矫正"②。然而严格意义上，哈钦森所写的这篇导言并不是份学术论文，很大程度上更是份导读。对此，霍华德认为，哈钦森在《十八世纪外交史内幕》英文版导言中并未阐明该著作的真正重要性，反而概述了著作的内容，却没有论及自己对马克思主义的理解。对此，研究者不能够教条式地理解马克思的思想及其当代意义。在霍华德看来，尽管《十八世纪外交史内幕》并不是最重要的著作，但也是最新奇的著作。③

相比之下，日本学者意识到《十八世纪外交史内幕》历史论著的重要价值，分析苏联对其弃之不理的原因并以此认识赫鲁晓夫、勃列日涅夫谋求世界霸权政策的历史根源及其继承性。日本石堂清伦翻译了《十八世纪外交史内幕》一书并于1979年在日本出版，当时以《十八

---

① 达·梁赞诺夫：《卡尔·马克思论俄国在欧洲的霸权地位的起源》，载《马列著作编译资料》第5辑，北京：人民出版社1979年版，第39—132页。

② 莱·哈钦森：《马克思〈十八世纪外交史内幕〉1969年英文版的〈导言〉》，载《马列著作编译资料》第5辑，北京：人民出版社1979年版，第6页。（罗铁鸽译　杜章智校）

③ Dick Howard, "Review", *Science and Society*, Vol. 35, No. 1, 1971, pp. 84–88.

世纪秘密外交史》为题名。他指出，由于1933年前后苏联历史学界转向了斯拉夫民族主义立场，因而对该外交史著作弃之不顾。1979年12月1日高木隆在日本共产党中央临时指导部机关刊物《理论与实践》上发表了评介文章，即《为苏联隐讳了的马克思批判沙俄论文的发掘：介绍马克思著〈十八世纪外交史内幕〉》。① 日本学者不破哲三指出，"可是马克思的这篇论著，无论是在战前的俄语版本中或是战后的德语版本中都被砍去了，从斯大林时代直到今天仍是如此。全集的编辑工作工作完全无视这篇论著的存在。斯大林及其继任者们为什么对马克思批判沙皇感到那么恐惧，这是一个非常有趣的研究课题。"② 高木隆将这部历史论著视为"十分简练而富有文采、并且扣人心弦的著作"，试图恢复其在马克思主义理论和历史中的地位③。1979年12月28日日本《朝日杂志》周刊也刊发了日本学习院大学教授河合秀和撰写的《在马克思所生活的时代中来理解和学习马克思》。马克思曾经在恩格斯的劝导下阅读了戴维·乌尔卡尔特指责帕麦斯顿被俄国所收买的文章，得出了与乌尔卡尔特同样的结论。河合秀和认为，"要了解马克思论证十八世纪初期英国甘当俄国的工具和马前卒的原因，必须研究马克思对十九世纪中叶英国政治的态度。"④

总而言之，国外学者并不太关注这部外交史著作的理论与方法论价值，只是将其视为针对沙皇专制的论战性文章，未充分地意识到其学术意义。十八世纪英国对外政策本身是个边缘性的研究主题，而且对外政策几乎不被视为政治管理与争论的关键性问题。⑤ 不管怎么样，研究者应该将《十八世纪外交史内幕》回归到学术研究中。

---

① 〔日〕高木隆：《为苏联隐讳了的马克思批判沙俄论文的发掘：介绍马克思著〈十八世纪外交秘史〉》，载《学习与研究》1981年第2期，第66—67页。

② 听涛弘：《马克思〈十八世纪外交史的内幕〉的后来情况》，载《国外社会科学快报》1987年第3期，第4页。

③ 王琥生：《马克思著〈十八世纪外交史内幕〉为什么未编入俄文版〈马恩全集〉?》，载《国外社会科学情报》1980年第3期，第6—8页。

④ 同上书，第7页。

⑤ Jeremy Black, "British Foreign Policy in the Eighteenth Century: A Survey", *Journal of British Studies*, Vol. 26, No. 1, 1987, pp. 26–53.

二 国内研究状况

相比于马克思其他著作,直到1978年国内才翻译出版《十八世纪外交史内幕》中文版。当时《历史研究》杂志编者邀请中国社会科学院世界历史研究所和北京大学历史系分别翻译了其中第五、第六两章,开启了国内学术界对《十八世纪外交史内幕》的研究工作。特别是,尽管1982年出版的《马克思恩格斯全集》第44卷以《马克思恩格斯全集》俄文第二版第44卷为依据(俄文版没有收入马克思的《十八世纪外交史内幕》),但是编者按1969年英国莱斯特·哈钦森编辑的单行本把该文译出编入本卷,并编写了有关的注释和人地名索引。① 正是这些译介工作推动了20世纪70年代与80年代国内学者对《十八世纪外交史内幕》广泛的评述性研究工作。马克思以具体的历史事实揭示了英国对外政策的历史与现实根源及其沙俄霸权崛起的历史进程,以深刻的历史分析确立了国际问题研究的典范,也为如何研究分析和选择运用档案史料提供了重要的范例。②

20世纪70年代末80年代初国内学术界对《十八世纪外交史内幕》的研究深受政治干预的影响和塑造。《历史研究》编者认为,"对于了解和研究俄国历史,特别是沙皇俄国的侵略扩张史,对于分析和揭露继承了沙俄侵略扩张政策衣钵的苏联社会帝国主义,具有极为重要的指导意义。"③ 当时很多学者将《十八世纪外交史内幕》视为分析和研究苏联社会帝国主义侵略扩张政策的重要文本。例如,何殿之指出,"在苏

---

① 《马克思恩格斯全集》第44卷,北京:人民出版社1982年版。
② 李申燕:《历史的分析,深刻的揭露——读马克思〈十八世纪外交史内幕〉的体会》,见上海市国际关系学会主编:《国际问题论文选》,上海:上海社会科学院出版社1983年版,第85—92页;朱荣基:《运用档案史料的典范——读马克思〈十八世纪外交史内幕〉》,载《黑龙江档案》1984年第3期,第6—8页;傅孙铭:《十八世纪中俄关系的主流及其性质》,载《东北师大学报(哲学社会科学版)》1984年第2期,第49—53页;顾锦屏、王锡君:《宏大的翻译工程,丰富的理论宝库(文摘)》,载《理论月刊》1986年第9期,第66页。
③ 马克思:《十八世纪外交史内幕》,载《历史研究》1978年第1期,第3页。

联社会帝国主义新沙皇承袭老沙皇的对外政策,称霸世界,威胁各国人民的今天,学习马克思百年以前写的《十八世纪外交史内幕》这部光辉著作倍感亲切,它不但是研究俄国古代历史的指针,也是我们研究和揭露新老沙皇奉行霸权主义及其侵略扩张政策的强大思想武器。"①

与之不同的是,很多学者强调《十八世纪外交史内幕》对于国际关系与外交研究的理论与方法的指导意义。韩承文认为,为了揭示沙皇俄国对外扩张政策的历史根源以及驳倒十九世纪英国政治家们所散布的不了解沙皇俄国的动机和意图的论点,马克思才撰写了《十八世纪外交史内幕》这部研究十八世纪国际关系史的重要著作。难能可贵的是,韩承文也论及了马克思在《帕麦斯顿勋爵传》、《传统的英国政策》所体现的敏锐洞察力,更强调其对研究十八世纪外交史的重要意义。"马克思在这本书中利用新发现的有关英俄勾结的第一手材料,深刻地分析和揭露了沙皇俄国的侵略扩张政策和英国政府的亲俄外交政策,这对于我们研究十八世纪的国际关系史有着重要指导意义,特别是在观点方面给我们作出了明确的论述。可以说,马克思的这本著作,是我们从事国际关系史研究的指导性的文献。"② 相比之下,张之芮更进一步意识到该著作的历史价值及其对于欧洲外交史以及当今外交的重要指导意义。③ 张之芮认为,马克思在这部著作中从无产阶级革命事业的利益出发,以严肃、科学的态度运用外交文件和历史资料,从现实斗争角度出发追溯英俄对外政策的历史根源,揭露英俄政治家及其外交官的秘密外交。

特别是,中国知名学者陈乐民明确地将《十八世纪外交史内幕》界定为一本研究十八世纪欧洲国际关系的学术著作,是一本别具特色的国际问题著作。关键的是,陈乐民不仅意识到马克思对于欧洲问题的精

---

① 何殿之:《论俄罗斯的哥特时期是诺曼人征服的一章——马克思〈十八世纪外交史内幕〉第五章读后》,载《世界中世纪史研究通讯》1980年第1期,第27—33页。
② 韩承文:《研究十八世纪国际关系史的重要著作》,载《许昌师专学报(社会科学版)》1989年第2期,第54页。
③ 张之芮:《马克思的〈十八世纪外交史内幕〉介绍》,载《历史教学》1984年第9期。

辟分析，而且体会到其对于国际问题研究方法的启发意义。"马克思的《十八世纪外交史内幕》，篇幅不大，却是理论与实践相结合的巨著，通篇闪耀着理论思维的光芒，有着震撼人心的力量。其所以故，恰恰就在于马克思不作脱离事实的纯抽象思维，每一分析、每一推论、每一论断都有大量而全面的事实作为依据。"① 由此观之，理论思考来自于大量的具体实践，因而国际关系研究是门很具体的学问，需要抛弃脱离具体事实的纯粹抽象思维。陈乐民还强调马克思在这部著作中所体现的犀利、透彻与生动的文风及其学术个性和特色。

20世纪90年代以来尽管学者们仍然引用马克思的这部著作，但是仅仅中国人民大学教授冯民安撰写了一篇有关这部著作的评述性论文，显然与其在马克思主义外交史中的地位并不相符合。冯民安将《十八世纪外交史内幕》视为揭示十八世纪英俄关系实质的光辉篇章，较为细致地介绍了写作背景、主要内容。"《内幕》打破了萦绕历史学家的幻梦，以确凿的事实使人们得以洞悉十八世纪外交的内幕秘密，从而揭开了外交和国际关系史的许多纽结，在理论观点和方法论上给人们颇多有益的启示，就在国际形势发生巨大变化的当今世界，细读《内幕》，领会其基本思想，对于我们学习研究国际政治问题也极有现实指导意义。"② 为此，冯民安认为这部著作对于我们了解资本主义国家外交政策的实质和资本主义国家相互关系的真相，以及据此制定我们的正确的对外政策都具有现实意义。马克思在《十八世纪外交史内幕》中具体的历史分析并不影响其规律性的概述对于反对强权政治和霸权主义的普遍指导意义。

虽然国内学者已经初步译介与评述了《十八世纪外交史内幕》历史论著，而且强调其对于理解十八世纪欧洲国际关系与外交史的意义及其对于当今国际关系研究、外交研究及其研究方法的启示，然而并没有

---

① 陈乐民：《〈十八世纪外交史内幕〉笔记》，载《中国社会科学院研究生院学报》1987年第1期，第49页。

② 冯民安：《揭示十八世纪英俄关系实质的光辉篇章——读马克思〈十八世纪外交史内幕〉的一些体会》，载《国际政治研究》1993年第2期，第109页。

系统地探讨《十八世纪外交史内幕》的理论价值与实践意义,也没有理清其蕴涵的重大外交理论观点,更没有结合我国当代外交语境细致地阐述其对于我国外交实践的政策意义。① 因而外交研究者必须以马克思的文本为基础进行严谨的学术研究,防止教条式的理解以及纯粹政治性的解读,真实地把握马克思的外交思想与方法。

---

① 聂锦芳:《清理与超越:重读马克思文本的意旨、基础与方法》,北京:北京大学出版社2005年版。

第三部分　当代解读

第四章 《十八世纪外交史内幕》的框架与内容

《十八世纪外交史内幕》是一篇十八世纪英俄关系方面从未完成的著作的导论,是"对历史作出的新说明",① 以揭示英国外交背叛、卑怯的行为。马克思这本著作的主要目的,是表明辉格党外交政策的亲俄性质应追溯到北方战争(1700—1721 年)和俄国作为欧洲大国出现的时候。《十八世纪外交史内幕》由六章构成,其中一半内容是文件。第一章摘录了十八世纪英国外交官从彼得堡发回的四件秘密书函及其马克思的大量评论。第二章、第四章、第六章摘录了十八世纪初英国出版的三本匿名小册子《北方危机》、《防御条约》、《真理合乎时宜时才是真理》(*Truth is But Truth*)。马克思撰写了整个第三、第五章。马克思运用历史唯物主义的方法不仅追溯俄国政治历史,从而阐明俄国彼得一世对外政策目标及其对沙皇俄国侵略政策的影响,而且阐明了英国对俄国的姑息和纵容。马克思以《十八世纪外交史内幕》表明,十九世纪的英国政治家们说他们不了解沙皇的动机和意图,是不能令人信服的。他们不能进行任何辩解,因为曾有过大量的警告。对这些警告,他们只是没有听到或者不愿意听到罢了。②

一 第一部分 四封外交信件

第一章刊发了 4 篇文件,涉及沙俄女皇安娜执政时期至沙皇保罗执

---

① 《马克思恩格斯全集》第 29 卷,北京:人民出版社 1972 年版,第 522 页。
② 莱·哈钦森:《马克思〈十八世纪外交史内幕〉1969 年英文版的〈导言〉》,载《马列著作编译资料》第 5 辑,北京:人民出版社 1979 年版,第 38 页。(罗铁鸽译 杜章智校)

政初期。"马克思当时接触的是完全没有被使用过的材料,这些材料使他能够进入十八世纪国际外交的密室。他认为,经过对这些通信的研究可以看出,英国外交一贯受俄国外交的愚弄,英国的使节扮演了彼得堡宫廷手中的驯服工具的角色。"①

第一份信件涉及1735年俄国女皇安娜、奥地利皇帝查理六世对土耳其发动的战争。期间土耳其曾经被迫向英国、荷兰求援而由其调停。1736年8月英国驻彼得堡外交官龙多致信霍雷修·沃尔波尔,批评土耳其政府轻蔑、刻薄地谈论俄国人,然而俄国女皇及其大臣无法容忍土耳其轻蔑的行径,因而奉劝土耳其人接受劝告并且先行做出让步。英国驻君士坦丁堡大使埃弗拉德·福克纳爵士、荷兰驻君士坦丁堡大使卡尔库恩未经英国国王、荷兰联省共和国(1588—1795年)议会的授权、土耳其宰相的委托、与奥地利驻君士坦丁堡公使的协商,致信俄国奥斯特尔曼伯爵而转达土耳其人的善意、土耳其政府的诚意。然而俄国人已经习惯了土耳其对俄国的刻薄言辞、轻蔑行为,并不感谢英国、荷兰外交官沟通性的努力。

在第二份信件中,1765年3月英国驻俄国公使乔治·麦卡特尼爵士致信桑德威奇伯爵详细介绍了1765年俄国与丹麦所签订的同盟条约。该同盟条约将对土耳其的战争纳入规定为履行盟约理由。瑞典公开或秘密地与俄国完全保持一致。麦卡特尼确信了俄国在瑞典领导地位的意图。为此,俄国希望并计划与英国、丹麦合作,以消除法国在瑞典的利益。从1764年起麦卡特尼与俄国谈判通商条约,而且俄国某种程度上力图实现北方国家联盟的宏伟计划。即使如此,俄国决不会在土耳其问题上做出让步。那么为了维持英国利益并阻止法国人控制瑞典,麦卡特尼建议也将关于土耳其纳入英俄同盟条约。特别是,这将会使俄国在商务条约上放弃出口税条款。1766年俄国同意缔结俄英通商条约,换取了英国对俄国波兰政策的完全支持、在瑞典问题上的一致外交行动。

---

① 达·梁赞诺夫:《卡尔·马克思论俄国在欧洲的霸权地位的起源》,载《马列著作编译资料》第5辑,北京:人民出版社1979年版,第56页。(马立译)

第三份信件是1782年8月詹姆斯·哈里斯爵士的私人信件。1781年英国军队向美法联军投降，开始与美国及其盟国缔结和约的谈判。英国在和谈中曾经千方百计地谋求俄国女皇叶卡捷琳娜二世的支持，然而俄国根本并不偏爱英国，反而倾向于支持法国。"法国人装模作样地帮助俄国解决同土耳其政府的纠纷，紧接着这两个宫廷又一起成为帖欣和约的调停人，这些对它们之间的和好都起了不小的作用。"① 1778年2月至1779年7月，哈里斯与俄国帕宁伯爵的谈判毫无成果。尽管英国外交官为英俄联盟做出了让步，也无济于事。俄国帕宁伯爵以两面手法阻碍着英俄谈判成功的渠道。哈里斯胆小怕事地谈及俄国女皇。"英国政治家们在彼此间谈到俄国及其君主们时用的却是诚惶诚恐、卑躬屈节和唯唯诺诺的语调。"②

第四份信件是圣彼得堡海外商馆皮特牧师所撰写的俄国沙皇保罗一世（1796—1801年）在位初期俄国情况报告的摘录。皮特牧师猜测性地指出，俄国女皇意识到整个欧洲政治体制的革命等重大问题的致命趋势。"完全可能，新取得的波兰各省的局势也是对叶卡特琳娜的政治行动有相当影响的一个因素。"③ 叶卡捷琳娜女皇临终前告知秘书提醒她在同英国签订同盟条约上签字。"**把大不列颠和俄罗斯帝国联在一起的纽带是自然形成的，是破坏不了的**"。④皮特认为俄国国王可能会破坏英俄之间的天然联系与同盟条约，将责任推到俄国人身上。

二 第二部分 英国外交的亲俄性质

马克思以文件所表现出的形式揭示出俄国人的伪善、英国人的卑耻，即秘密的性质、英国外交官唯诺的语调、俄国模棱两可的语气。

---

① 《马克思恩格斯全集》第44卷，北京：人民出版社1982年版，第259页。
② 同上书，第267页。
③ 同上书，第266页。
④ 同上书，第267页。

"俄国外交官借助秘密通信来掩盖对外国的阴谋,英国外交官们则采用这个方法来自由表达他们对一个外国宫廷的忠诚。"① 马克思以例举的方式阐明了英国外交信函所假装的天真糊涂,以历史类比方式论及了帕麦斯顿勋爵的外交行为。如果英国书函是私人的话,那么它们仅会使撰写这些书函的大使们臭名远扬;如果它们是秘密致信英国政府的话,那么它们将把英国政府永远钉在历史的耻辱柱上。

英国不仅在俄国安娜女皇时期曾经向俄国出卖过自己的盟国,"甚至在安娜时期以前,即从彼得一世以来俄国开始崛起于欧洲的时期,俄国的意图就被理解了,而且英国政治家们对这些意图的默许受到了英国著作家们的抨击"。② 马克思在本章节中侧重考察了1716年伦敦出版的小册子《北方危机》。北方危机意指1715年俄国、丹麦、波兰、普鲁士和汉诺威缔结的北方联盟瓜分瑞典帝国的行动。

西班牙瓜分条约因其是王位继承战争的先声而得到关注;然而瓜分波兰引起关注则是因其最后一幕发生在当代的历史舞台上。"不能否认,开创国际政治近代纪元的,乃是对瑞典帝国的瓜分。"③ 正是由于瑞典帝国瓜分条约,英国日益陷入到俄国的势力范围中。英国国王乔治一世虽然在1700年与瑞典结成防御联盟条约,但是作为汉诺威选帝侯参加了瑞典帝国瓜分条约,以此身份向瑞典宣战并以英国国王的身份参与了战争。1716年北方联盟国一致同意入侵瑞典本土时,俄国沙皇指挥着英国海军。对于英国依附于俄国的原因,"不是为了取得任何物质上的好处或者哪怕是由俄国承担的一种形式上的义务,而只是为了使女皇'显示强烈的友谊'和把她的'不高兴'转到法国身上"④。

在十八世纪的大部分时间里,英国亲俄外交行为已成为传统。对于英国内阁政府的亲俄行为,陈乐民先生指出,"即使是站在俄国一边对瑞典落井下石的英国内阁,也是很早就理解了俄国的'意图'。所以,

---

① 《马克思恩格斯全集》第44卷,北京:人民出版社1982年版,第267页。
② 同上书,第270页。
③ 同上书,第270页。
④ 同上书,第268页。

马克思所谓英国内阁的'亲俄性质'不过是极而言之,是从它的政策表象来看的,并不是说英国内阁真的'亲俄'。"①

三 第三部分 利益集团、议会政治与英国对外政策

马克思首先开宗明义地阐明了外交史的研究方法,即"要了解一个限定的历史时期,必须跳出它的局限,把它与其他历史时期相比较。要判断历届政府及其行动,必须以它们所处的时代以及和它们同时代的人们的良知为尺度"②。马克思总体介绍了三本从不同角度论述英国对瑞典态度的小册子,揭示出英国的亲俄政策并非由于偏见与无知,即《北方危机》、《防御条约》、《真理合乎时宜时才是真理》。正是在英国瑞典防御条约有效期间,英国不断支持俄国并且以密谋或以公开力量对瑞典作战。"现代历史学家们以这种沉默阴谋完全抹杀了这一事实,然而他们之中有些人却拼命指责当时英国政府不预先宣战就在西西里海面上消灭了西班牙舰队。但是那时英国至少并没有同西班牙订立防御条约。那么,如何来解释这种对待相似情况的截然相反的态度呢?"③

马克思质疑俄国市场对于英国贸易和商业利益的意义,而且彼得一世同时代或下一代的英国人都没有从俄国向波罗的海的推进中获益。"十八世纪的前六十年间,整个英俄贸易只不过构成英国全部贸易的一个很小部分,可以说,还不到四十五分之一。……一般说来,大不列颠当时在波罗的海的贸易从占用的资金来看是微不足道,但从其性质来看却很重要。他给英国提供航海器材所需的原料。从这个观点看,波罗的海掌握在瑞典手中比俄国手中更为可靠。"④ 因而,英国的航运与贸易利益不足以使英国背信弃义地支持俄国而反对盟国瑞典。

---

① 陈乐民:《〈十八世纪外交史内幕〉笔记》,载《中国社会科学院研究生院学报》1987年第1期,第48页。
② 《马克思恩格斯全集》第44卷,北京:人民出版社1982年版,第287页。
③ 同上书,第288页。
④ 同上书,第291页。

英国的俄罗斯贸易公司却与俄国商人利益一致，在英国议会政治扮演着举足轻重的角色。英国大臣们正是借助这一公司及其代表的抗议作为借口以使议会按照自己的意愿行事。"这些与俄国经商的英国商人的影响在1765年又重新显示出来，而我们这个时代目睹一个与俄国经商的商人掌管着商务部，维护着他们的利益，还有一个财政大臣为他在阿尔汉格尔斯克经商的亲戚帮忙。"① 英国光荣革命后占有财富和政权的寡头政治集团不仅牺牲大众利益，而且在国内外寻求政治同盟并且维护着这个国内与跨国阶层的物质利益。英格兰银行、放债者、国家债权人、东印度公司及其他贸易公司、大实业家等是英国寡头政治集团的国内政治同盟，即法国人所称呼的大资产阶级。"至于他们的**对外政策**，他们则要使它至少看起来具有完全受商业利益支配的外表，由于内阁的这项或那项措施当然总是会符合这个阶级的这个或那个小集团的特殊利益，所以也极其易于做到使之虚有其表。于是，有利害关系的集团就为贸易和海运业而大声鼓噪，全国糊里糊涂地予以附和。"②

英国内阁杜撰各种商业借口，为自己的对外政策辩解。"十八世纪的英国政治家们完全弄糊涂了，他们完全没有看到《北方危机》的作者如此雄辩地提醒他们注意的危险；他们（如其他两本小册子的作者所证实的）背信弃义地牺牲瑞典偏袒俄国，他们确保了俄国在波罗的海的霸主地位，从而亲手扶植了自己未来的敌人。更有甚者，他们置本国的商业利益于不顾，这在英国是一桩永远不可饶恕的罪行。"③ 英国的可耻行径是无独有偶，很大程度上是步荷兰之后尘。荷兰的商业霸权地位已处于衰退时期，因而不同于英国商业霸权地位的上升时期。"从此，哪里为它的资金支付最高利息，哪里就是它的祖国。因而，俄国与其说成了巨大的商业市场，不如说成了巨大的投放资金和人力的市场。"④

---

① 《马克思恩格斯全集》第44卷，北京：人民出版社1982年版，第292页。
② 同上书，第293页。
③ 达·梁赞诺夫：《卡尔·马克思论俄国在欧洲的霸权地位的起源》，载《马列著作编译资料》第5辑，北京：人民出版社1979年版，第60页。（马立译）
④ 《马克思恩格斯全集》第44卷，北京：人民出版社1982年版，第295页。

相比于英国，荷兰政治家拥有更坚固的亲俄基础。为此，俄国往往会利用荷兰政治家影响英国政治家，而且英国也会利用英荷两国之间的密切关系促使荷兰联省议会发布反对瑞典的声明。

四 第四部分 俄国政治史

在分析俄国彼得一世的对外政策之前，马克思适当地概述了俄国政治的历史。马克思认为，19世纪俄罗斯是将欧洲笼罩在阴影下的幽灵。"俄国压倒一切的影响曾在不同时代使欧洲感到突然，使西方各国人民感到震惊，并且被当做命中注定的事物一样予以顺从，或者仅仅遇到断断续续的抵制。"① 在俄国的成长和发展过程中，怀疑、讥讽、嘲笑始终伴随着俄国，使俄国成为历史上绝无仅有的例子，因为"它的存在本身还始终被人看做一种信念中的东西而不是事实上的东西"②。关键问题是，俄国以何种方式扩展着领土，并致使人们对其威胁存在与否的激烈争论。

俄国起源于古罗斯国家。从公元11世纪中期起，统一的古罗斯开始分裂。莫斯科公国是其许多独立的公国之一。从14世纪开始，莫斯科公国逐渐侵并邻近的公国。马克思并不认为俄国政策始于早期的柳里克王公们，在9世纪时并未将欧洲笼罩在阴影之中，否认俄国历史学家们的陈词滥调。"早期柳里克王公们的政策跟现代俄国的政策是根本不同的。它不折不扣是席卷欧洲的日耳曼蛮族的政策，现代各民族的历史只是在这场洪水退去之后方才开始。"③ 柳里克王公们的帝国仅是波兰、立陶宛、波罗的海国家、土耳其和俄国诸国的先导。俄罗斯的不断迁都表明其不断探索，继续南下寻求一个帝国的落脚点。"如果说，现代俄国觊觎君士坦丁堡为的是建立它对世界的统治，那么柳里克王公们则相反，他们是由于齐米斯基斯统治下的拜占庭的抵抗，最后才被迫在俄罗

---

① 《马克思恩格斯全集》第44卷，北京：人民出版社1982年版，第306页。
② 同上书，第306页。
③ 同上书，第307页。

斯建立他们的统治的。"① 封建战争、外族干涉摧毁了柳里克王公们堆砌起来的不协调的庞大帝国。柳里克王公们的帝国的南部和西部的封土先后转归立陶宛、波兰、匈牙利与瑞典。成吉思汗的侵袭使诺曼人的俄罗斯消失后残存的痕迹完全消逝。"是蒙古奴役的血腥泥潭而不是诺曼时代的粗野光荣，形成了莫斯科公国的摇篮，而现代的俄国只不过是莫斯科公国的变形而已。"②

莫斯科公国的真正崛起始于伊万一世（号称卡利塔）统治时期（1325—1341年在位）。莫斯科公国崭露头角之时，蒙古鞑靼人的枷锁早已存在一百年之久了。金帐汗国曾从俄罗斯各公国的王公中挑选一人，册封为"弗拉基米尔及全俄罗斯大公"，使其负责征缴全俄罗斯对金帐汗国的贡赋。蒙古人为了控制俄罗斯王公们并且使其奴颜婢膝地臣服恢复了莫斯科公国的尊荣。俄罗斯王公们竞相以诽谤、卑鄙的手段角逐这一尊荣。"正是在这场卑鄙无耻的角逐中，莫斯科这一支最终赢得了这次竞赛。"③ 伊万一世是莫斯科公国权力的缔造者，"他的人民恰如其分地称他为卡利塔，即钱袋，因为他用来为自己开辟道路的是钱袋而不是刀剑"④。马克思称其为篡权的奴隶的马基雅维利主义。伊万一世的弱点在于其奴才的地位和身份，但成为其力量的源泉。

伊万一世的后继者不辞辛劳地、逐步地、执著地追随着其政策。"伊万一世·卡利塔和绰号'大帝'的伊万三世，象征着借助鞑靼人的枷锁而兴起的莫斯科公国和由于鞑靼人的统治消失而获得独立权力的莫斯科公国。莫斯科公国从它最初登上历史舞台起的全部政策，就体现在这两个人物的一生当中。"⑤ 马克思并没有论及德米特里·顿斯科伊（1359—1389年在位）、瓦西里一世（1389—1425年在位）、瓦西里二

---

① 《马克思恩格斯全集》第44卷，北京：人民出版社1982年版，第307页。
② 同上书，第309页。
③ 同上书，第310页。
④ 同上书，第312页。
⑤ 同上书，第310页。

世（1425—1462年在位），直接谈到伊万三世（1462—1505年在位）。马克思简略地考察了伊万三世先后与鞑靼人、诺夫哥罗德、拥有封土的王公们、立陶宛—波兰所展开的斗争。

尽管莫斯科公国使欧洲人目瞪口呆，但是伊万三世并不是个英雄，而是个公认的懦夫。"他并不是征服，而是窃取权势。他不是把敌人驱逐出堡垒，而是用计把敌人调离开。他在汗的使臣面前照旧卑躬屈节，自称臣属，但又编造遁词逃避纳贡，使用的是一个潜逃的奴隶不敢对抗自己的主子而只得偷偷逃出他的掌心时的那套策略。"① 伊万三世对金帐汗国鞑靼人的战争并不是因自己的英勇作战而是依靠盟友克里木鞑靼人的干预才获胜。尽管他没有丝毫的英雄气概，但是在目击他的耻辱的人面前非常谨慎，小心翼翼，却对外摆出一副装腔作势的征服者姿态。"他以较为压低的声调模仿他以前的主子曾使得他丧魂落魄的那种语言。现代俄国外交中某些常见的词句，诸如宽宏大量、有损君主尊严之类，就都是从伊万三世的外事诏令中借用来的。"②

1471年伊万三世借口反对诺夫哥罗德同立陶宛结盟，发动战争。1477年伊万三世命令取消诺夫哥罗德的市民会议，摘下象征其独立的市民会议钟。在其军队的围攻下，1478年1月诺夫哥罗德接受了伊万三世的条件，其政权转归莫斯科公国。在与立陶宛长达30年的战争中，伊万三世将斗争局限于外交斗争，制造并扩大立陶宛和波兰之间的内部纠纷等。结果，他以戏剧性的佯装的作战欲望足以使立陶宛投降，只是在一场宗教战争中借用刀剑夺取了立陶宛统治的俄罗斯封土。对此，马克思总结道：

"只要改换一下姓名和日期，就可以明显看出伊万三世的政策和现代俄国的政策并不是什么相似，而是一模一样。……狡诈地使用敌对的力量来扩大自己，通过对那种力量的使用本身来削弱它，最后通过它本身产生的效果来推翻它——伊万·卡利塔的这一政策

---

① 《马克思恩格斯全集》第44卷，北京：人民出版社1982年版，第314页。
② 同上书，第315页。

是由统治种族和被奴役种族二者的特性所激发出来的。他的政策也就成了伊万三世的政策。"①

在俄国政治史的最后部分，马克思回到重要的命题，即伊万一世政策对彼得大帝和现代俄国的政策之间的关系。作为现代俄国政策的创立者，彼得大帝"使莫斯科公国老的蚕食方法丢掉了纯粹地方性质和偶然性杂质，把它提炼成一个抽象的公式，把它的目的加以普遍化，把它的目标从推翻某个既定范围的权力提高到追求无限的权力。他正是靠推广他的这套体系而不是靠仅仅增加几个省份，才使莫斯科公国变成为现代俄国的"②。

五　第五部分　英国、俄国的传统外交政策

马克思认为，俄罗斯人曾经像斯拉夫族一样具有抗海特性，并不从事航海事业，"固执地坚守着他们祖辈流浪汉的传统"③。然而俄罗斯彼得大帝改变了这一传统，为征服阿速夫海、黑海分别与土耳其政府两次作战，为征服波罗的海与瑞典作战，为征服里海欺诈性地干涉波斯。对此马克思写道，

> "对于一种地域性蚕食体制来说，陆地是足够的；对于一种世界性侵略体制来说，水域就成为不可缺少的了。只是由于把莫斯科公国从一个单纯内陆国家变成濒海帝国，莫斯科公国政策的传统局限性才得以打破，并融化在那种把蒙古奴才的蚕食方法和蒙古主子的世界性征服的倾向混杂在一起从而构成现代俄国外交的生命源泉的大胆综合中。"④

---

① 《马克思恩格斯全集》第44卷，北京：人民出版社1982年版，第319—320页。
② 同上书，第320页。
③ 同上书，第321页。
④ 同上书，第322页。

马克思并不认为波罗的海自然属于控制着其背后领土的俄罗斯,彼得大帝对此地区的争夺也不仅仅是其国家正常发展所必需的。马克思敏锐地指出了彼得大帝征服波罗的海地区对于欧洲的意义和影响,强调不可忽视的重要事实,即:"彼得用**出色本领**把帝国的都城从内陆中心迁到滨海地区,他以特有的胆略把新都建在他征服的第一块波罗的海海岸上,距离边境几乎在步枪射程之内,就这样有意给他的领土制造了一个**外偏中心**。"①

马克思颇为赞同阿尔加罗蒂的看法,即圣彼得堡是俄国得以俯瞰欧洲的窗户。彼得的迁都预示着俄罗斯此后的对外行为及其思想逻辑。"它从一开始起就是对欧洲人的一种挑衅,就是激发俄国人进行新的征服的一种诱因。"②迁都才是彼得大帝的政策不同于其祖先的政策,使彼得征服波罗的海诸省具有真正的实际意义。"通过迁都,彼得斩断了把老莫斯科公国沙皇们的蚕食体制与大俄罗斯种族天赋的才能和抱负连接在一起的天然纽带。通过把都城建在海边,他向俄罗斯种族的抗海本能提出了公开挑战,并把那个种族贬低到只是他的政治结构中的一个砝码的地位。"③这促使俄国在北方邻国中居于优势地位,使其与欧洲有着直接的接触,确立了与海上强国建立物质联系的基础。彼得以此试图借助西方影响东方和其邻国,而且会使俄国文明化。波罗的海诸省"不仅给他提供了外交官和将领,即借以推行他那一套对西方的政治和军事行动的人才,同时还向他供应了大批官僚、教师和军训教官,以便训练俄罗斯人,给他们涂上那样一层文明的色泽,使他们能适应西方民族的种种技术设备,却不受其思想的感染"④。

彼得一世继承了索菲娅摄政时期反土耳其的政策,为控制黑海和亚速海对土耳其及其附属国克里木汗国发动战争,即1695年第一次土耳其战争、1696年第二次土耳其战争。根据1700年7月14日俄土签订的

---

① 《马克思恩格斯全集》第44卷,北京:人民出版社1982年版,第322—323页。
② 同上书,第323页。
③ 同上书,第323页。
④ 同上书,第324页。

为期 30 年的《君士坦丁堡和约》，俄国仅仅夺取了亚速要塞及附近地区，但并没有打通黑海出海口。事实上波斯之役、第一次土耳其战争、第二次土耳其战争都没有使阿速夫海、黑海或里海成为俄罗斯可靠的出海口。在 1697 年 3 月俄国使团访问欧洲后，彼得大帝决定将视线从黑海转到波罗的海，建立反对瑞典的联盟。在俄罗斯与萨克森同盟、俄罗斯与丹麦同盟的基础上 1699 年俄国、萨克森、丹麦三国反对瑞典的"北方同盟"正式形成。在《君士坦丁堡和约》传到莫斯科的次日，即 1700 年 8 月 7 日俄国正式向瑞典宣战。对于彼得大帝的均势行动，在马克思评价道：

> "在构成彼得大帝全部军事生涯的四次战争中，他的第一次战争，即对土耳其的战争（这次战争的成果在第二次对土耳其的战争中丧失了），一方面，固然是对鞑靼人的传统斗争的继续，另一方面，它只不过是对瑞典战争的序幕。第二次对土耳其的战争是对瑞典战争的插曲，而对波斯的战争则是对瑞典战争的尾声。就是这样，持续二十年之久的对瑞典战争，几乎占据了彼得大帝的全部军事生涯。无论是从这次战争的目的、结局，还是从它的持续时间来考虑，我们都可以公正地把它称为'彼得大帝的战争'。他的全部事业都以征服波罗的海沿岸为转移。"①

莫斯科公国由一个半亚洲式的内陆国家变成波罗的海至高无上的海上强国，然而当时海上强国英国若非竭尽全力地挽救瑞典人，那么就会尽其所能千方百计地扶持俄国人。英国为维持波罗的海的均势并保护自己在此地区的商业利益，在 1700 年初与瑞典签订了全面防御条约，规定缔约国任何一方如受到第三国的攻击，另一方应对被攻击的一方予以援助。"然而，在通常所谓的历史中，英国几乎没有在这场大戏的前台抛头露面，它被描写为一个观众，而不是一个演员。"②

---

① 《马克思恩格斯全集》第 44 卷，北京：人民出版社 1982 年版，第 324—325 页。
② 同上书，第 325 页。

马克思以1719年伦敦出版的《真理合乎时宜时才是真理》阐明了与彼得同时代的英国人断然将英国视为俄国最强有力的工具。当时"查理十二已经去世，英国政府装出与瑞典站在一边并对俄国作战的样子"①。作为英国驻俄国大使馆外交官，该册子的作者曾直言不讳地警告英国政府绝对需要与俄国决裂，即使瑞典也未向俄罗斯屈从。尽管瑞典和英国是联盟关系，而且沙俄与英国并没有任何条约，仅仅保持着友好关系，但是英国竭尽全力地支持俄国人，压制瑞典人。1710年汉诺威选帝侯乔治·路易成为英国王位的继承人，继任英国国王（1714—1727年）后1715年10月以选帝侯的名义同俄国签署了反瑞同盟条约。按照小册子的观点，马克思认为"把波罗的海诸省归还给瑞典，这既是大不列颠的政治利益所要求的，也是大不列颠的商业利益所要求的。"②英国在波罗的海的根本利益是防止任何新的海上强国在此地区的崛起并且保持丹麦和瑞典之间的均势。

英国国王詹姆斯一世曾经是1617年斯托波尔沃和约的调停人。由于该和约，俄国被迫放弃了当时占有的全部波罗的海省份，仅仅限于一个内陆强国。英国的传统政策本身是维持波罗的海国家之间的均势。小册子的作者认为上策是回到斯托波尔沃和约，更合乎时宜的是中间路线，下策是不可避免的战争。

---

① 《马克思恩格斯全集》第44卷，北京：人民出版社1982年版，第326页。
② 同上书，第327页。

第五章 《十八世纪外交史内幕》的理论观点

马克思借助历史唯物主义为理解外交提供了必要的理论钥匙，描绘出英国外交中卑劣的斗争、背叛与阴谋，从工人阶级利益角度考察外交问题，批判英国贵族和资产阶级向野蛮的俄国专制君主俯首让步的卑劣行径。英国下院的外交辩论仅仅强调问题的重要性、内容的丰富性，但是实际上毫无深刻性和重大意义。西欧国家担心欧洲战争孕育着革命的危险。

从1815年起，欧洲列强最害怕的事情，莫过于现状遭到破坏。但是列强中的任何两国发生任何战争都意味着打破现状。因此，西方列强才以容忍的态度对待俄国在东方进行的侵略，而且从来不向它要求任何代价，只要求它找出某种借口，哪怕是荒谬绝伦的借口，好使它们能够保持中立，不至于非去干预俄国的侵略不可。俄国一直受到夸奖，都说它的"神圣君王"宽宏大量，不仅仁慈地愿意掩盖西方各国当局的那种不加掩饰的、可耻的卑屈行为，而且对土耳其也很宽大，没有把它一口吞掉，而是一块一块地蚕食。这样一来，俄国外交就有了西方政治家们的胆怯心理作为依靠，而它的外交术也逐渐成了一种**公式**，以至于对照着过去的记录就可以几乎丝毫不差地察知当前的交涉的经过。①

神圣同盟将保守的国君聚在一起对抗，试图维持欧洲内部现状、

---

① 《马克思恩格斯全集》第12卷，北京：人民出版社1998年版，第178页。

正统统治，从而维护其国内体制以保护既得利益，避免革命所带来的意识形态的危险。马克思不仅将西欧执政者描述为目光短浅的侏儒们，而且倡导以革命战争推翻沙皇专制制度以实现欧洲民主改造。

在《十八世纪外交史内幕》中马克思以长时段的外交史观透彻地阐明了传统观念对英俄两国外交的影响以审视英国亲俄的正统外交观念，探讨英国亲俄外交的国内政治经济根源，批评专制沙皇俄国在欧洲地缘政治中的角色，质疑英国寡头统治集团的狭隘利益。由此，马克思论述了英国亲俄外交的本质特征，揭示出英国政治家们以普遍的物质利益为掩盖对沙皇俄国唯唯诺诺、卑躬屈节的屈辱性外交。马克思的历史唯物主义外交观具有鲜明的阶级性、实践性与学术性。

一 长时段的外交史观

相比于费尔巴哈，马克思的唯物主义在于其历史观，即："从直接生活的物质生产出发阐述现实的生产过程，把同这种生产方式相联系的、它所产生的交往形式即各个不同阶段上的市民社会理解为整个历史的基础，从市民社会作为国家的活动描述市民社会，同时从市民社会出发阐明意识的所有各种不同的理论产物和形式，如宗教、哲学、道德等等，而且追溯它们产生的过程。"[①] 在马克思看来，唯物史观重视现实的外交关系而并不局限于言过其实的重大外交事件。据此马克思在《十八世纪外交史内幕》中提出了长时段的外交史观，即："要了解一个限定的历史时期，必须跳出它的局限，把它与其他历史时期相比较。要判断历届政府及其行动，必须以它们所处的时代以及和它们同时代的人们的良知为尺度。"[②] 马克思历史唯物主义的外交观始终是以现实的外交历史为基础，是从具体的外交实践出发解释各种外交活动。

---

① 《马克思恩格斯文集》第 1 卷，北京：人民出版社 2009 年版，第 544 页。
② 《马克思恩格斯全集》第 14 卷，北京：人民出版社 1964 年版，第 508 页。

如陈乐民先生所指出的，"研究问题必须有'历史感'。国际关系既有历史的连贯性，又有历史的阶段性；没有历史感，便不足以言今天的国际关系。"①

亲俄外交并非始于英国帕麦斯顿政府，事实上彼得大帝时代是英俄亲密关系的起点。马克思在翻阅英国博物馆保藏的外交手稿时，发现了一些从彼得大帝时代到十八世纪末这一时期的英国的文件，这些文件揭露了伦敦内阁和彼得堡内阁不断进行秘密合作的事实，而彼得大帝时代是这种关系的起点。正是在长时段的外交史观的指导下，马克思将彼得大帝时期沙皇俄国外交活动视为主要的研究对象，从而驳斥了一种偏见，即英国到较晚的时候才理解到俄国侵略扩张的真实意图。为此，马克思详细考察了彼得一世时期出版的英国小册子，从而以历史证据阐明英国亲俄外交传统的历史根源。

二 传统观念与外交传统

马克思尤其重视历史传统的观念形式以及所造成的历史影响。"人们自己创造自己的历史，但是他们并不是随心所欲地创造，并不是在他们自己选定的条件下创造，而是在直接碰到的、既定的、从过去承继下来的条件下创造。一切已死的先辈们的传统，像梦魇一样纠缠着活人的头脑。"②马克思的唯物史观侧重政治行动的经济结构，但是本身才最重视传统。"传统观念，作为传统所有制关系的产物，并不会随着传统所有制关系的灭亡而立即趋向灭亡；相反，传统观念比传统的所有制关系有着更顽强的生命力。传统观念的巨大历史惯性在新旧社会的交替时期会产生深远的影响，对历史发展的速度和形式会产生重要的作用。"③

---

① 陈乐民：《〈十八世纪外交史内幕〉笔记》，载《中国社会科学院研究生院学报》1987年第1期，第47页。
② 《马克思恩格斯文集》第2卷，北京：人民出版社2009年版，第471页。
③ 黄楠森等：《马克思主义发展史》第2卷，北京：北京出版社1996年版，第78页。

由于十八世纪英国外交的亲俄性质已经成为传统惯例,而且这种亲俄政策必须回溯到彼得大帝时期。"不管被使用的敌对力量在姓名、地点和性格上可能经历了什么样的变化。彼得大帝确实是现代俄国政策的创立者,但他之所以如此,只是因为他使莫斯科公国老的蚕食方法丢掉了纯粹地方性质和偶然性杂质,把它提炼成一个抽象的公式,把它的目的加以普遍化,把它的目标从推翻某个既定范围的权力提高到追求无限的权力。他正是靠推广他的这套体系而不是靠仅仅增加几个省份,才使莫斯科公国变成为现代俄国的。"① 马克思并不关注英俄等各方彼此的力量和潜力的真实情况,而是将陈腐的传统观念和判断作为外交所采取的一切行动的依据。世界霸权的外交传统目标主导着俄国不断侵略与扩张的行为。征服博斯普鲁斯海峡是彼得大帝遗嘱中最重要的一点。俄国觊觎君士坦丁堡的外交传统不仅追溯到彼得大帝,甚至还可以追溯更远的历史。"远在八百多年以前,当时是异教徒的俄罗斯大公斯维亚托斯拉夫,曾召集大贵族宣布说,'由俄罗斯来统治的不仅应该有保加利亚,而且应该有欧洲的希腊帝国,以及波希米亚和匈牙利。'斯维亚托斯拉夫于公元967年占领了锡利斯特里亚并且进窥君士坦丁堡,像尼古拉在1828年所做的那样。"② 就英国的亲俄传统而言,从乔治一世时起"俄国对辉格党内阁的影响已成为传统的影响"③。

维持现状成为英国等西欧国家神圣且不容争辩的传统,然而马克思并没有认可,反而质疑维持现状等旧的外交传统。"这种现状是什么呢?对于土耳其政府管辖下的基督教臣民来说,这无非是意味着使他们永远受土耳其的压迫。而他们只要仍然处在土耳其统治的压迫下,希腊正教教会的首领,6000万信希腊正教的基督徒的统治者(不管他在其他方面怎样)就是**他们的天然的解放者和保护者**。这样一来,原先为了防止俄国侵略而发明的外交体制,反而迫使欧洲土耳其的1000万信希腊正

---

① 《马克思恩格斯全集》第44卷,北京:人民出版社1982年版,第320页。
② 《马克思恩格斯全集》第12卷,北京:人民出版社1998年版,第261页。
③ 《马克思恩格斯全集》第44卷,北京:人民出版社1982年版,第373—374页。

教的基督徒向俄国求援。"① 正是空幻的、从来没有实现过的维持现状的理论推动着俄国挺进君士坦丁堡。早在1853年5月时马克思就指出，"俄国对土耳其竟然抱着善良的愿望！彼得一世自己早就打算在土耳其的废墟上登上统治的宝座。叶卡捷琳娜也曾一再劝说奥地利并要求法国一同来参与拟议中的肢解土耳其，在君士坦丁堡建立一个以她孙子为首的希腊帝国，而且胸有成竹地让她的孙子受了相应的教育，甚至为此还给他取了相应的名字。"② 毋庸置疑的是，传统观念与历史文化潜移默化地塑造着一国对外行为。

三　对外政策的国内根源

一国对外政策是其国内政策的延续，具有深刻的国内政治经济根源。英国内阁政府的对外政策总是符合统治阶级的这个或那个小集团的特殊利益。"在东方问题上所宣布的'节制政策'，同样也是内阁的对内政策。"③ 商业活动与商业利益塑造着外交体系与政策，因而外交制度与行为体现着商业与政府之间的正式或非正式的联系。然而事实上外交研究者往往忽视外交的商业层面。马克思否认外交过程中政治与经济的分离以及外交作为独立的政治过程的假设。那么马克思所遵循的政治经济学研究方法考察了私人利益对外交实践的影响，对于外交研究具有重要的意义。④ 一国外交是其国内生产方式以及与此相联系的一种对外交往形式。马克思将第一个历史活动界定为生产物质生活本身，"因此任何历史观的第一件事情就是必须注意上述基本事实的全部意义和全部范围，并给予应有的重视"⑤。外交活动根源于其国内市民社会、商业与工业等物质基础和活动，并受其制约。商业具有了政治性的外交意

---

① 《马克思恩格斯全集》第12卷，北京：人民出版社1998年版，第38—39页。
② 同上书，第123页。
③ 同上书，第54页。
④ Donna Lee and David Hudson, "The old and new significance of political economy in diplomacy," *Review of International Studies*, Vol. 30, 2004, pp. 343-360.
⑤ 《马克思恩格斯文集》第1卷，北京：人民出版社2009年版，第531页。

义，因而工业以至于整个财富领域对外交领域的关系是现代外交主要问题之一。

一国外交是其国内（国际）政治、经济等关系的总和与体现，根源于政治国家与市民社会之间的矛盾与冲突。国家内部特定的社会经济关系塑造着其对外政策。对外政策是英国为维护其占主导地位的集团的利益的一种手段。"'国家'，这是土地贵族和金融巨头联合统治的化身，它需要金钱来实现对国内和国外的压迫。"① 马克思像批判国家本身一样质疑国家层面的外交活动。"由于私有制摆脱了共同体，国家获得了和市民社会并列并且在市民社会之外的独立存在；实际上国家不外是资产者为了在国内外相互保障各自的财产和利益所必然要采取的一种组织形式。"② 在现代资本主义国家，一国外交服务于占统治地位的整个资产阶级的共同利益，是一种特殊的政治斗争形式。英国内阁"只不过是一个用空前的行贿和恫吓手段硬拉起来的选举僵尸生下的瘫痪产儿而已"③。与基辛格等学者赞赏英国的代议制及其民意在英国外交政策上所扮演的重要角色相比，马克思质疑英国代议制的积极角色。英国议会是"由证券交易人、工业巨头和贵族的代表组成的"，而且这些代表所主张的对外政策是"不惜一切代价保护和平的政策"④。

英国寡头政府的对外政策受到商业利益的支配，反映着特定商业阶级中这个集团或另一个集团的特殊利益，如英国贵族、金融寡头和工业巨头。"资本不是一种个人力量，而是一种社会力量。"⑤ 英国的俄罗斯贸易公司和俄国的利益是一致的。"无论是英国的海运业也好，还是一般贸易也好，都与背信弃义地支持俄国反对瑞典没有利害关系，然而却的确有一个英国商人小团体跟俄国商人利益一致，那就是俄罗斯贸易公

---

① 《马克思恩格斯全集》第12卷，北京：人民出版社1998年版，第63页。
② 《马克思恩格斯文集》第1卷，北京：人民出版社2009年版，第584页。
③ 《马克思恩格斯全集》第12卷，北京：人民出版社1998年版，第155页。
④ 同上书，第362页。
⑤ 《马克思恩格斯文集》第2卷，北京：人民出版社2009年版，第46页。

司。就是这些先生们发出了反对瑞典的叫嚣。"① 俄罗斯贸易公司在1714年、1715年、1716年每届议会开幕之前都要举行集会,控诉瑞典,煽动反对瑞典,一再提交请愿书。"这些与俄国经商的英国商人的影响在1765年又重新显示出来,而我们这个时代目睹一个与俄国经商的商人掌管着商务部,维护着他们的利益,还有一个财政大臣为他在阿尔汉格尔斯克经商的亲戚帮忙。"② 英格兰银行、国家债权人、东印度公司、俄罗斯贸易公司等其他贸易公司、大实业家借助外交活动维护着自己的物质利益,深刻地影响着英国等资本主义国家外交决策与行为。英国等欧美国家政府往往为了这些跨国公司的利益采取极端不义的战争与外交,因而所谓原则性的对外政策很大程度上与其贸易等经济利益有着联系。

四 俄国的地缘政治角色

沙皇俄国是欧洲一切反动势力的堡垒和支柱。在1843年1月4日出版的《莱茵报》上,马克思写了一篇言辞激烈的抨击性文章,指控沙皇俄国是欧洲各个独裁政权的主要支持者。"而革命的使徒却不可遏止地、不停地从东方逼近。它已经来到托恩的门前。这就是**沙皇**。**沙皇会拯救德国革命,因为他促使德国革命力量集中起来**。"③ 自此马克思对沙俄专制的憎恨延续了整整一生,这也使他在今后评价一项外交政策时总是以其会给沙皇带来什么收益或花费沙皇多大的代价为标准。马克思、恩格斯并不仅仅从革命角度关注俄罗斯的反革命角色,而且从地缘政治考量其对于欧洲正统主义秩序的意义。19世纪以来,俄国对外政策重点在与其利益相关的数个地区:欧洲,俄国的战略重点地区,主要涉及欧洲大国之间的关系;近东,涉及对日趋解体的奥斯曼帝国的态度,特别是争夺土耳其两海峡和对巴尔干各国的控制权;中东,主要是

---

① 《马克思恩格斯全集》第44卷,北京:人民出版社1982年版,第292页。
② 同上书,第292页。
③ 《马克思恩格斯全集》第5卷,北京:人民出版社1958年版,第92—93页。

通过高加索向中亚和波斯扩张，以其打通南下印度和印度洋的道路。①沙俄"帝国以其对西方事务的不断干涉，阻挠和破坏我们的正常发展，而且其目的是占领一些可以保证它对欧洲的统治并从而使欧洲无产阶级的胜利成为不可能的地理据点"②。美国老罗斯福总统曾经表示，世上没有其他国家比俄罗斯更掌握着未来的命运。

从俄国彼得大帝时期开始，俄国作为北方的幽灵威胁着欧洲，乃至世界。"俄国压倒一切的影响曾在不同时代使欧洲感到突然，使西方各国人民感到震惊，并且被当做命中注定的事物一样予以顺从，或者仅仅遇到断断续续的抵制。但是对俄国的魅力总是不断产生着怀疑。……一个庞大的帝国甚至在取得了世界规模的成就之后，它的存在本身还始终被人看做一种信念中的东西而不是事实上的东西，俄国提供了历史上这样一个绝无仅有的例子。从十八世纪初直到如今，从没有一个作者，不管是想歌颂俄国还是抨击俄国，认为有可能无需首先证明它的存在。"③与众不同的是，马克思强调沙皇俄国作为影响欧洲权力政治的事实存在，无论是注重力量的唯物主义或是侧重欧洲人民幻觉的唯心主义角度。

与传统观点不一样的是，马克思、恩格斯并没有否认地缘政治的意义，而是从贸易等经济因素角度审视大国之间的地缘政治。土耳其的港口当时仍然承担着欧洲与亚洲内陆地区之间十分重要的、迅速增长的贸易。由于地理关系，土耳其特拉佩宗特比其他地方更适于进行英国工业品的贸易。土耳其特拉佩宗特的贸易"正成为极其重大的政治性问题，因为它是俄国和英国在亚洲内地的新的利害冲突之源。在1840年以前，俄国人在这个地区几乎一手垄断了外国工业品的贸易。……不断扩大贸易的极端必然性这个注定的命运像幽灵一样追逼着现代的英国。……这种无法改变的必要性，逼着英国的贸易从印度河和黑海这两个方面同时打进亚洲内地。……英国和俄国之间的贸易战场从印度河流域转移到了

---

① 陈乐民主编：《西方外交思想史》，北京：中国社会科学出版社1995年版，第131页。
② 《马克思恩格斯文集》第4卷，北京：人民出版社2009年版，第353页。
③ 《马克思恩格斯全集》第44卷，北京：人民出版社1982年版，第306页。

特拉佩宗特；先前曾经直抵东方英帝国边界的俄国贸易，现在已退居守势，收缩到它本国的海关线的边沿地带"①。无论如何，俄罗斯对世界秩序永远都很重要。

五　人民—民族的利益观

在英国，政治国家是与利己生活所存在的市民社会彼此相对立，又完全相互制约。政治国家与市民社会的对立反映了普遍利益和私人利益之间的世俗冲突。马克思以此揭示出英国对外政策的阶级特征。马克思指出，"至于以联合内阁为代表的不列颠贵族，只要他们觉得需要，就会牺牲英国的民族利益来满足他们特殊的阶级利益，让东方羽毛未丰的专制制度得到加强，以期为他们在西方的虚弱的寡头政治赢得支持。"②市民社会的物质生活与利益维系着一国外交活动。"俄国自知它与其他国家没有任何共同利益，但是每一个国家却必须分别认识到它与俄国有排斥所有其他国家的共同利益。相反，英国书函从来不敢暗示说俄国与英国有共同利益，而只是设法说服英国，俄国的利益就是它的利益。"③可见，尽管马克思反对一国对外政策所体现的狭隘的特殊利益，但是并不否认国家之间的共同利益及其人民—民族的利益。

马克思、恩格斯强调国家对外政策的独立性，"不受外来力量的干涉而自己解决相互间的纠纷，划定自己的国界，按照自己的意见处理自己的内部事务"④。马克思援引《真理合乎时宜时才是真理》中的观点指出，"我们国家的利益就应该像马刺一样，驱使我们加紧这一努力。所谓我们国家的利益，照我的理解，既不是指一个内阁的党派措施，也

---

① 恩格斯：《土耳其问题的真正症结》，见《马克思恩格斯全集》第12卷，北京：人民出版社1998年版，第17页。
② 《马克思恩格斯全集》第12卷，北京：人民出版社1998年版，第25页。
③ 马克思：《十八世纪外交史内幕》，北京：人民出版社1979年版，第17—18页。
④ 《马克思恩格斯文集》第4卷，北京：人民出版社2009年版，第391页。

不是指一个宫廷的任何对外政策的动机,而正好是指那种今天是而且永远应该是同维护国王的安全、舒适、尊严和收益以及大不列颠的公共福利直接有关的事情。"① 为此,一国外交只有超越特殊利益,那么才能使自身代表人民—民族的普遍利益。由此在马克思看来,看待和处理外交关系的出发点是人民—民族的利益。

---

① 《马克思恩格斯全集》第44卷,北京:人民出版社1982年版,第328页。

第六章 《十八世纪外交史内幕》的当代意义

尽管外交实践并不总是国家间的高级政治,然而商业外交总是外交实践的重要组成部分。外交关系是"高级"政治的本质,然而这种论述是有缺陷的,因为高级政治仅仅是外交实践中更复杂且多层面的历史的一部分。① 对外政策与实践具有深刻的政治经济根源,是在各种社会过程的基础上建构而成的。外交并不能够还原到欧洲国家间的政治对话,反而是不同文化之间一系列社会与政治的联系与交往。"西欧和俄国争夺君士坦丁堡的斗争包含着这样一个问题:是拜占庭主义在西方文明面前衰落下去呢,还是它们之间的对抗将以空前可怕而粗暴的形式重演。君士坦丁堡是架设在东西方之间的一道金桥,不通过这道桥,西方文明就不能像太阳一样绕行世界;而不同俄国进行斗争,它就不能通过这道桥。"②

我国外交研究者应该将唯物史观、政治经济学视角运用到外交和对外政策研究中,以考察经济结构与政治秩序之间的联系对对外政策行为的影响。特别是,研究者应该分析社会与经济结构,以理解对外政策决策所受到的约束。国家的阶级特性及其经济功能、动机与后果只是国家诸多性质之一。以阶级为基础的权力不平等对外交的影响程度因不同的问题领域、国家活动的范围而有所差异。③ 当下外交革命必须抛弃秘密

---

① Donna Lee and David Hudson, "The old and new significance of political economy in diplomacy," *Review of International Studies*, Vol. 30, 2004, p. 345.

② 《马克思恩格斯全集》第12卷,北京:人民出版社1998年版,第263页。

③ Bruce E. Moon, "Political Economy Approaches to the Comparative Study of Foreign Policy," in Charles F. Hermanng, Charles W. Kegley, Jr., James N. Rosenau eds., *New Directions in the Study of Foreign Policy*, London etc.: ALLEN & UNWIN, 1987, p. 39.

条约，以民主方式维护世界秩序，使外交符合人民和国家利益的需要，历史性地看待外交问题，以自由的、独立的国家建设维护公正的世界和平与稳定。"因为批判的灵通消息和预见才能应当受到现代史的检验，所以看来最简单的办法是把批判的结论同现代史的事实加以比较，把前者同后者加以对比，这样就可以确信，或者是批判的主张理由充足，或者是批判妄自尊大。"① 为此，外交研究者应该运用历史唯物主义以批判地观察和历史地分析外交活动推进继承与创新不畏强权、主持公道、坚持原则、说话算数等我国外交传统。

一 推进外交学的中国化

新中国成立之初，周恩来总理兼外交部长在外交部成立大会上曾经指出，"抗战以来十多年，我们当然是有些对外斗争经验的，但是经过整理，使它科学化系统化而成为一门学问，那还没有开始。我们虽然可以翻译几本兄弟国家如苏联的外交学，或者翻译一套资产阶级国家的外交学，但前者只能作为借鉴，而后者从马克思列宁主义的观点来看，是不科学的。唯有经过按照马克思列宁主义观点整理的，才算是科学的。从前者我们可以采用一部分，从后者我们只能取得一些技术上的参考。我们应当把外交学中国化，但是现在还做不到。"② 自此，外交学中国化的学科建设任务成为中国外交研究学者的学术使命。只有以马克思、恩格斯等历史唯物主义的外交观为指导，结合当代我国外交的丰富实践经验，才能进一步推进外交学的中国化。事实上，不少学者在思考中国特色外交理论与外交学时并未充分重视马克思历史唯物主义的外交观。

一般意义上，外交是主权国家之间沟通、谈判与信息分享的过程。更狭义的概念意义上，外交也是国际体系中国家所拥有的一项对外政策工具。作为沟通与谈判的过程，外交很大程度上涉及职业性政治行为体

---

① 《马克思恩格斯全集》第29卷，北京：人民出版社1982年版，第367页。
② 《周恩来外交文选》，北京：中央文献出版社1990年版，第1页。

与国家代表的活动。为此，外交研究关注国家间关系与对外政策的行为与内容。然而这并不是外交研究唯一关注的领域。"外交学作为社会科学的一个组成部分、一个分支，还是要遵循科学研究的创新求实发展规律，要讲科学性、创新性、系统性、专门性，要形成自身独特的学术性格，形成自己的特点和特色，不如此，难成一体，难以发展。"①

传统外交的研究者往往仅仅关注外交的政治与安全内容，却忽视其内在的商业与经济维度。毋庸置疑的是，外交涉及国际与国内层面上的政治性与经济性。在北美、欧洲、南部非洲与亚洲，商业外交已经成为诸多政府对外政策的优先问题。外交研究的理性主义者一般认为，国家公共利益是个人利益的汇集，并没有考虑人民—民族利益与狭隘的私人利益之间的张力。由于外交具有政治与经济内容，因而马克思运用历史唯物主义关注国家结构中政治制度与私人利益之间的互动。马克思唯物史观的外交研究表明商业利益在外交实践中处于关键性地位而不是边缘的地位。外交目标并不局限于高级政治事务，而且受制于国内的商业利益诉求。政治与经济利益融合在外交实践中，反映了外交复杂的本质。外交的历史解读表明经济与商业利益不仅是当代外交的重要内容，而且也是古代与现代外交的根本所在。例如，1600年至19世纪初英国东印度公司、荷兰东印度公司迫使自己国家的外交遵循着贸易的考量。市场份额、贸易与投资是国家外交的优先事项。

马克思揭示出外交的社会与经济根源。"上层建筑与经济基础、生产力与生产关系之间的对立统一关系和矛盾运动决定着社会形态的发展。坚持政治、经济结合是研究纷繁复杂的外交现象的基本出发点。国家之间的结盟或敌对、国际组织的出现、国际条约和国际法的缔结和形成，都有着深刻的经济因素，任何外交行为、外交现象都取决于国内经济、世界经济的影响或制约。坚持马克思主义的历史唯物主义和辩证唯物主义，就必须坚持经济基础与上层建筑、生产力与生产关系的辩证关

---

① 张历历：《新中国外交学学科建设与研究》，载《外交学院学报》2003年第3期，第41页。

系，透过具体外交行为、外交事件和外交现象，揭示历史发展的客观物质性和历史规律性。"①

外交研究者往往忽视外交的历史构成性及其社会经济因素。传统意义上的外交理论是以国家体系为基础的，因而外交是以国家（公共政治权力）的国际维度为研究对象的。外交实践不仅是高级政治的谈判过程，所以这种理论具有鲜明的国家主义视角，未能充分阐明外交的经济关系等内容。马克思的外交历史叙述并没有将外交与国家、无政府状态联系起来，反而将外交视为国内与国际层次上的一种社会关系与交往。这种外交研究方法关注到特定历史时期中政治与经济互动所导致的外交实践的变化。具体而言，如果我们理解与解释外交实践的内涵，那么我们需要唯物史观与政治经济学的视角，超越国家主义视角，质疑职业外交官缔结秘密条约的特权、国家外交的"私人化"与"市场化"。外交研究者需要关注并超越特定历史时代外交的经济界限，探寻外交变化的历史过程，进而推动国际社会的进步与文明。

马克思反对从外交历史发展的考察中抽象出来的最一般的结果的概括，因为这些抽象的概括本身离开了现实的历史，就没有任何价值。因而外交研究应该聚焦于每个时代的国家外交的现实生活过程与活动。现实的历史的外交活动。马克思认为，感性世界"决不是某种开天辟地以来就直接存在的、始终如一的东西，而是工业和社会状况的产物，是历史的产物，是世世代代活动的结果，其中每一代都立足于前一代所奠定的基础上，继续发展前一代的工业和交往，并随着需要的改变而改变他们的社会制度"②。外交研究者必须关注外交历史与现有的社会联系及其所处的生活条件，避免成为费尔巴哈式的学者。"当费尔巴哈是一个唯物主义者的时候，历史在他的视野之外；当他去探讨历史的时候，他不是一个唯物主义者。在他那里，唯物主义和历史是彼此完全脱离的。"③ 可见，外交的全部问题在于一国所处的现

---

① 贾健：《中国外交学研究方法探讨》，载《外交学院学报》2003年第4期，第102页。
② 《马克思恩格斯文集》第1卷，北京：人民出版社2009年版，第528页。
③ 同上书，第530页。

存与历史的物质生产关系及其由此产生的交往形式。那么,研究者需要关注一切真正历史的外交事件,甚至考察物质生产等经济因素、政治对外交历史进程的真正历史性的影响和塑造。"只有当交往成为世界交往并且以大工业为基础的时候,只有当一切民族都卷入竞争斗争的时候,保持已创造出来的生产力才有了保障。"① 为此,中国外交研究者应该进一步以唯物史观为指导,加强对我国与世界各国外交活动的现实观察和历史考察,推进和完善外交学的中国化,发展马克思主义外交理论。

二 致力于公正的世界秩序建设

国际体系并不应该建立在均势的传统外交基础上,而应是以民族自由和独立为基础。外交也不再由专家秘密进行,而应以达成的公开协议为准。世界的和平有赖于民主的传播、民主政治的历史发展。公正且和平的世界秩序仍是当代外交研究的重要主题之一。只有进步民主的社会力量才能改变卑劣的对外政策与行为。马克思批判资产阶级自由贸易派的虚假性及其卑劣、伪善的外交行为。俄国专制政府以实力来衡量是非、以私利而不是以正义来指导自己的行动。"当我们把目光从资产阶级文明的故乡转向殖民地的时候,资产阶级文明的极端伪善和它的野蛮本性就赤裸裸地呈现在我们面前,它在故乡还装出一副体面的样子,而在殖民地它就丝毫不加掩饰了。"② 马克思强调以公正合理的原则解决地区冲突,反对外国干预与侵略扩张。主持公道、伸张正义、不谋私利。"对**实践的**唯物主义者即**共产主义者**来说,全部问题都在于使现存世界革命化,实际地反对并改变现存的事物。"③ 马克思不仅希望确立对现存的外交事实的正确理解,更是强调真正的任务在于推翻不合理与不公正的现状。"革命之所以必需,不仅是因为没有任何其他的办法能

---

① 《马克思恩格斯文集》第1卷,北京:人民出版社2009年版,第560页。
② 《马克思恩格斯全集》第12卷,北京:人民出版社1998年版,第250页。
③ 《马克思恩格斯文集》第1卷,北京:人民出版社2009年版,第527页。

够推翻**统治**阶级,而且还因为**推翻**统治阶级的那个阶级,只有在革命中才能抛掉自己身上的一切陈旧的肮脏东西,才能胜任重建社会的工作。"①

三 增进人类命运共同体的意识

马克思的唯物史观要求中国外交实践以人类发展为着眼点。"旧唯物主义的立脚点是市民社会,新唯物主义的立脚点则是人类社会或社会的人类。"② 我国外交必然要解决特殊利益与共同利益之间的冲突与矛盾,必须清除错误的外交幻想,以历史辩证的观点促进人类和平与发展,"倡导人类命运共同体意识"。

"正是由于特殊利益和共同利益之间的这种矛盾,共同利益才采取**国家**这种与实际的单个利益和全体利益相脱离的独立形式,同时采取虚幻的共同体的形式,而这始终是在每一个家庭集团或部落集团中现有的骨肉联系、语言联系、较大规模的分工联系以及其他利益的联系的现实基础上,特别是在我们以后将要阐明的已经由分工决定的阶级的基础上产生的,这些阶级是通过每一个这样的人群分离开来的,其中一个阶级统治着其他一切阶级。从这里可以看出,国家内部的一切斗争——民主政体、贵族政体和君主政体相互之间的斗争,争取选举权的斗争等等,不过是一些虚幻的形式——普遍的东西一般说来是一种虚幻的共同体的形式——,在这些形式下进行着各个不同阶级间的真正的斗争(德国的理论家们对此一窍不通,尽管在《德法年鉴》和《神圣家族》中已经十分明确地向他们指出过这一点)。从这里还可以看出,每一个力图取得统治的阶级,即使它的统治要求消灭整个旧的社会形式和一切统治,就像无产阶级那样,都必须首先夺取政权,以便把自己的利益又说成是

---

① 《马克思恩格斯文集》第 1 卷,北京:人民出版社 2009 年版,第 543 页。
② 《马克思恩格斯文集》第 2 卷,北京:人民出版社 2009 年版,第 502 页。

普遍的利益，而这是它在初期不得不如此做的。"①

狭隘的特殊利益与真正的共同利益之间的矛盾与冲突使一国外交活动呈现出虚假的普遍利益的形式。"这些始终**真正地**同共同利益和虚幻的共同利益相对抗的特殊利益所进行的**实际**斗争，使得通过国家这种虚幻的'普遍'利益来进行实际的干涉和约束成为必要。"② 为此，人类命运共同体是实现文明国家自由联合行动的基础，是真正的共同利益的有机保障。

一国的国际关系和外交反映了其国内占统治地位的关系。马克思质疑民族国家外交的狭隘性与地域局限性。马克思强调公民、国家与民族的解放，批判其所受到的各种压迫和剥削，意识到外交革命与实践批判活动的意义。"个人力量（关系）由于分工而转化为物的力量这一现象，不能靠人们从头脑里抛开关于这一现象的一般观念的办法来消灭，而只能靠个人重新驾驭这些物的力量，靠消灭分工的办法来消灭。没有共同体，这是不可能实现的。只有在共同体中，个人才能获得全面发展其才能的手段，也就是说，只有在共同体中才可能有个人自由。……在真正的共同体的条件下，各个人在自己的联合中并通过这种联合获得自己的自由。"③

我国外交应维护国际公平正义，增进人类共同利益。"明明是无能而卑鄙，却硬装成高尚和尊严，这正像虚伪和欺骗一样，是马克思深恶痛绝的。"④ 马克思并没有使自己驻足对外交现状的批判分析上，而是进一步探寻改变外交现状的革命动力、途径与力量等。1854 年马克思在《国际工人协会成立宣言》中写道："欧洲的上层阶级只是以无耻的赞许、假装的同情或白痴般的漠不关心态度来观望俄罗斯怎样侵占高加索的山区要塞和宰割英勇的波兰；这个头在圣彼得堡而爪牙在

---

① 《马克思恩格斯文集》第 1 卷，北京：人民出版社 2009 年版，第 536—537 页。
② 同上书，第 537 页。
③ 同上书，第 570—571 页。
④ 中央编译局编：《回忆马克思》，北京：人民出版社 2005 年版，第 64 页。

欧洲各国内阁的野蛮强国所从事的大规模的不曾遇到任何抵抗的侵略，给工人阶级指明了他们的责任，要他们洞悉国际政治的秘密，监督本国政府的外交活动，在必要时就用能用的一切办法反抗它；在不可能防止这种活动时就团结起来同时揭露它，努力做到使私人关系间应该遵循的那种简单的道德和正义的准则，成为各民族之间的关系中的至高无上的原则。"① 外交历史的每一个阶段都是一定的物质结果，一定的生产力总和，人对地缘等自然以及个人在跨国活动方面之间历史地形成的外交关系，涉及现实的经济与政治等方面的利益。马克思、恩格斯批判空幻的计划与徒劳的幻想，强调人民需要的政府、国际事务问题的正当解决。

四　秉承外交为民的宗旨

马克思批判资本主义国家对外政策所维护的狭隘物质利益，但捍卫人民—民族的利益。马克思指出，"至于以联合内阁为代表的不列颠贵族，只要他们觉得需要，就会牺牲英国的民族利益来满足他们特殊的阶级利益，让东方羽毛未丰的专制制度得到加强，以期为他们在西方的虚弱的寡头政治赢得支持。"② 对于帕麦斯顿和辉格党寡头集团的活动，"公众一般只能从这个寡头集团过去的种种主张、言辞以及它所谓的原则方面来了解，总之，只能从它的故意做作和虚假姿态方面，从它的伪装方面来了解"。③ 以人为本的外交活动必然关照社会舆论与人民感情。

外交是国家执政为民的一部分，践行着外交为民的思想。"以人为本"、"外交为民"是马克思主义作为指导思想在外交工作的一种体现。"相对于前辈而言，现在的外交领导人更加注重'以人为本、外交为民'方针，社会和公民个人日益成为国家外事服务的中心目标。"④ 我国外交

---

① 《马克思恩格斯全集》第 16 卷，北京：人民出版社 1964 年版，第 14 页。
② 《马克思恩格斯全集》第 12 卷，北京：人民出版社 1998 年版，第 25 页。
③ 同上书，第 456 页。
④ 王逸舟：《中国外交新高地》，北京：中国社会科学出版社 2008 年版，第 7 页。

必须以中国人民—民族利益为出发点确定我国的外交战略，以损害人民—民族的利益、尊严和荣誉为最大耻辱，坚决维护主权、安全、人民利益，决不会屈服于任何外来压力。"今日之中国外交决策者与执行者不仅要冷静地面对世界各国的质疑和忧虑，更需圆满地完成人民所赋予的责任和期待。"① 这就需要防止外交活动的"市场化"、"私人化"的倾向，将维护人民群众的根本利益作为外交工作的落脚点。正如毛泽东在1945年时指出的，"中国共产党的外交政策的基本原则，是……保持世界和平，相互尊重国家的独立和平等地位，相互增进国家和人民的利益及友谊这些基础之上，同各国建立并巩固邦交，解决一切相互关系问题。"②

五　践行外交高于战略的思想

外交及其所践行的战略已经成为军事权力、政治权力与经济权力之外的第四种权力。唯物史观强调主体的能动性与实践性，那么全部外交生活在本质上是实践的。"人的思想是否具有客观的［gegenständliche］真理性，这不是一个理论的问题，而是一个**实践**的问题。人应该在实践中证明自己思维的真理性，即自己思维的现实性和力量，自己思维的此岸性。关于思维——离开实践的思维——的现实性或非现实性的争论，是一个纯粹**经院哲学**的问题。"③ 相比于作为一种思想形式的战略，马克思根据历史唯物主义的实践观更强调外交实践的重要意义，主张战略思想与外交实践相统一的思想。尽管沙俄政府贪污腐化，鼠目寸光，在对内政策方面十分无能，但是对外政策是沙皇政府非常擅长的一个方面。"思想本身根本**不能实现什么东西**。思想要得到实现，就要有使用实践力量的人。"④ 1853年7月29日，马克思写道，"只要研究一下

---

①　白云真：《当代中国外交变迁和转型》，北京：中国社会科学出版社2011年版，第2页。
②　《毛泽东外交文选》，北京：中央文献出版社、世界知识出版社1994年版。
③　《马克思恩格斯文集》第1卷，北京：人民出版社2009年版，第500页。
④　同上书，第320页。

俄国外交的最著名的一些文件就会得出这样的结论：俄国的外交善于敏锐地、聪明地、熟练地和巧妙地找到欧洲的国王、大臣和宫廷的弱点。"① 这实际上意指沙皇俄国外交实践者的敏锐、聪明与巧妙。"外交高于战略。"② 马克思侧重从事实际外交活动的各国政治家与外交官，而且抽象的战略观念形式本身离开了现实的外交历史就没有任何价值。

恩格斯将俄国外交界比喻为现代的耶稣会，强调俄国巧妙地欺骗外交技巧的实际意义。"俄国外交界形成了某种现代的耶稣会，它强大到在需要的时候甚至足以克服沙皇的任性，控制自己内部的贪污腐化，而在外部则更广泛地传播这种贪污腐化之风。……正是这个最初由外国冒险家组成的秘密团体，把俄罗斯帝国变得像现在这样强大。"③ 俄国外交麻醉英国报界与人民，带有一定的欺骗性，使其意识不到拖延是弱点和危机的源泉。"俄国外交巧妙地蒙骗了欧洲的两大资产阶级党派。俄国外交，也只有这种外交，被容许同时既是正统的又是革命的，既是保守的又是自由主义的，既是传统的又是开明的。这样一位俄国外交家对'有教养的'西方所怀的藐视，是可以理解的。"④ 正是由于其始终不变的战略目的，俄国外交才具有特殊的力量。如恩格斯所指出的，俄国外交官并不是凭空创造出新事物，而是正确地利用了具体的实际形势，具有明显的物质基础。可见，马克思、恩格斯并不否认外交的物质生产基础，只是更强调外交官的主观能动性和实践意义。

大战略的实施是世界各国外交活动的难题之一，那么其关键在于外交实践。事实上，不少合理的大战略因无力的外交行动而失败。"批判的武器当然不能代替武器的批判，物质力量只能用物质力量来摧毁；但是理论一经掌握群众，也会变成物质力量。"⑤ 如果外交官没有掌握大

---

① 《马克思恩格斯全集》第12卷，北京：人民出版社1998年版，第262页。
② 《马克思恩格斯全集》第13卷，北京：人民出版社1998年版，第443页。
③ 《马克思恩格斯文集》第4卷，北京：人民出版社2009年版，第354—355页。
④ 同上书，第364页。
⑤ 《马克思恩格斯文集》第1卷，北京：人民出版社2009年版，第11页。

战略思想而且没有认真践行大战略，那么他们也不可能实现它。周恩来曾指出，对内对外都要进行保卫国家利益的工作，对内就不用说了，对外而言，外交就成了第一线的工作。因而只有切实的外交实践才能使我们抛弃对战略不切实际的幻想。"在外交工作中要把原则的坚定性和策略的灵活性结合起来，在原则问题上，要立场坚定，旗帜鲜明，不怕压力，敢于斗争；在策略问题上，要权衡利弊、不失灵活。注意把握好斗争的时机和分寸。在进行必要的斗争时，要注意阶段性，做到有理、有据、有节。遇到国际风云变幻时，要沉着冷静，处变不惊，不信邪、不怕鬼，不怕孤立，不受挑动。对外表态，要深思熟虑，分寸恰当，信守承诺，说话算数。在整个对外交往中，要坚持平等相待，以理服人，不卑不亢，落落大方，体现出泱泱大国的风范，维护社会主义中国的良好形象。"[1] 大战略在一个国家实现的程度，总是取决于大战略满足这个国家的外交需要的程度。光是战略思想力求成为现实是不够的，外交现实本身应当力求趋向战略思想。

---

[1] 《邓小平外交思想学习纲要》，北京：世界知识出版社1999年版，第14页。

第四部分　经典著作选编

卡·马克思

十八世纪外交史内幕

卡·马克思撰写
部分发表于《设菲尔德自由新闻报》
(1856年6—8月)
发表于伦敦《自由新闻》(1856年
8月—1857年4月)

原文是英文

——

第一件　龙多先生致霍雷修·沃尔波尔

"1736年8月17日与彼得堡①

……我衷心希望……土耳其人能接受劝告而屈尊先行做出表示，因为这里的宫廷看来已打定主意，土耳其人不先走一步，它就不理睬任何声音，以此来羞辱土耳其政府，土耳其政府曾在一切场合极其轻蔑地谈论俄国人，这是女沙皇和她的现任大臣们所不能忍受的。奥斯特尔曼伯爵不但不感激埃弗拉德·福克纳爵士和卡尔库恩先生（前者是英国驻君士坦丁堡大使，后者是荷兰驻君士坦丁堡大使）转达土耳其人的善意，而且也不愿听从解劝而轻信土耳其政府抱有诚意，看来，他对他们的做法感到非常惊异，他们未奉英王和荷兰联省议会之命，也未受土耳其宰相之托居然就给他们（俄国内阁）写信，而且他们的

---

① 这封信讲的是1735年安娜女皇对土耳其发动的战争，驻圣彼得堡的这位英国外交官报告他在游说俄国同土耳其人媾和方面所作的努力。省略的词句是无关的。

信也未曾同皇帝①驻君士坦丁堡公使协商过……我已把土耳其宰相写给英王的那两封信给比朗伯爵和奥斯特尔曼伯爵看过，同时告诉这两位先生，由于这两封信中对这里的宫廷有些刻薄的说法，要不是他们这样渴望看到的话，我是不会送给他们看的。比朗伯爵说这算不了什么，因为他们已习惯于被土耳其人这样对待了。我要求两位伯爵阁下不要让土耳其政府知道他们已经看过这两封信，因为这样做无补于事，只会使事态恶化……"

第二件　乔治·麦科特尼爵士致桑德威奇伯爵

"1765 年 3 月 1 日（12 日）于圣彼得堡

绝密②

……昨天帕宁先生③和副总理大臣④同丹麦大使奥斯腾先生签订了这里的宫廷与哥本哈根宫廷之间的同盟条约。其中一项条款把对土耳其的战争规定为**履行盟约理由**；只要发生这种情况，丹麦就必须给俄国每年五十万卢布的补助金，分季支付。此外，丹麦还根据一项最秘密的条款，答应与法国断绝一切联系，只要求一段宽限，以便设法索回法国宫廷欠它的债款余额。无论如何，它即将采用俄国对瑞典的全部观点，并且在瑞典王国内尽管不是公开地，但将完完全全地与俄国一致行动。不是我受骗了，就是格罗斯先生⑤对阁下说俄国打算停止插手，而把瑞典这个包袱整个丢给英国时误解了给他的指令。不管这里的宫廷多么希望我们为每一项金钱义务支付大部份额，然而我确信，到什么时候它也**宁愿选择**在斯德哥尔摩居于领导地位。它的计划、它的热烈希望，是与英国和丹麦协力合作来彻底消灭法国在那里的利益。不花费相当大的费用，这一点肯定是做不到的，但是俄国现在似乎并没有不通情理到期望**由我们支付全**

---

① 指查理六世。——译者注
② 英国当时在和俄国谈判一个通商条约。
③ 帕宁是否领取普鲁士弗里德里希二世的津贴，他这样做是背着叶卡特琳娜还是按照她的命令，这在历史学家当中至今仍是一个争论的问题。毫无疑问，叶卡特琳娜二世为了使外国宫廷与俄国使节合作，曾许可俄国使节在表面上与外国宫廷合作。至于帕宁，那么这个问题是由一个我们相信还从来没有发表过的可靠文件作决定的。这个文件证明，帕宁在一度成为弗里德里希二世的人之后，被迫冒着牺牲他的荣誉、财产和生命的危险继续保持这种身份。
④ 指亚·米·哥利岑。——译者注
⑤ 俄国驻伦敦公使。

部费用的地步。我已得到暗示,我们方面只要每年支付一千五百镑,就足以维持我们的利益,并绝对阻止法国人控制斯德哥尔摩。

瑞典人对于他们多年来一直处于依附地位非常敏感,并且感到很受屈辱,他们对每一个干涉他们事务的强国都极其忌恨,对他们的邻居俄国人更是如此。这就是这里的宫廷给我提出的理由:为什么它希望我们和他们**分别**采取行动,同时在我们彼此的公使之间仍然保持推心置腹的信任;为什么它希望我们首先关心的事项不是成立一个叫做什么俄国派或英国派的派别,而是要努力使**我们的**朋友赢得自由之友和独立之友的美名,因为甚至最聪明的人也往往会被一个虚名所迷惑。目前我们享有优势,这个国家的人们已普遍相信他们同法国的联系已招致很大的灾难,如果继续维持这种关系,还会非常严重地破坏他们的真正利益。帕宁先生决不希望瑞典宪法①有丝毫改动。他希望王权能够保存而不扩大,人民的特权能够维持而不遭到破坏。然而他对王后的勃勃野心和奸诈诡谲不无畏惧,不过奥斯特尔曼伯爵作为公使的高度警惕性现在已完全打消了他在这方面的担心。

由于与丹麦新缔结了联盟,由于这里的宫廷毫无疑问在瑞典取得了成就,帕宁先生如果得到适当的支持,是会在某种程度上实现他把北方国家联合起来的大计划②。为了使这个计划臻于完善,唯一需要的就是与大不列颠缔结一个条约联盟。我确信,这是这里的宫廷最热切的希望。女皇对此已不止一次用极明确的语言表达过。她的野心是要通过这样一个联盟来抗衡家族盟约③,并且尽可能挫败她特别憎恨的维也纳宫廷和凡尔赛宫廷的一切意图。然而,我不能向阁下隐瞒,我们要指望缔结任何这样的联盟,就必须以一项秘密条款同意在发生对土耳其的战争时支付一笔补助金,因为除了遇到那种性质的紧急情况外,他们不会向我们要钱。我自以为我已经说服这里的宫廷,期望在和平时期得到补助金是不合乎情理的,在平等基础上的联盟对两个国家都更牢靠和更体面。我可以向阁下保证,把对土耳其的战争作为**履行盟约理由**写进条约正文或者列入秘密条款,将是我们同这里的宫廷举行任何谈判的**必要条件**。帕宁先生

---

① 查理十二死后由参议院制订的寡头政治的宪法。

② 这样,乔治·麦卡特尼爵士就告诉我们,通常所谓查塔姆勋爵的"北方联盟的大概念",实际上就是帕宁的"把北方国家联合起来的大计划"。查塔姆不过是被骗去倡导这个俄国人的计划罢了。

③ 指1761年8月在巴黎缔结的法国和西班牙的波旁王族之间的盟约。

之所以对这点很固执,是由于这样一件偶然的事情。当沙皇和普鲁士国王之间的条约正在讨论的时候,别斯图热夫伯爵(他是普鲁士国王的死敌)建议加进关于土耳其的条款,他确信普鲁士国王决不会接受这一条款,满以为谈判会由于国王的拒绝而告破裂。但是这个老政客看来完全失算了,因为国王陛下立即同意了这个建议,只是要求俄国在和任何其他国家缔结联盟时也必须按照同样的条件①。情况确系如此,为了进一步肯定这一点,几天前,普鲁士公使佐尔姆斯伯爵拜访了我,对我说,他已接到训令,如果这里的宫廷有意和我们的宫廷缔结联盟而不包括这样一项条款的话,他要表示最强烈的反对。我得到了种种暗示,如果大不列颠在这一条款上不那么执拗的话,俄国在商务条约的出口税条款上就会不那么固执,格罗斯先生曾告诉过阁下,这里的宫廷是决不会放弃出口税条款的。同时,有一个受到帕宁先生极度信任的人向我保证,如果我们着手缔结联盟条约,商务条约就会**尽快地**跟上;那时商务条约就会完全摆脱那个一向吹毛求疵和争吵不休的商务委员会,仅仅由大臣和我来解决,而且他确信,只要关于土耳其的条款被列入联盟条约,商务条约的缔结就会使我们满意。我还被告知,若是西班牙人进攻葡萄牙,我们可以雇用一万五千名俄国人去服役。我祈求阁下千万不要对格罗斯先生提到同丹麦缔结的条约的秘密条款……我担心,这位先生对英国不抱善意。"②

---

① 这里是弗里德里希二世的通词。关于弗里德里希如何被迫投入俄国联盟的怀抱,科克先生(法国的外交学教授,达来朗的老师)说得很明白。他说:"弗里德里希二世被伦敦政府抛弃之后,不能不投靠俄国。"(见他著的《欧洲革命史》)

② 霍雷修·沃尔波尔用这样一句话来说明他的时代的特征:"**现今时兴的,是相互利用。**"无论如何,从上文可以看出,俄国在同英国交往中就是这样干的。桑德威奇伯爵,即乔治·麦卡特尼爵士敢于写的上面这封信的受信人,十年以后,即1775年,在诺思政府中出任海军首席大臣,曾以激烈反对查塔姆勋爵关于公平**解决美洲困难**的动议而闻名,"他不能相信这(查塔姆的动议)**是一个英国贵族的产物**,在他看来这毋宁说是**某个美洲人的作品。**"1777年,我们发现桑德威奇又在咆哮:"他宁愿流尽最后一滴血,耗尽国库的最后一文钱,而决不让大不列颠被它的犯上作乱的臣民蔑视、欺侮和宰治。"当桑德威奇伯爵带头促使英国陷入同它的北美殖民地、同法国、西班牙和荷兰的战争时,我们看到他在议会经常受到福克斯、伯克、皮特等人的指控,说他使海军处于不能保卫国家的状态,说他明知道敌人已经集结大量军队,却有意派小量英国军队去对抗,说海军各部门事务的管理极其不当,等等(参看1778年3月11日、3月31日和1779年2月下院的辩论;福克斯对桑德威奇勋爵的不信任动议;1779年4月9日关于因桑德威奇勋爵玩忽职守而要求解除其职务的上国王书;1782年2月7日福克斯弹劾1781年海军行政严重失职案)。皮特借此机会把"我们在海上所遭到的一切灾难和耻辱"都记在桑德威奇勋爵的账上。在下院388票中,支持政府方面反对这一动议的票数只多22票。1782年2月22日,一个反对桑德威奇勋爵的类似动议在下院453票中仅以19票

第三件　詹姆斯·哈里斯爵士致格兰瑟姆勋爵

"1782 年 8 月 16 日（27 日）于彼得堡

（私人信件）

……我一到达这里，就发现这个宫廷的情况跟以前向我描述得很不一样。它对英国根本没有任何偏爱，它完全是倾向法国的。普鲁士国王（当时深得女皇信任）正在施加影响反对我们。帕宁伯爵有力地支持了他。波旁王朝的两个公使拉西和科尔贝龙诡计多端，善耍阴谋；波将金公爵受了他们的蛊惑；而包围女皇的那一大群人——舒瓦洛夫们、斯特罗加诺夫们和切尔尼舍夫们都是（现在也仍然是）**一伙巴黎的理发店学徒**。形势有利于他们致力于事业。法国人装模作样地帮助俄国解决同土耳其政府的纠纷，紧接着这两个宫廷又一起成为贴欣和约的调停人，这些对它们之间的和好都起了不小的作用。所以，对于**1778 年 2 月至 1779 年 7 月**我与帕宁伯爵进行的一切谈判毫无成果，我并不感到奇怪，因为他的意图是防止而不是促进联盟。我们为争取联盟作出了各种让步，都无济于事。他总是制造新的困难，总是设置新的障碍。同时，我对他的明显信任也产生了很严重的恶果。他利用这种信任，在向女皇报告时转达的不是我使用过的语言和我实际表达过的感情，而是他满心希望我使用和表达的语言和感情。他又同样悉心地向我隐瞒女皇的意见和感情。他在她面前把英国说成顽固、傲慢和冷淡，而在我面前则把女皇说成心情不快、讨嫌我们并对我们在意的事情漠不关心。他是那样确信他用这种两面谎报情况的办法已堵塞了一切成功的渠道，当我向他谈到那个西班牙声明的时候，他甚至敢于俨然以大臣身份对我说，'**大不列颠是由于它自己的行动骄横傲慢才大难临头的；现在灾难已达到顶点；我们必须作出一切让步以求得和平；而且我们既不能指望得到朋友的援助，也不能指望得到敌人的宽容。**'我竭力控制自己，不使自己感情用事……我当即找了波将金公爵，由于他的帮忙，女皇**屈尊**在彼得宫单独接见

（续前注）的多数被否决。然而，桑德威奇勋爵的施政府确实使三十多名卓著勋劳的军官离开了海军，或者声明不能在目前的制度下服役。事实上，在他的整个任职期间，海军中普遍存在的不和令人非常担心。此外，桑德威奇勋爵曾被公开指控**侵吞公款**，而且根据间接证据来看，他也的确犯了这样的罪行。（参看 1778 年 3 月 31 日，1779 年 4 月 9 日及以后几次上院的辩论。）当 1779 年 4 月 9 日解除他职务的动议被否决时，三十九名上院议员提出了抗议。

了我。在这次会晤中,我非常幸运地不仅消除了她对我们的一切不良印象,而且通过如实阐述我们的处境以及**大不列颠与俄国之间不可分割的利益**,使她断然决定援助我们。**这个决定她是用明确的语言向我宣布的。**当这件事透露出来的时候——而帕宁伯爵是第一个知道它的——他成了我的不共戴天的敌人。他不仅通过散布谎言和最无耻地施加影响来破坏我的公开谈判,而且使用最卑鄙最恶毒的人所能想得出的一切手段来贬损和伤害我个人。从他对我的那些无耻的指控来看,如果我是一个胆小怕事的人,我就会担心受到他最无耻的袭击。这种残酷无情的迫害现在还在继续进行;比他的内阁任期延续得更久。**尽管我从女皇本人那里得到肯定的保证**,帕宁伯爵还是找到办法先是动摇,然后改变她的决定。他的确受到普鲁士国王陛下很热心的支持,当时普鲁士国王陛下极力要破坏我们的利益,正如他现在似乎热衷于要恢复它一样。然而,这头一次失望并没有使我灰心丧气,我加倍努力,**在我出使期间又有两次使得女皇几乎(!)出面声明是我们的朋友,而且每一次我的期望都是建立在她亲口作的保证上的。**第一次是在**我们的敌人策划武装**中立①的时候,第二次是在**建议把米诺尔卡岛送给她的时候。**虽然在第一次,我从我以前遇到反对的同一来源遭到同样的反对,然而我必须说,我的失败主要应归咎于我们对1780年2月那个著名的中立声明的极其笨拙的答复方式。因为我非常清楚打击将来自何方,我已作好避开它的准备。我当时的意见是这样:'如果英国觉得自己强大得可以甩开俄国,它就应该立即拒绝这些新出笼的交易;但是,如果它的处境还要求援助,它就应该服从当前的需要,在只是涉及俄国的限度内承认这些教义,用一个适时的善意行动为自己保证赢得一个强大的朋友。'② 我的意见没有被采纳;提出来的是一个模棱两可、捉摸不定的答复;我们似乎对这些教义无论是

---

① 就是这个詹姆斯·哈里斯爵士(此人又名为马姆兹伯里伯爵,读者也许更熟悉这个名字),被英国历史学家们吹捧为1782—1783年和平谈判中阻止英国放弃海上搜索权的人。

② 从这一段话和其他类似的段落可能得出这样的判断,即叶卡特琳娜二世曾把诺思勋爵(詹姆斯·哈里斯爵士所说的该届政府就是指他的政府)看成是毫不妥协的人。只要看一看下面这个事实,任何这类误解都会消除:第一次瓜分波兰是在诺思政府勋爵执政时发生的,而他对此并没有提出任何抗议。1773年,当叶卡特琳娜对土耳其的战争还在进行,她同瑞典的冲突正日益恶化的时候,法国准备派遣一支强大的舰队到波罗的海去。法国外交大臣戴居雍把这个计划通知了英国当时驻巴黎的大使斯托蒙特勋爵。在一次长时间的谈话中,戴居雍详细论述了俄国的扩张野心以及应该促使法英两国联合对抗这种野心的共同利益。英国大使对这一亲密谈话的回答是:"如果法国派舰只去波罗的海,英国舰队将立即跟踪而至;两支舰队的存在,其效果不会超过中立;而且,无论英国宫廷如何愿意保持英法之间现存的良好关系,

接受还是拒绝都同等地害怕。我得到的指示是,对它们秘密地进行反对,但在公开场合则表示默许。而且当时我们政府的一个机要人员在同西莫林先生的谈话中使用了一些不谨慎的、与那位公使从斯托蒙特勋爵那里听到的温和而诚挚的语言直接矛盾的说法,使女皇万分**震怒**,加剧了她对我们该届政府所包的**反感和不良印象**。我们的敌人利用了这些情况……我提出了把米诺尔卡岛送给女皇的想法,因为我很清楚,我们在签订和约时会被迫作出牺牲,我觉得比较聪明的办法是向我们的朋友而不是向我们的敌人作出这种牺牲。

这个想法在国内被全盘接受了①,再没有什么东西能够比我这次从斯托蒙特勋爵那里接到的英明指示更加完美地切合这里的宫廷的精神了。这个方案为

(续前注)由偶然冲突引起事端,是未可预卜的。"结果,戴居雍撤销了布勒斯特的分舰队,但是下了新的命令在土伦装备一支舰队。"英国内阁得到这种重新备战的消息之后,立即表示了强有力的反对;斯托蒙特勋爵受命发表声明说,用于波罗的海的每一个论点都同样适用于地中海。此外,还给法国外交大臣送了一份备忘录,并要求把它呈交国王和枢密院。这产生了预期的效果;那支舰队撤销了,水兵解散了,扩大战争的危险避免了。"

我们上面引用的这几行文字的这位自鸣得意的作者说道:"**诺思勋爵就这样成效卓著地帮助了他的同盟者**(叶卡特琳娜二世),**并且促成了俄国和土耳其政府之间的**(库楚克-凯纳吉)**和约**。"叶卡特琳娜二世对诺思勋爵好心帮助的报答,首先是撤销了她向他许诺的在英国和北美殖民地发生战争时的援助,其次是策划并领导了对英国的武装中立。诺思勋爵**没有敢像詹姆斯·哈里斯爵士劝告他的那样来回报**这一背信弃义的行为,即把大不列颠的海上权利放弃给俄国,并且**只是放弃给俄国**。这就刺激了女沙皇的神经系统;突然引起了她的歇斯底里幻想,说她对诺思勋爵"有不良印象",有"反感",感到"根深蒂固的厌恶","完全不信任",等等。詹姆斯·哈里斯爵士为了给谢尔本政府提出一个例子以示警告,详细描绘了女沙皇感情的心理图以及诺思政府由于伤害这些感情而蒙受的耻辱。他的处方非常简单:任何别的强国若要向我们索取必定会被我们当做敌人看待的东西,对作为我们朋友的俄国,则应拱手相送。

① 可见,英国政府确实不满足于已使俄国成为一个波罗的海强国,还千方百计要使它成为一个地中海强国。看来,让渡米诺尔卡岛的建议在1779年底或1780年初,即在斯托蒙特勋爵进入诺思内阁之后不久就已经向叶卡特琳娜二世提出了,——这个斯托蒙特勋爵就是那个曾阻挠法国抗拒俄国的人,甚至詹姆斯·哈里斯爵士也不能否认此人写了"**完美地切合圣彼得堡宫廷的精神的指示**"这一功绩。当诺思勋爵的内阁按照詹姆斯·哈里斯爵士的建议提出把米诺尔卡岛交给**俄国人**的时候,英国的下院议员和人民还在为担心**汉诺威人**(?)会从他们手中夺去"地中海的锁钥之一"而焦虑。1775年10月26日,国王在议会的开幕词中曾告诉议会说,当詹姆斯·格莱安爵士被问到为什么他们没有把封锁一直维持到那个"计划"实现的时候,他得到格莱安爵士的亲口回答是:"他们没有承担那种责任",即执行他们的命令的责任!这里援引的公文,是除了日期较晚的一件公文以外唯一被宣读的文件。另一件公文据说是在4月5日发出的,其中"命令海军上将运用**最广泛的权宜处置权力**封锁俄国在黑海的港口",这件公文既未被宣读,邓达斯海军上将的任何答复也未被提到。海军部派遣了汉诺威部队到直布罗陀和马翁港(米诺尔卡岛)去,接替在那里驻防的英国部队中准备抽调到美洲去

什么没有成功,我至今还不明白其究竟。**在我得到全权处理此事以前,我从来没有看到过女皇对任何其他措施象对此事这样热心,而当我得到授权的时候,我发现她却从原来的意图退缩,我也是从来没有感到过这样吃惊**。我当时认为,这应该归咎于**她对我们的政府怀有根深蒂固的厌恶和根本缺乏信任**;但是从那时以来,我更倾向于相信,她曾就此事征询过(奥地利)皇帝的意见,而后者不仅说服她拒绝这一建议,而且把这一秘密泄露给了法国,从而使它公之于世。我无法另外解释**女皇感情上**的这种迅速**变化**,特别是因为**波将金公爵**(不管他在别的事务上表现如何)肯定是**真心诚意**支持此事的,从我当时看到的和后来了解到的情况看来,他曾和我一样极其关心此事的成功。阁下,你会看到,**促使女皇成为友好调解人的想法是和建议把米诺尔卡岛让给她有密切联系的**。因为这个想法引起了后来发生的事情,使我们在目前的调解中遭到种种困难,我必须说明我当时的观点是什么,并且证明不是我使我的宫廷处于如此难堪的地位。**我当时希望和追求的是使女皇成为唯一的、别无副手的调解人**。如果阁下细察她与我之间在1780年12月的来往情况,阁下就很容易理解我当时有多么充足的理由设想女皇会成为一位友好的、甚至是偏袒我们的调解人①。诚然,我知道她不能胜任这一任务,但是我也同样知道**她的虚荣心**会因这一荣誉而得到多么大的满足,我完全了解,她一旦插手进来,就会坚持下去,并且必然要卷入我们的争论,特别是当看来(当时看来也会这样)我们已用米诺尔卡岛**酬谢**她的话。另一个(奥地利的)帝国宫廷之被拉进调解活

(续前注)服役的团队。约翰·卡文迪什勋爵提出了一个修正案,强烈谴责"把**直布罗陀和马翁港这样重要的要塞**委托给**外国人**"。在极其激烈的辩论中,把直布罗陀和米诺尔卡岛这两个所谓"**地中海的锁钥**"委托给**外国人**的措施受到了猛烈的攻击,诺思勋爵承认自己是这一措施的参谋,感到不得不提出一个"**免究责任的议案**"。不过,这些外国人,这些汉诺威人,是英国国王自己的臣民。在1780年实际上把米诺尔卡岛交给了俄国之后,诺思勋爵当然感到有理由在1781年11月22日在下院以"极其轻蔑的态度对待**内阁大臣被法国收买**的嘲讽"了。

我们顺便指出,诺思勋爵——英国能够引以自豪的最卑鄙最胡闹的大臣之一——纯熟地掌握了使议院笑声不绝的艺术。桑德兰勋爵也是这样。现在帕麦斯顿勋爵也是这样。

① 诺思勋爵的政府1782年3月27日被罗金厄姆的政府接替之后,著名的福克斯就通过**俄国**大使的调解向荷兰提出了和平建议。那么,被这位统计女沙皇的感情、情绪和印象的卑贱记账员詹姆斯·哈里斯爵士如此宣扬的**俄国调解**到底有什么结果呢?当初步的和平条款已经同法国、西班牙和美国达成协议的时候,同荷兰却达不成任何这样的初步协议。从它那里得到的只不过是停止敌对行动而已。原来**俄国调解**如此有效,在1783年9月2日,即在同美国、法国和西班牙缔结**正式条约**的前一天,荷兰同意了进行**初步和谈**,可是这不是俄国调解的结果,而是由于**法国**的影响。

动，彻底破坏了这个计划。这不仅给女皇提供了一个不恪守诺言的借口，而且使她的感情受到了伤害和凌辱。她就是在这种印象下把这整个事情交给了我们为她提供的那位伙伴①，并且命令她驻维也纳的公使绝对地赞同那里的宫廷所提出的一切。后来所发生的一切不幸，以及我们现在所遭逢的一切不幸，都是由此引起的。无论谁任何时候也不能使我相信，维也纳宫廷只要由考尼茨公爵发号施令，会对英国抱任何好意，或者对法国造成任何危害。我在这里努力加强它的影响，不是出于这样的想法，而是因为**我发现普鲁士总是施加影响反对我**；因为我想，如果我能用任何方式给后者以沉重打击，我就会摆脱掉我最大的障碍。我错了，真是倒霉，维也纳和柏林的宫廷看来唯独在打算轮流损害我们这一点上有共同语言。② 关于米诺尔卡岛的建议是我为了诱使女皇出面而做的最后一次尝试。我已用尽了我的力量，使出了全副手段；我最后一次和她谈话时的那种坦率态度，虽然是有礼貌的，但已使**她感到不快**。从那时起直到上届政府下台，我一直被迫处于守势……现在我阻止女皇对我们做坏事比以前促使她为我们做好事要更困难。正是为了防止坏事，**当女皇陛下初次提出由她单独在我们和荷兰之间进行调解的建议时**，我才强烈倾向于接受这个建议。她对**我们的拒绝**所表示的极端不满，证实了我的看法是正确的。当这个建议第二次提出的时候，**我毅然极力主张必须予以同意（虽然我知道这和我上司的感情有抵触）**，因为我坚信，如果我们再次拒绝，女皇在**一怒之下**会同荷兰人站到一起来反对我们。现在，**一切都进行得很顺利**。我们的**明智**的行动使得女皇原来对我们的**不高兴**转到了荷兰人身上，就像她以前偏袒他们的事业一样，她现在偏袒我们的事业。**英国的新内阁成立以来，我的道路已变得更平坦了。**你的前任③开创的、**阁下继续遵循的**这条伟大的新路，已在大陆上引起了对我们最有

---

① 指约瑟夫二世。——译者注
② 维也纳和巴黎的宫廷阻挠英国内阁把米诺尔卡岛让给俄国的计划，普鲁士的弗里德里希反对查塔姆勋爵的在俄国庇护下成立北方联盟的伟大计划，对英国没有造成丝毫损害。
③ 前任是福克斯。詹姆斯·哈里斯爵士把英国各届政府按照它们受到他的全能女沙皇垂青的程度依次分了等级。尽管有斯托蒙特勋爵、桑德威奇伯爵、诺思勋爵和詹姆斯·哈里斯爵士本人，尽管有瓜分波兰、威胁戴居雍、促成库楚克-凯纳吉条约和意欲让渡米诺尔卡岛，诺思勋爵的政府还是被贬黜到这架天梯的最底层。罗金厄姆的政府被置于比它高得多的地位，这届政府的灵魂是后来以勾结叶卡特琳娜而臭名昭著的福克斯。但是我们看到这天梯的最顶端是谢尔本的政府，它的财政大臣是著名的威廉·皮特。至于谢尔本勋爵本人，伯克在下院高呼道："如果他在道德上还没有成为卡提利纳或者博贾的话，那决不是由于别的原因，而只是由于他的智力不足。"

利的变化。诚然,我相信,除了同她有切身利害关系的事件以外,没有什么东西能促使女皇陛下积极参与;但是现在她对我们**显示了强烈的友谊**;她赞同我们的措施;她**信任我们的这届政府**;**她无法克制她对我们民族所肯定怀有的偏爱**。我们的敌人是知道并且感受到这一点的;这使他们深为恐惧。这是从我到彼得堡那天起到今天止对这个宫廷里所发生的事情的一个简略而准确的报告。从这当中可以得出几个结论①。支配女皇的是她的感情,而不是理智和论证;她的偏见很深,很容易形成,而且一旦形成就难以消除;另一方面,要取得她的好感,却没有可靠的途径,即使取得了,也会随时发生波动,易为微不足道的琐事所左右;在她没有完全参与一项计划以前,任何保证都不足依恃,但是她一旦完全参与了,就决不后退,就会坚持到底;她有很强的才能、崇高的思想、不平凡的智慧,然而**缺乏判断力、精确思维、推理力和综合精神**(!!);她的大臣们对国家的福利不是一无所知,就是漠不关心,他们行动的出发点是对她的意志的消极顺从,或者是对党派利益和个人利益的考虑。"②

四 (原稿)关于沙皇保罗在位初期俄国情况的报告,作者是圣彼得堡海外商馆的牧师、威廉·皮特的近亲耳·克·皮特牧师③

摘 录

"已故的俄国女皇对过去几年中震撼了整个欧洲政治体制的那些重大问题所抱的真实感情,是很难有什么可怀疑的。她肯定从一开始就感觉到了这些新原则的致命趋向,但是,如果她能看到所有欧洲强国都在一场愈激烈就愈能提高她自己的重要性的斗争中弄得筋疲力尽,也许并不是不高兴。完全可能,新取得的波兰各省的局势也是对叶卡特琳娜的政治行动有相当影响的一个因素。看来,在革命初期几乎恢复了法国正规政府的联盟各强国,已在很大程度上感受到了由于害怕在新占领的领土上发生暴乱而产生的致命影响。害怕波兰会发

---

① 詹姆斯·哈里斯爵士忘记得出主要的结论,即他这个英国大使是俄国的代理人。
② 在十八世纪,英国外交官的信函若是前面带有"私人信件"这种象征性的标记,那就表示收阅该信函的大臣不应该把它转呈给国王。马洪勋爵在他的《英国史》中谈到这种情况。
③ 收到这封信的那位先生在这份原稿前面写了这样几个字:"在我死后烧毁"。

生暴乱的心情分散了联盟各强国的注意力,并加速了它们的撤退,同样也使得这位已故俄国女皇不肯进入这个大战场,除非到了形势发展使得法军的进展变得比俄罗斯帝国因积极进军而可能招致的恶果更加危险的时候……人们知道女皇的最后一句话,是她在临死前的那天早晨在打发走她的秘书时说的:'告诉公爵(祖博夫),十二点来看我,提醒我在同英国签订的同盟条约上签字。'

在对沙皇保罗的行动和荒诞行为进行详细的考察之后,皮特牧师先生继续写道:

"只有考虑到这些情况,才能对最近的退出同盟以及大不列颠政府所受到的无数凌辱的性质作出公正的评价……**但是把它(大不列颠)和俄罗斯帝国联在一起的纽带是自然形成的,是破坏不了的**。这两个国家合起来,几乎可以支撑住整个世界;分开来,每一个的力量和重要性都受到**根本**的损害。英国有理由与俄国一起为它的王权运用得如此前后矛盾而感到遗憾,但是造成这两个帝国分离的只是俄国的君主。"

这位牧师先生以这样的话结束他这篇报告:

"就人们的预见目前所能洞察的程度来说,结束目前这种苦恼状况的办法,看来更可能的是某一个激怒的个人的绝望行动,而不是任何其他使俄国皇位恢复其尊严和重要地位的更系统的措施。"

二

第一章中刊载的文件涉及女皇安娜在位时期到沙皇保罗在位初期,就是说包括十八世纪的绝大部分时间。在那个世纪的末尾,正如皮特牧师先生所说,英国外交界公开信奉的正统的信条已经是:"**把大不列颠和俄罗斯帝国联在一起的纽带是自然形成的,是破坏不了的**"。

我们在细读这些文件时,有一种东西甚至比这些文件的内容更使我们吃惊,那就是它们的形式。所有这些信件都是"机密的"、"私人的"、"秘密的"、"绝密的";然而尽管具有秘密、私人和机密的性质,英国政治家们在彼此间谈到俄国及其君主时用的却是诚惶诚恐、卑躬屈节和唯唯诺诺的语调,这种语调即使出现在俄国政治家的公文中也会令人吃惊的。俄国外交官们借助秘密通信来掩盖对外国的阴谋,英国外交官们则采用这个方法来自由表达他们对一个外国宫廷的忠诚。俄国外交官们的秘密书函充满着模棱两可的气味。这一方面是圣西门公爵所说的那种**伪善气**,另一方面则是法国秘密警察报告所特有的那种卖弄自己的优越和狡诈。甚至波茨措-迪-博尔哥的出色书函也带有这种**下流文学**的通病。在这一点上,英国的秘密书函要好得多。它不是装作高人一等,而是冒充天真糊涂。譬如,龙多先生告诉霍雷修·沃尔波尔,说他已把土耳其宰相写给英国国王的两封信泄露给俄国大臣,但是他"同时告诉那两位先生,由于信中对俄国宫廷有些刻薄的说法,**要不是他们这样渴望看到的话**,他是不会送给他们看的",然后他又要那两位伯爵阁下不要告诉土耳其政府说他们已经看到它们(那两封信),怎么可能有比这更天真糊涂的呢!乍一看,这种作法的无耻完全被这个人的天真糊涂淹没了。再拿乔治·麦卡特尼爵士来说吧。他愉快地提到,俄国似乎足够"通情达理",不至于为了俄国"宁愿选择在斯德哥尔摩居于领导地位"而期望由英国"支付**全部费用**";他又"自以为"他"已经说服俄国宫廷"不要"不合乎情理"到在和平时期向英国索取与土耳其(当时是英国的盟国)作战时的补助金;他又警告桑德威奇伯爵对俄国驻伦敦大使"不要提到"俄国总理大臣在圣彼得堡对他本人提到的秘密,怎么可能有比这更天真糊涂的呢?再看,詹姆斯·哈里斯爵士极秘密地低声告诉格兰瑟姆勋爵说,叶卡特琳娜二世缺乏"判断力、精确思维、推理力和**综合精神**",又怎么可能有比这更天真糊涂的呢?[①]

另一方面,再看看乔治·麦卡特尼爵士如何厚颜无耻地告诉他的大臣,由于瑞典人对他们依附俄国的状况极其忌恨并且感到屈辱,圣彼得堡宫廷要求英国在斯德哥尔摩打着英国的自由独立的旗帜进行活动!此外,詹姆斯·哈里斯爵士劝英国把米诺尔卡岛和海上搜索权、以及在世界事务中进行调解的垄断权让给俄国——不是为了取得任何物质上的好

[①] 看看这种假装天真糊涂的作法在更晚近时期的表现,在外交史上有什么能比得上帕麦斯顿勋爵在1839年向苏尔特元帅提出的建议呢?这个建议竟要求苏尔特元帅为了向苏丹提供英法舰队的支持来反对俄国,对达达尼尔海峡进行轰击。

处或者哪怕是由俄国承担的一种形式上的义务，而不是为了使女皇"显示强烈的友谊"和把她的"不高兴"转到法国身上。

俄国的秘密书函都是循着这样一条很平淡的思路：俄国自知它与其他国家没有任何共同利益，但是每一个国家却必须分别认识到它与俄国有排斥所有其他国家的共同利益。相反，英国书函从来不敢暗示说俄国与英国有共同利益，而只是设法说服英国，俄国的利益就是它的利益。英国的外交官们亲自告诉我们，这是他们与俄国君主们面面相对时所维护的唯一观点。

如果我们展示在公众面前的这些英国书函是写给私人朋友的，它们只是使写这些书函的大使们臭名远扬。既然它们是秘密地写给英国政府的，他们就把英国政府本身永远钉在历史的耻辱柱上。这一点似乎已被人们，甚至被辉格党的著作家们本能地觉察到了，因为没有人敢于公布这些书函。

自然而然要产生的问题是，这种在十八世纪已成为传统惯例的英国外交的亲俄性质是从什么时候开始的。为了弄清这一点，我们必须回溯到彼得大帝的时期，因此，它将成为我们研究的主要对象。我们打算通过重新刊印几本在彼得一世时期写的英国小册子来着手这个任务。这几本小册子不是没有引起现代历史学家们的注意，就是在他们看来根本不值得予以注意。然而，它们将足以驳倒大陆和英国著作家们所共有的这样一种偏见，即英国只是到较晚的时候，而且是在过晚的时候，才理解或猜想到俄国的意图，英国和俄国之间的外交关系不过是两个共同物质利益的自然产物，因此，我们若指责十八世纪的英国政治家们亲俄，就是倒果为因，是不可饶恕的错误。我们通过英国的书函已经表明，在安娜女皇时期，英国已经向俄国出卖过自己的盟国，从我们即将重新刊印的几本小册子中还将看到，甚至在安娜时期以前，即从彼得一世以来俄国开始崛起于欧洲的时期，俄国的意图就被理解了，而且英国政治家们对这些意图的默许受到了英国著作家们的抨击。

我们展示在公众面前的第一本小册子，叫做《北方危机》。它在1716年出版于伦敦，内容是关于拟议中的丹麦、英国和俄国对**斯科纳**

(肖楠)的入侵。

1715年，在俄国、丹麦、波兰、普鲁士和汉诺威之间缔结了一个北方联盟，其目的不是为了瓜分瑞典本土，而是为了瓜分那个我们可以称之为瑞典帝国的东西。这次瓜分是近代外交史上第一个巨大的行动，是瓜分波兰的逻辑前提。西班牙瓜分条约之所以引起后世的强烈兴趣，是因为它们是王位继承战争的先声，而瓜分波兰吸引了更多的人们的注意，则是因为它的最后一幕是在当代的舞台上演出的。然而，不能否认，开创国际政治近代纪元的，乃是对瑞典帝国的瓜分。这次的瓜分条约除了谈到它的未来牺牲者的不幸以外，甚至没有假惺惺地提出任何借口。在欧洲，这是第一次，不仅撕毁了一切条约，而且把这一行动宣布为一个新条约的共同基础。受俄国辖制的、由萨克森选侯兼波兰国王奥古斯特二世那个荒淫无耻的家伙所代表的波兰本身，被推倒了这一阴谋的前台，从而自我签署了死刑判决书，甚至连波利菲米斯给奥德赛保留的那个留到最后吃的特权也没有享受到。查理十二在本德雷自愿流亡时发出的那篇声讨奥古斯特国王和沙皇的檄文曾预言了波兰的命运。这篇檄文署的日期是1711年1月28日。

参加这一瓜分条约，把英国抛进了俄国的势力圈。从"光荣革命"的时候起，英国就越来越被引向这一轨道了。乔治一世作为英国国王通过1700年的条约曾与瑞典结成防御同盟。不仅作为英国国王，而且作为汉诺威选侯，他曾是特拉温达尔条约（那个条约为瑞典保证了这次瓜分条约所要剥夺的东西）的保证人之一，甚至是条约的缔约国之一。不仅如此，他所以享有德意志帝国选侯的尊荣，部分地也归功于特拉温达尔条约。可是，他却以汉诺威选侯的身份向瑞典宣了战，并且以英国国王的身份进行了这一战争。

1715年，同盟国夺去了瑞典的德意志省份，并且为了实现这个目的而把俄国人引到了德国土地上。1716年，他们一致同意入侵瑞典本土，企图对瑞典最南端现在称作马尔默和克里斯蒂安施塔特地区的肖楠进行武装袭击。因此，俄国的彼得从德国带去了一支俄国军队，这支军队分散在西兰岛上，打算在以保护通商航海为名派到波罗的海去的英国和荷兰军舰的护送下从这里运往肖楠。早在1715年，当查理十二被围困在施特腊耳宗德的时候，有八艘由英国借给汉诺威，又由汉诺威借给丹麦的英国军舰公开增援了丹麦海军，甚至挂起了丹麦国旗。1716年，英国海军由沙皇陛下亲自指挥。

为入侵肖楠一切都准备好了，然而在最意想不到的地方发生了困难。虽然条约规定只派出三万俄国人，彼得却慷慨地在西兰岛登陆了四万人。但是到了要派他们去肖楠执行任务的时候，他突然表示在这四万人中他只能拿出一万五千人。这一声明不仅使同盟国的军事计划陷于瘫痪，而且看来对丹麦及其国王弗雷德里克四世的安全也构成威胁，因为以俄国舰队为后盾的俄国军队大部分驻在哥本哈根。弗雷德里克的一位将军建议用丹麦骑兵对俄国人发动突然袭击并把他们消灭，同时由英国军舰去击毁俄国舰队。弗雷德里克四世不喜欢任何需要某种巨大魄力、某种坚强性格和某种不顾个人安危的背信行为，他拒绝了这个大胆的建议，而只限于采取守势。他当时写了一封恳求信给沙皇，说明他已放弃了关于肖楠的幻想，并且请求沙皇也如此照办，动身回国。对这个请求，沙皇只能迁就。当彼得终于班师离开丹麦的时候，丹麦宫廷认为应该就破坏这次袭击肖楠计划的事件和交涉情况给欧洲各国宫廷一个公开的说明。这个文件就是《北方危机》这本小册子的出发点。

在注明1717年1月23日从伦敦发出的尤伦堡伯爵给格尔茨男爵的信中有几段话，在这几段话中，写信人，即当时瑞典驻圣詹姆斯宫的大使，似乎承认自己是《北方危机》的作者，不过他并没有提这本小册子的名称。然而，只要稍微仔细读一读真正出自这位伯爵手笔的作品，譬如他写给格尔茨的信件，就会打消认为他写过这样一本出色的小册子的任何想法了。

"北方危机：或对沙皇政策的公正评议——就冯·施托肯先生关于推迟袭击肖楠的说明而作。前面附有1716年10月10日在哥本哈根的德国大使馆复制的文件准确副本的逐字逐句的译文，1716年伦敦版。

1. 序——……这（这个小册子）不是为律师事务所的职员写的，但是真正对国际法感兴趣的人大有一读之必要：交易所街搞股票投机的轻浮伙计们在读了这篇前言之后再要往下看,将只是浪费时间,但是英国的每一个商人(特别是那些去波罗的海经商的商人)会从这里得到教益。荷兰人(正如报童和邮差已不止一次告诉过我们的)竭尽全力要在几项与沙皇的贸易协定中改善他们的地位,但是长时期来收效甚微。就他们非常节俭这一点来说,他们能给我们的商人提供很好的榜样;但是如果我们在设法取得一个更好的、更利于前进的出发点方面有一次能够超过他们,那么,为了我们双方的利益,就让我们这一次给他们作榜样,就让他们这一次向我们学习吧。至于目前我们在波罗的海贸易方面怎么能取得这样一个出发点,这篇小小的论文将支出一条极其简单的途径。我不喜欢任何渺小的**咖啡馆政客**进来插嘴,我甚至宁愿让他对我感到厌烦。我必须让他知道,我根本不愿和他打交道。相反,那些熟悉国家学说的人会在这里看到很值得运用他们全部思辨能力的材料,这些材料以前总是被他们忽略了,被他们(过于轻率地)认为是不值一顾的东西。任何一个狂热的党派人物都不会认为这篇东西完全合他的意;但是每一个**诚实的辉格党人**和每一个**诚实的托利党人**都能读它,不仅谁都不会感到厌烦,而且都会感到满意……总之,这篇东西既不是为疯狂的、唬人的、属于长老会的辉格党人,也不是为狂妄的、暴躁的、不满的、属于詹姆斯党的托利党人而写的。"

  2. **冯·施托肯先生提出的关于推迟袭击肖楠的说明。**

  "毫无疑问,大多数宫廷会感到吃惊;尽管为袭击肖楠进行了大量准备,这一袭击并没有付诸实行;尽管沙皇陛下驻在德国的全部军队冒着极大困难和危险,部分用他自己的船只,部分用丹麦国王陛下及其他盟国的船只运到了西兰岛,这一袭击却被推迟到另外的时候。因此,丹麦国王陛下为了避免指控和责难,认为应当命令把下述关于这一事件真相的说明通知所有不存偏见的人们。在瑞典人被完全驱逐出他们的**德国**领地之后,按照全部政治规律和战争逻辑,唯一的办法是在瑞典本土腹地对这位仍然执拗不屈的瑞典国王进行有力攻击,从而借上帝之助迫使他接受一项对盟国有利的持久和约,丹麦国王和沙皇陛下双方都有这样的看法,并且为了实现这个良好的意图,同意举行一次会见,这次会见终于(尽管由于挪威遭到入侵,丹麦国王陛下很有必要留在本国首都,尽管俄国的大使多尔哥鲁基先生提出完全不同的保证)在汉堡附近的哈姆—霍恩,在丹麦国王陛下在此等候沙皇六个星期之后举行了。在这次会谈中,两位陛下经过几次讨论,于6月3日决定对肖楠的袭击一定要在这一年进行,并且对促其实现的一切措施取得完全一致的意见。之后，丹麦国王陛下匆忙回国，下令日夜奋战，务使他的舰队尽早作好出海作战的准备。运输船只也从各处的领地调来，既耗费了难以形容的巨额开支，对他臣民的贸易也造成了巨大损失。就这样，国王陛下（沙皇本人在抵达哥本哈根时也承认）尽了最大努力来提供一切必要条件和促进这次袭击，因为一切都有赖于这次袭击的成功。然而，在此期间，在哈姆—霍恩的会谈就这次袭击大臣协议以前，丹麦国王陛下曾不得不从他的舰队中派去一支由加贝尔海军中将率领的相当大的分舰队去援救他那遭到入侵和沉重压迫的挪威王国，这支分舰队在敌人离开那个王国以前不能召回，否则会给那个王国的大部分地区造成危险；所以，出于这种必要，这位海军中将不得不停留在那里，直到7月12日丹麦国王陛下向他发出紧急命令，要他在风势和天气许可的情况下尽可能快速返回；但是由于刮了一段时间逆风，他被阻住了……瑞典人一直控制着海面，沙皇陛下本人认为，在这支由加贝尔海军中将率领的分舰队回来以前，派丹麦舰队的剩余部分和当时停在哥本哈根的军舰一起去罗斯托克为俄国部队护航，不是可取的做法。这支分舰队终于在八月份回来之后，联合舰队便启航了。往西兰岛运输上述部队的工作，尽管有大量困难和危险，也开始进行了。但是这花费了过多时间，在九月以前未能完成袭击的部署。现在，袭击的一切准备和载运军队的工作均告完成，丹麦国王陛下曾确信在几天之内，至迟在9月21日以前应该开始袭击。俄国的将军和使节们先是向丹麦同僚提出一些困难，后来他们在9月17日一次约定的会议上宣布，沙皇陛下考虑到目前的情况，认为在肖楠不可能得到粮草，因此在这一年进行袭击是不可取的，应该把它推迟到第二年春天。可想而知，丹麦国王陛下对此是如何的惊讶，特别是由于沙皇如果对这个如此庄严协商过的计划改变了主意，他满可以早点宣布，这样就可以为丹麦国王陛下节省下好几吨耗费在这些必要准备工作上的黄金。尽管如此，丹麦国王陛下仍在9月20日向沙皇写信详细解释说，虽然季节已经错过许久，但是有这样优势的兵力，进行袭击一定能成功地在肖楠取得立足点，他确信肖楠这年年成很好，毫无疑问能在那里取得供应；此外，那里和他本国有直接的交通联系，粮草也很容易从国内运去。丹麦国王陛下还列举了几个强有力的理由，说明袭击应该在这一年进行，而在第二年春天进行的想法应该完全抛弃。**不只是丹麦国王陛下向沙皇提出这种中肯的劝告；英国国王陛下驻这里的公使以及诺里斯海军上将也很坚决地支持他；他们按照自己国王陛下的紧急命令，想方设法说服沙皇同意他们的意见，并促使他仍然进行这一袭击。**但是沙皇陛下在他的答复中宣布，他要坚持他业已做出的关于推迟这一袭击的决定；然而如果丹麦国王陛下决心仍然要冒险进行的话，根据在施特腊耳宗德附近签订的条约，他将只给他提供规定的十五个营和一千匹马；到第二年春天他才会应允其余的一切，而且在这件事上他不能够也不愿意再作更多的说明。这样，丹麦国王陛下凭他自己的军队和上述的十五个营单独去干这样大的事情，自不免冒极大的风险，他在9月23日的另一封信中希望沙皇陛下能给他增派十三个营，这样的话，他还打算在这一年进行袭击；但是即使这一点也未能从沙皇陛下那里得到同意，沙皇陛下在同月24日通过他的大使断然拒绝了这个要求。于是，丹麦国王陛下在他26日的信中向沙皇声明，既然情况如此，他不再需要沙皇陛下的任何军队，他们应该尽快地从他的领地上全部撤走；这样，每月要花费他四万帝国塔勒的运输船只就可以解雇，他的臣民至今负担的沉重不堪的军税就可以免除。对此沙皇不能不表示同意；因此，全部俄国军队都已经登船，肯定一有顺风就离开这里。到底是什么原因促使沙皇作出一个对北方联盟如此有害而对共同敌人极其有利的决定，只有留待上帝和时间去澄清了。

如果我们要对大人物进行真实的考察，在我们知识界的心目中对他们有个正确的理解，那**我们必须**首先**考虑他们的性格**，其次是**他们的目的**。不管他们的行为看起来是如何错综复杂、扑朔迷离，是如何曲折隐讳、捉摸不定，我们用这个考察方法，就能洞察他们心灵的奥秘，就能从最令人困惑的迷宫中找到出路，并且最后找到最巧妙的办法来发现他们头脑中的主要隐私，解破他们的核心秘密……沙皇……按性格来说，是一个极富于进取心，政治上非常精明的人物。至于他的目的，只要世上有任何狡猾伎俩能使他在未来可以扩大帝国和积累财富，他的任意主宰自己臣民的财产和人格的统治方式，就会促使他不断提出贪得无厌、野心勃勃地获取这二者的计划。无论不知足的财富欲和无止境的权势欲会提出什么样的目的，促使他取满足那得寸进尺、囊括一切的欲望，他毫无疑问必定要全力以赴。

我们现在要给自己提出的问题，是这样三个：

1. 他用什么办法能达到这些目的？
2. 在离他多远处，并且在什么地方能最好地达到这些目的？
3. 在什么时候，运用一切适当方法并且运用成功，能够达到这些目的？

沙皇的领地大得惊人；人民对他全都俯首听命，全都是他的不折不扣的奴隶，而全国的财富都由他任意支配。但是，国土虽大，物产却并不丰富。每个臣民都有一支枪，一听召唤就来当兵；但是他们当中从来没有一名真正的士兵，也没有一个人懂得口令。虽然沙皇能支配他们的全部财富，但是他们没有重要的商业，很少有现钱；因此，他尽其所能进行了聚敛以后，他的国库还是空空如也。他要满足那两种天生欲望的条件是很差的，因为他既没有钱维持一支军队，也没有一支受过作战训练的军队。这个君主表明他具备一个想成就一番事业的国君所必备的雄才大略的第一个标志，就是认为他的臣民中没有任何人比他更聪明，或者更适宜于执政。他就是这样做的，他认为他本人最合适到世界其他地区去旅行，学习治国才能来推进他统治的领域。他当时对那些深谙军事科学的人很少装出好战的样子；他的军事行动大部分是对付土耳其人和鞑靼人，他们虽然和他一样有许多战士，但是也和他的军队一样，不过是一群粗野的、未开化的乌合之众，他们在战场上既无经验，又无纪律。在这一点上，他的基督教邻居们很喜欢他，因为他是一种阻挡异教徒的屏障或堡垒。但是当他来窥伺基督教世界较为文雅的地方时，他从一开始就表现为一个天生的政治家。他不愿以过早地在战场上碰运气、冒风险，来学习比赛；不，他遵循这样一条准则，**在当时对他有利和必需的，是象参孙那样斗智，而不是斗力**。他知道，他当时只有很少几个适于通商的地方，而且都是位于**白海沿岸**，太遥远，一年中绝大部分时间被冰封着，完全不适合于舰队使用。但是他知道他的邻国在波罗的海有许多更合适的地方，只要他强大起来，伸手便能拿到它们。他对它们垂涎三尺，但是在外表上却小心翼翼地把头转向别的方面，为他将在适当时机夺得它们而暗自高兴。为了免遭猜忌，他努力不要他的邻国帮助他训练部队。因为那好像是想同一个武艺高强的人比武，先求他教自己如何劈刺似的。**他跑到了大不列颠**，他知道这个强大的王国对他力量的增长当时还不会产生猜忌，对他国土之辽阔还毫不在意，漫不经心，我担心直到今天还是如此。他出席我们的一切军事演习，考察我们的一切法律，研究我们军事、民政和宗教方面的情况；然而这是他当时需要最少的东西；这是他这次使命中最无足轻重的部分。随着他和我国人民日益熟悉，他开始去参观我们的船坞，装作不是想得到什么好处，而只是为了娱悦耳目（只是为了满足好奇心），想看看我们的造船方式。人们可以说，他把宫廷设到了我们的造船厂里，他是那样勤勉，御驾经常亲临现场。还应指出，这位伟大的沙皇往往事必躬亲，因而能够像他们当中最优秀的巧工匠一样使用斧头，这为他增添了酷爱艺术和工艺的不朽盛誉。此外，这位君主还有一个很好的数学头脑，他很快就成了一个很内行的皇家造船师。为了让他开心，造一两艘船给他送去，然后再送两三艘，然后又再送两三艘，只要这是由能够随意控制海洋的**海上强国**①许可卖给他的，这样做似乎根本不会有什么重要意义。这会是无关大局、毫无意义、不值一提的小事。可是更重要的是，他巧妙地博得了我们许多优秀工人的好感，以他平易近人、和蔼可亲的态度赢得了他们的心。他为了利用这一点谋取好处，给许多人提供了巨额的奖金和特权，让他们到他的国家去定居，他们都高兴地应许了。稍后，他又派一些代表他个人的使臣和官员去谈判要更多的工人、行政官员以及精选的好水手，只要他们到那里去，都能升官。甚至直到今天，在我们前往阿尔汉格尔斯克港的船上的任何熟练水手，若是有丝毫虚荣心，有任何想当官的欲望，只要他投身沙皇的海军，马上就会成为少校。除此之外，这位君主甚至找到办法强制我们商船上的熟练水手为他服务，而且他想要多少就可以有多少，同时给船长提供同样数目未经训练的俄国人来补缺，而船长为了自己的利益以后不得不把这些人训练得能够顶用。然而还不止于此，在上次战争中，他曾让成百上千的臣民（既有贵族，也有一般水手）呆在**我国的、法国的和荷兰的舰队**里；他一直让他的许多臣民呆在**我国的和荷兰的船坞**里，直到现在还是如此。

但是，他看到，当他没有一个可供建造他自己的舰队、自行出口本国物产和进口别国物产的海港的时候，他为改善他自己和他的臣民的地位而作的这一切努力都是无用的；他还发现，**瑞典**国王拥有最方便的海港，我指的是纳尔瓦和列维里，他知道这位国王永远不能够也不愿意友好地放弃这些海港；因此，他终于决心用武力把它们从他手中夺过来。瑞典国王陛下年纪幼小，似乎是成就此番事业的最适当的时机，但是即使这样，他也不愿意独自一人去冒险。他拉着别的君主和他一起去分赃。而**丹麦和波兰的国王**很软弱，足以成为沙皇推行他的宏大野心计划服务的工具。诚然，他一开始就遇到了很大的困难；他的全部军队在纳尔瓦被为数不多的瑞典人完全击败了。但是他非常走运，瑞典国王陛下并没有利用这么辉煌的胜利来收拾他，而是立即把矛头转向了使他很生气的波兰国王，瑞典国王之所以对波兰国王特别生气，是因为他曾把那位国王当做他的心腹朋友之一，正要与他结成最紧密的同盟时，他却出其不意地侵入了瑞典的利沃尼亚，并且围困了里加。瑞典国王的这一步，无论从哪一方面看都是正中沙皇下怀。他预见到，波兰的战事拖得越久，他就会有越多的时间去

---

① 指英国和荷兰。——译者注

弥补最初的损失和夺取纳尔瓦,他于是设法使它尽可能久地拖下去。为此,他从来不给波兰国王派去足以胜过瑞典国王的援军;另一方面,瑞典国王虽然连战连捷,但是只要他的敌人从自己的世袭国土不断得到增援,他就永远不能使之屈服。要不是瑞典国王陛下出乎绝大多数人的预料,直接进军萨克森本土,从而迫使波兰国王缔结和约的话,沙皇本来还会有足够的实践来把他的计划考虑得更加成熟。这一和约是沙皇从来最感失望的事情之一,因为从这以后他就是孤军作战了。不过,他能引以自慰的是已事先夺得了**纳尔瓦**,并且为他心爱的城市**彼得堡**以及那里的海港、船坞和庞大的军火库奠定了基础;这一切现在已达到如何完善的地步,让那些带着惊异的眼光看见过它们的人们去述说吧。

他(彼得)竭尽全力来达成某种谅解。他提出于对方很有利的条件;他只要保留**彼得堡**,佯言这是蕞尔小邑,但他非常心爱;甚至对此他也愿意以另外的方式予以补偿。但是瑞典国王非常了解这个地方的重要性,决不愿把它留在一个野心勃勃的君主手中,从而给他提供一个进入波罗的海的口岸。这是自从纳尔瓦失败以来这位沙皇的军队别无其他目的的唯一的一次自卫。要是瑞典国王取捷径向诺夫哥罗德和莫斯科进军,而不是(到底是听谁劝说,至今还是一个谜)转往乌克兰,那么沙皇军队也许连这点也做不到。在乌克兰,瑞典国王的军队遭到严重损失,历尽千辛万苦,最后在波尔塔瓦被彻底打败。这对惯于打胜仗的瑞典人肯定是致命的时刻,而俄国人如何感到如释重负,可以从沙皇每年隆重地庆祝这一节日推测出来,沙皇的野心从此变得更加膨胀了。他现在要求得到**利沃尼亚**的全部、**爱斯兰**、以及**芬兰**绝大部分最富庶的地区,他虽然暂且屈尊与瑞典的剩余部分缔结和约,但是他知道只要他高兴就能轻而易举地把它也拿过来。他在实现这些计划时需要担心的唯一障碍是他的几个北方邻国;但是由于**海上强国**、甚至毗邻的德国诸侯当时都在专心致志进行反对法国的战争,对北方战争似乎完全置若罔闻,所以需要戒备的只剩下了丹麦和波兰。这两个王国中的前一个,自从不朽的威廉国王迫使它与霍尔施坦,从而与瑞典缔结和约以来,一直太平无事。在这期间,它由于自由贸易和海上强国给它的大量补贴而变得很富。它如果根据自己的利益与瑞典站到一起,就能够阻止沙皇的进展,及时地防止这些进展对它造成的危险。另一个王国,我指的是波兰,现在在斯塔尼斯拉夫国王的统治下很平静,这位国王在某种意义上是依仗瑞典国王才得到他的王位的,他出于感激的心情,同时也出于对本国利益的真正关心,不能不对邻居野心过大的计划表示反对。但是沙皇狡猾透顶,不会找不到对付这一切的办法:他向丹麦国王描述,瑞典国王现在被弄得如何狼狈,趁这位君主长期不在国内的时候,完全剪掉他的羽翼,牺牲他来壮大自己,机会多么难得。对奥古斯特国王,他则激起他长期埋在心头的失去波兰王位的怨恨,告诉他现在可以毫不费力地恢复这个王位。就这样,这两个君主都被他立即争取过来了。丹麦人连一个牵强附会的借口都没有就向瑞典宣了战,并且袭击了肖楠,但被打得落花流水。奥古斯特国王重新回到了波兰,此后那里的一切一直是混乱不堪,而这**在很大程度上是由于俄国人的阴谋活动**。诚然,沙皇只是拉来推进他的野心计划的这两个新盟友,起初对他自身的防御变得比他想象的更加必要,因为在土耳其人对他宣战之后,他们阻止了瑞典军队同土耳其人一起向他进攻,但是由于沙皇的明智和土耳其宰相的贪婪和愚蠢,这场风暴很快就结束了。于是他就像原先打算的那样来利用他的这两个朋友,用利欲引诱他们加入了他的同盟,这只是为了把战争的全部负担和风险加在他们身上,使他们与瑞典人一起被彻底削弱,**以便他准备好把他们一个一个地吞噬掉**。他让他们去进行一次又一次困难的战斗,他们的军队由于进行战斗和长期围困而大大削弱,而他自己的军队则不是被用于较容易的、对他较有利的征伐,就是靠一些中立君主大量出钱维持在距战斗相当近的、能不放一枪而赶去分享战利品的地方。他在海上的行为也很狡猾,他的舰队总是避开危险,只要丹麦人和瑞典人之间一有发生战斗的迹象,它就躲得老远。他希望这两个国家互相摧毁对方的舰队之后,他的舰队能在波罗的海称霸。在这整个期间,他都竭力使他的士兵们以外国人为榜样并且在外国人的指挥下改进战术……他的舰队很快就会超过瑞典舰队和丹麦舰队加在一起的总和,他不必担心它们会阻碍他最终完成这一伟大光荣的事业。如果他这项事业成功了,**就该我们当心自己了;沙皇肯定无疑将成为我们的敌手,他现在越被忽视,对我们将越危险**。我们那时可能(不过也许为时太晚了)回想起我们自己的使节们和商人们就他的计划向我们报告的情况:他要独揽全部北方贸易,他正在把几条河流连接起来,使里海或黑海到他的彼得堡之间可以通航,以便把同土耳其和波斯的贸易全部掌握在他的手中。**我们那时将对自己的盲目性感到吃惊**;我们已听说他在彼得堡和列维里构筑了大量工事而**竟没有猜到他的计划**。关于这后一个地方,11月23日的《每日新闻》曾这样报道:

  海牙11月17日讯。到过列维里的荷兰军舰的舰长们说,沙皇已经把那个港口和那里的防御工事建造得堪称为波罗的海甚至欧洲最坚固的要塞之一。

第四部分　经典著作选编

现在且放下他在海上的事情、他的贸易和制造业以及他在政治和军事两方面的其他事情，来看看他在这最近一次战役中，特别是在我们已谈得很多的他和盟国一起打算对肖楠进行的那次袭击中的行动，我们会发现甚至在这里他也是以其惯常的狡猾行事的。毫无疑问，是丹麦国王首先建议进行那次袭击的。他认为，只有迅速结束他这么匆忙和不义地发动的这场战争，才能拯救他的国家，使他不致遭到毁灭，不致遭到瑞典国王或是对挪威或是对西兰岛和哥本哈根的大胆入侵。同那个国王单独谈判的事他不能做，因为他预见到那个国王不会给这么卑鄙的一个敌人割让一寸土地；而对于全面的和会，即使瑞典国王同意按照他的几个敌人提出的条件召开，他也担心会拖延时日而为他的处境所不许可。所以，他就邀请他的所有盟友对瑞典本土进行袭击，来给瑞典国王一个致命的打击。他认为，他们会投入优势兵力把瑞典国王打败，然后他们就能迫使他按照他们满意的条件立即媾和。我不知道他的其他盟友在多大程度上同意这个计划，但是**普鲁士**宫廷也好，**汉诺威**宫廷也好，都没有**公开**同意。**我们的英国舰队在约翰·诺里斯爵士指挥下对它如何支持，我不好说**，人们可以从丹麦国王自己的声明中作出判断。但是沙皇欣然同意了这个计划。这样一来，他又得到一个借口可以靠别国人民出钱把战争再延长一个战役，可以把他的军队重新开进德意志帝国，先驻扎在梅克伦堡，然后驻扎在西兰岛。同时他还觊觎**维斯马**和瑞典一个叫做**哥特兰**的岛屿。要是能用奇袭的办法把头一个地方从盟友手中拿过来，他就会有一个很好的海港，可以在他愿意的任何时候把军队运到**德国**去，而无须向**普鲁士**国王请求过境许可。要是能通过突然袭击把**瑞典人**从第二个地方赶走，他就会成为波罗的海最好的港口的主人。然而这两个计划都落空了；因为维斯马防守很坚固，不可能用奇袭取得；而要攻取哥特兰，他又发现他的盟友们不会助他一臂之力。在这之后，他就对袭击肖楠的计划有了另一种看法。他发现，它无论成功与否，都同样违反他的利益。如果他成功了，从而使瑞典国王被迫缔结全面和约，他知道他的利益在这当中几乎不会受到照顾，因为他已充分注意到，他的盟友们只要他们自己的要求得到实现，就准备牺牲他的利益。如果他没有成功，那么由于他完全预见到英国舰队会阻止瑞典国王做出任何危害丹麦的事情，他有理由担心，除了会损失他那么精心培植和训练起来的军队的精华之外，整个打击还会落在他的头上，他会被迫交出他过去从瑞典得到的一切。这些考虑使他最终决定不参加任何袭击；但是不到最后时刻他尽可能不宣布这一点；首先是为了他可以更长时间地靠丹麦出钱维持他的军队；其次是为了使丹麦国王来不及向他的其他盟友要求派出必需的军队，撤开他去进行这次袭击；最后是为了他可以使丹麦人因花费大量金钱去进行必要的准备而更加削弱，使丹麦人现在就更加依附于他，以后更容易成为他的掳获物。

于是，他非常用心地掩饰他的真实意图，一直到预定要进行这次袭击的时候，才突然拒绝参加，并提出把它推迟到第二年春天，声称**到那时他一定践约**。但是，正如我们一些报纸指出的，要注意他的话附有这样一个保留条件，即**除非他能从瑞典得到一个有利的和约**。这一情况以及我们现在得到的关于他和瑞典国王单独谈判和约的公开报道，是表明他诡计多端的新例证。他的弓有两根弦，总有一根合用。毫无疑问，沙皇知道在他和瑞典国王之间必定很难达成谅解。因为正像他决不会同意放弃那些他为之发动这场战争，并且对实现他的宏伟计划时绝对必需的海港一样，瑞典国王只要能阻止交出这些海港，也会认为把它们交出将直接违反他的利益。不仅如此，而且沙皇对瑞典国王陛下的豪迈和英勇气概是太熟悉了，以至于他对后者会着眼于利害关系而不着眼于荣誉感就宣告降伏这一点根本不抱任何幻想。正是由于这个缘故，他认为，瑞典国王陛下对他一定不会像对某些朋友那样恼怒——这一点他判断对了，因为他虽然发动了一场不义的战争，但他常常为此付出昂贵的代价，而且在战争中总是有胜有负；而那些盟友却利用瑞典国王陛下遭逢不幸的时机，卑鄙地扑向他并缔结了瓜分他的省份的条约。沙皇为了更迎合他的伟大敌人的禀性，不是像他的盟友们那样抓住一切机会百般责难他，甚至是用极不相当的方式责难他（如威胁恐吓的备忘录和虚张声势的声明），而总是用极其谦恭的态度谈到这位他所称呼的查理行动，认为他是欧洲最伟大的将军，甚至公开扬言，对他的一句话比对自己盟友们的最庄重的保证、誓言、甚至条约，还要更加信任。这种谦恭有礼的表示也许能对瑞典国王的高尚心灵产生较深刻的印象，使得他宁愿向一个豁达大度的敌人牺牲真正的利益，而不愿在一些不大重要的事情上给那些曾恶劣地、甚至非人道地对待过他的对手以满足。但是，即使这点做不到，沙皇还是会得到好处，因为他以这些单独谈判使得他的盟友们心神不安，正如我们在报上看到的，使得他们更迫切要求他保持同他们的同盟关系，而这种同盟关系将使他们作出极其巨大的让步和承诺。同时，他让丹麦人和瑞典人继续死死地纠缠在战争中，使他们尽可能快地相互削弱，而他则转身到德意志帝国去巡视那里信奉新教的君主们。他在许多漂亮的借口下，不仅把他从丹麦撤返的军队在他们的一些领地上开来开去，而且把他在这整个期间以帮助波兰国王镇压心怀不满的臣民（他们骚乱的最大煽动者一向是他）为借口留驻在波兰的军队也慢慢地开往德国。他看到德国皇帝正在与土耳其人进行战争，因此根据以往一向正确的经验知道皇帝陛下要在保护帝国成员方面显示自己的权威是如何无能为力。他的军队便不管人家如何坚持要求,都不肯撤离梅克伦堡。他对一切撤离要求的回答,充满了这样一类论据,仿佛他要给德意志帝国定出新的法律似的。

现在我们假定,瑞典国王认为与沙皇媾和而把全部怒火都发泄到不大豁达的敌人身上较为体面,那么,当德国皇帝已经与土耳其人进行战争,而波兰人即使彼此间终于和睦相处(如果在经历如此长期战争的苦难之后还能有所作为的话),按照条约也必须出力反对基督教的共同敌人的时候,帝国的君主们,甚至那些轻率地引进四万名俄国人来保卫帝国安宁不受一万至一万二千名瑞典人侵犯的君主们,能对沙皇作出什么样的抵抗呢?

有些人会说我是小题大做。我的回答是,我希望这样的反对者回头看看,好好想想,我为什么要向他表明沙皇如何从原先那样微不足道的小东西经过难以想象的、简直无法克服的种种困难而成长为现在这样一种庞然大物,**连为他辩护的荷兰人也承认,他已不仅对他的邻国的安宁,而且对整个欧洲的安宁都构成威胁了。**

然而他们又会说,他既无借口抛开丹麦人而与瑞典人单独媾和,也无借口对别的君主们开战,这些君主中有些还和他有同盟关系。谁要是认为这种反对意见驳不倒,那他一定是没有细心考虑过沙皇的性格和目的。荷兰人还进一步承认,**沙皇向瑞典开战并无任何体面的借口。**无任何体面借口而开过战的人,能够无任何体面借口而媾和,也能够无任何体面借口而再次开战。(奥地利)皇帝陛下作为一个睿智的君主,当他不得不和奥斯曼人开支的时候,就像策略所要求的那样全力进行了战争。同时,沙皇也是一个聪明睿智而强有力的君主,他就不能仿效这个榜样来反对他周围那些信奉新教的君主吗?如果他要这样做,那么我怕说出口的是,完全有可能,在这基督教的时代,**新教将在很大程度上被消灭掉**,在基督教徒中,**希腊正教徒**和**罗马天主教徒**将再次成为唯一能进入永恒王国的人。单是这种可能性就给海上强国和所有其他信奉新教的君主提出足够有力的警告,必须为瑞典调停,缔结一项和约,并且重新加强它的武力,否则任何措施都不能使他们保持足够的警戒,而且这件事必须做得尽可能早和及时,**必须赶在瑞典国王或是由于绝望或是由于报复而投入沙皇的怀抱之前。**因为这是一条颠扑不成的原理(所有君主都应该遵循,沙皇目前为了基督教的安宁似乎有点遵循得太过分了);聪明人不应该墨守礼法,只是**顺应时机**。不,他应该**迎合**时机。至于沙皇,我敢冒昧地高度赞许他,他简直不能容忍在这方面被人超过。他的行动看来完全配合时机。再没有什么比利用时间和机会更能促进我们事业的兴旺;因为成事的机会随着时间而消逝。如果你把这些机会放过,那么你的全部计划就要落空。

总之,现在似乎到了这样一个**紧要关头**,必须尽可能快地做到为这个瑞典人谋得和约,条款要有利于满足他的荣誉感和保障新教利益,给予他的决不能少于他原先在德意志帝国境内所拥有的全部领地。像在其他一切事物中一样,在政治中也应该宁肯要久经考验的确定性,而不要即使是建立在最可能的假定上的不确定性。瑞典在德意志帝国境内所拥有的省份,是为了使它能更直接更好地保卫它当初曾与帝国的自由一起拯救过的新教利益而给予他的,难道能有什么比这一事实更确定的吗?瑞典王国将近八十年来曾用这些手段在一切场合保卫了上述利益,难道能有什么比这一事实更确定的吗?至于现在的瑞典国王陛下,我可以引用已故的安女王陛下**也是在辉格党执政时**写给他(查理十二)的一封信中的话:'作为一位真正的君主、英雄和基督徒,他努力的主要目的是在人们中传播对上帝的敬畏,而从不顾及他个人的特殊利益',难道能有什么比这一事实更确定的吗?

另一方面,那些现在打算通过瓜分瑞典在帝国境内的省份,把瑞典人排除在外面在那里充当新教利益保护者的君主们,能否保护得住这种利益,不是很不确定吗?**丹麦**已经很弱,从一切迹象看来在战争结束之前还要变得更弱,在很多年内从它那里是得不到什么援助的。**萨克森**在一个教皇派君主的统治下,前景非常暗淡,所以,在所有信奉新教的君主当中只剩下汉诺威和勃兰登堡这两个有名望的王室有足够的力量领导别人。因此,我们只要对照梅克伦堡公国现在发生的事情来设想一下新教利益可能发生的情况,就会很快发现我们的估计可能是多么错误。这个不幸的公国已经遭到了俄国军队的严重摧残,而且现在还是如此;勃兰登堡和汉诺威的选侯作为下萨克森地区的领袖,作为邻国和信奉新教的君主,有责任拯救这个帝国境内的兄弟之邦和信奉新教的国家,使之摆脱外国如此残酷的压迫。可是请问他们做了什么呢?勃兰登堡选侯担心俄国人会一方面入侵他的选侯国,另一方面从利沃尼亚和波兰入侵他的普鲁士王国;汉诺威选侯则对他的世袭国土有同样明智的顾虑。在这个虽然非常紧急的时刻,他们出于自身利益的考虑,认为除了表示抗议以外,不需要使用任何别的手段。但是请问有什么效果呢?俄国人仍然呆在梅克伦堡,如果他们有一天终于要离开,那将是整个国家杯摧残得使他们在那里再也无法生存的时候。

看来应该让瑞典国王收回他丢失给沙皇的一切,而且这看来是**两个海上强**

国的共同利益。它们会乐于这样做；**荷兰**，是因为它确信，沙皇正在变得过分强大，不应该容忍他在波罗的海立足，而且瑞典不应该被抛弃；**大不列颠**，是因为如果沙皇实现他的宏伟计划，他将由于摧毁和征服瑞典而成为离我们更近和更可怕的邻居。此外，我们必须这样做，还由于有威廉国王和当今瑞典国王在1700年缔结的条约；威廉国王曾根据这项条约向当时还比较强大的瑞典国王援助过他所希望的一切，援助过巨额的金钱，好几百匹布和相当大量的火药。

但是，**有些政治家（无论什么都不能使他们对沙皇日益增长的力量和能力感到疑惧），虽然甚至像狐狸一样狡猾，然而却不愿理解或者装作不能理解**，沙皇怎么可能有一天会强大到足以损害我们这个岛国。对于他们，只要他们有一天愿意理解，我们很乐意成百次地重复这样一个回答，**往事可能重演**；他们没有理解他是怎么达到现在这样的强大的，我应该承认，这是以很难令人置信的方式达到的。那些**不轻易置信**的人们只要仔细观察一下这位伟大君主的**性格、目的**和**计划**，就会发现他们很不简单，他的计划很有谋略和远见，他的目的要在长时间内通过一种魔法式的策略来实施。他们看到这些之后，难道还不承认我们应该担心他的一切吗？正是因为他希望他所推行的计划不致终归失败，他才没有给它规定一个确定的实现日期，而是让它在适当的时间和机会自然实现，就像那些奇怪的中国艺术家一样，今天做出模子，可以留待一百年以后按照它做出器皿。

我们当中还有另一种短视的政治家，他们懂得更多的是狡猾的宫廷阴谋和策略手腕，而不是诚实的政治和对自己国家利益的关怀。这些先生们完全盲从别人；无论对他们提出什么建议，他们都要问：宫廷是否喜欢？他们的党有什么意见？反对党是赞成还是反对？他们就根据这些来作出自己的判断，只要他们的狡猾的领导人给任何事物贴上'辉格党'或'詹姆斯党'的标签，就足以使这些人不问情由地对它盲目地表示拥护或反对。看来，这就是我们现在遇到的情况。凡是有利于瑞典及其国王的意见或文字，都立即被说成是出自**詹姆斯党**的手笔，不去阅读或考虑就进行辱骂并予以拒绝。不仅如此，而且我听说有些先生们甚至公开地气势汹汹地断言，瑞典国王是罗马天主教徒，而沙皇是善良的新教徒。这的确是我国遭到的最大的不幸之一，只要我们不开始用自己的眼睛去观察事物，不亲自去探求事物的真相，天知道我们最终会被引入什么歧途。按照我们的条约和真实利益维护瑞典，与我们的党派争论毫无关系。我们不应该寻找和抓住任何借口来损害瑞典，而应该公开支持它。我们的信奉新教的后代能找到比它更好的朋友和更勇敢的战士吗？

在结束本文之前，我来简短地概括一下我所说的东西。既然沙皇不仅对恳求他作出相反决定的丹麦国王，而且也对我们的诺里斯海军上将回答说，他将坚持他的推迟袭击肖楠的决定，既然有些报纸说，他如果能与瑞典媾和，将完全取消这次袭击，那么所有君主，特别是我们，就应该警惕他有我现在论述的这类计划，并且一起商量如何防止这些计划和及时剪去他那过分丰满的羽翼。这一点，首先要海上强国乐意开始对他进行某种控制和威慑，否则就不能有效地办到。但愿有某个曾帮助他向前迈进的强国能把他稍稍向后拉一拉，那时也许就能对这个大冒险家说一个西班牙农民在一个被祀奉的偶像前说过的话，这个西班牙农民来到这个偶像前，很清楚地记得它最初是怎么制成的，对它根本没有它所期待的敬意，对它说道：'你不要这么神气，你还是一颗李树的时候，我们就了解你了'。此外唯一的出路，是通过和约让瑞典国王收回他所失去的东西，那就会立即刹住他的（沙皇的）威风。除此以外，别无他法。我希望人们不要到最后才认识到这个真理；那些至今一直与瑞典国王为敌的人，基本上是与他们自己为敌。如果这位瑞典人有一天重新得到自己的领地，并把沙皇的傲气压了下去，那么他仍然可以像古希腊的一位英雄那样谈到自己的邻居，这位古希腊的英雄每次为自己的同胞立了功，总要遭到他们的流放，但是当他们想要争取成功时，又不得不召他回来帮忙。这位古希腊的英雄曾这样说：'这些人总是把我当做棕榈树一样使用。他们经常不断地攀折我的枝条，然而一有暴风雨，又都跑到我这里了，他们找不到比这更好的避雨处。'但是如果这位瑞典人没有收回他的领地，那么我只有引用忒伦底乌斯的《安德里亚》中的一段话：

难道你能相信，能领略，

有人会生来这样愚劣，

竟以作恶为乐？

4. 跋——这篇小小的历史随笔如此耐人寻味，其中记述的事情迄今如此罕闻，我不禁希望我可以骄傲地把它作为珍贵的新年礼品送给当今的世界；而且后代在许多年内也将这样看待它，每逢新年就读读它并把它叫做自己的**训诫书**。'我已给自己竖立纪念碑'这句话，我应该和别人一样当之无愧。"

三

要了解一个限定的历史时期，必须跳出它的局限，把它与其他历史时期相比较。要判断历届政府及其行动，必须以它所处的时代以及和它们同时代的人们的良知为尺度。任何人只要看到培根本人把魔鬼学列入科学编目，就不会责难一个十七世纪的英国政治家依据迷信行事。另一方面，如果斯坦霍普、沃尔波尔、唐森之流在他们自己的国家里被他们的同时代人当做俄国的工具和帮凶怀疑过、反对过和谴责过，那就不再能随意地用当时普遍存在的偏见和无知来掩饰他们的政策了。因此，我们首先把彼得一世时期就已出版的一些久已遗忘的英国小册子作为必须详加考察的历史证据。不过，在这些初步的**证据**中，我们将只限于三本从三种不同角度阐述英国对瑞典态度的小册子。第一本，《北方危机》（见第二章），揭露俄国的一般制度和**瑞典俄罗斯化**使英国遭受的危险；第二本题为《防御条约》，根据1700年条约来判断英国的行动；第三本题为《真理合乎时宜才是真理》，证明那些使俄国扩张为波罗的海至高无上强国的新颖计划同英国在整整一个世纪中所奉行的传统政策完全背道而驰。

题为《防御条约》的小册子没有标明出版日期。然而书中有一节提到，为加强丹麦舰队，"**前年**"有八艘英国军舰留在哥本哈根。另一节提到，结集联合舰队远征肖楠一事发生在"**去年夏季**"。鉴于前一事件是在1715年，后一事件是在1716年夏末发生的，所以这本小册子显然是在1717年初写成和出版的。这本小册子以提出疑问的方式逐条进行评述的英国瑞典防御条约，是威廉三世和查理十二在1700年缔结的，到1719年才满期。然而，在几乎整个这段时期，我们发现英国不断地支持俄国并通过密谋或以公开力量对瑞典作战，尽管这项条约从未废除，也从未宣战。比这一事实或许还要更奇怪的，是对它采取的**沉默阴谋**。现代历史学家们以这种沉默阴谋完全抹杀了这一事实，然而他们之中有些人却拼命指责当时英国政府不预先宣战就在西西里海面上消灭了西班牙舰队。但是那时英国至少并没有同西班牙订立防御条约。那么，如何来解释这种对待相似情况的截然相反的态度呢？原来对西班牙的海盗行径是1717年退出内阁的辉格党大臣用来刁难留在内阁的同僚的一个武器。当后者在1718年进而迫使议会向西班牙宣战时，罗伯特·沃尔波尔先生在下院从他的座席上站起来,在一篇极为尖刻的演说中谴责内阁最近的行动"违反国际法,并且破坏庄严的条约"。他说,"按照所提议的方式批准这些行动,其目的只不过是包庇大臣们,他们已经意识别自己做了错事,他们自己发动了对西班牙的战争,现在又想把它变成议会的战争。"而对瑞典的背信弃义和对俄国计划的纵容默许,则从来没有成为辉格党统治者内部争吵的表面借口(他们在这些问题上是颇为一致的),因此也从未有幸得到像西班牙事件那样的大量历史评论。

现代历史学家一般是多么易于直接从官方骗子那里受到启示,在他们对英国在俄国和瑞典的商业利益的见解中表现得最清楚。彼得大帝及其直接继承者们的俄国这个巨大市场向大不列颠开放的贸易规模被吹得天花乱坠。那些丝毫经不起批评的说法被许可抄来抄去,以至终于成了历史家产,每一个后起的历史学家甚至无待取得**继承权**就可予以继承。只要列举几个无可争辩的统计数字就足以推翻这些陈词滥调。

1697—1700 年的英国商业

	镑
向俄国出口	58884
从俄国入口	112252
合计	171136
向瑞典出口	57555
从瑞典入口	212094
合计	269649

同一时期英国总共

	镑
出口	3525906
入口	3482586
合计	7008492

1716年，瑞典在波罗的海、芬兰湾和波的尼亚湾的全部省份落入彼得一世之手后，

	镑
向俄国出口	113154
从俄国入口	197270
合计	310424
向瑞典出口	24101
从瑞典入口	136959
合计	161060

同一时期，英国出口和入口的总数合计达10000000镑左右。从这些数字中可以看出，同1697—1700年相比，对俄国贸易的增加同对瑞典贸易的削减相抵，一方所增加的正是另一方所减少的。

1730年

	镑
向俄国出口	46275
从俄国入口	258802
合计	305077

可见，随着俄国在波罗的海沿岸逐渐站稳脚跟，十五年后，英国同俄国的贸易减少了5347镑。1730年英国贸易总额达16329001镑，同俄国的贸易额尚不及总值的五十三分之一。再过三十年，在1760年，大不列颠和俄国之间的账目如下：

	镑
从俄国入口（1760年）	536504
向俄国出口	39761
合计	576265

而当时英国的贸易总额为 26361760 镑。把这些数字同 1706 年的数字相比，我们发现，过了将近半个世纪后，同俄国的贸易总数只增加了 265841 镑这样一个区区之数。由于同彼得一世和叶卡特琳娜一世统治下的俄国建立新的贸易关系，英国在查理十二生前为了要打破他对俄国的抵制，在查理十二死后又由于声称必须钳制俄国在海上的扩张，曾经常派遣海军远征波罗的海，如果把它的出口和入口数字同它这种军事上的开销对比一下，就可以明显地看出，这种贸易关系无疑使它遭受了损失。

再看一下 1697、1700、1716、1730 和 1760 这几年的统计资料，可以看到英国对俄国的**出口**贸易除开 1716 年以外都是不断下降的，1716 年俄国把波罗的海东岸和波的尼亚湾瑞典的全部贸易夺去了，但还没有来得及把它纳入自己的轨道。英国对俄国的出口从 1697—1700 年俄国还被排除在波罗的海之外时的 58884 镑，降到 1730 年的 46275 镑，又降到 1760 年的 39761 镑，减少的数目达到 19123 镑，大约相当于 1700 年原额的三分之一。可见，自从瑞典的省份被俄国吞并以后，英国市场对俄国原料产品的需求是扩大了，而俄国市场对英国制造商来说却缩减了需求，在贸易平衡论被奉为最高原则的时代，这很难说是一种值得称许的贸易。至于叶卡特琳娜二世时曾有一些情况促使英俄贸易一度增长，要探讨起来则将离开我们这里考察的时期过远。

因此，总的说来，我们得出如下的结论：十八世纪的前六十年间，整个英俄贸易只不过构成英国全部贸易的一个很小部分，可以说，还不到四十五分之一。彼得一世在波罗的海称霸初期英俄贸易的突然增长对英国贸易的总平衡并没有产生丝毫影响，因为它仅仅是从瑞典账上转到俄国账上而已。彼得一世后期以及他的直接继承者叶卡特琳娜一世和安娜女皇时期，英俄贸易都明显下降；俄国在波罗的海各省最终站住脚以后的整个时期，英国制品向俄国的出口都不断减少，以致最后比起初还只限于在阿尔汉格尔斯克港进行贸易时要低三分之一。不论是和彼得一世同时代的英国人，或是下一代的英国人，都没有从俄国向波罗的海的推进中捞到丝毫好处。一般说来，大不列颠当时在波罗的海的贸易从占用的资金来看是微不足道，但从其性质来看却很重要。它给英国提供航海器材所需的原料。从这个观点看，波罗的海掌握在瑞典手中比在俄国手中更为可靠。对于这一点，不仅我们这里重印的几本小册子提供了证明，而且英国大臣们自己也是完全了解的。例如，斯坦霍普在 1716 年 10 月 16 日给唐森写道：

"如果听任沙皇再这样干三年，他肯定将变成那些海面的绝对霸主。"①

可见，无论是英国的海运业也好，还是一般贸易也好，都与背信弃义地支持俄国反对瑞典没有利害关系，然而却的确有一个英国商人小团体跟俄国商人利益一致，那就是俄罗斯贸易公司。就是这些先生们发出了反对瑞典的叫嚣。例如，请看：

"英国商人对于到瑞典国王的领土去经商的一些申诉，由此可见，单是依靠瑞典供应造船材料对英国会是多么危险，而这类材料是可以从俄国皇帝的领土上得到充分供应的。"

"与俄国经商的商人们的实情"（向议会呈递的请愿书），等等。

正是他们在 1714、1715 和 1716 年间在议会开幕前每周定期聚会两次，以便在公开会议上提出英国商人对瑞典的不满意见。大臣们依靠的正是这个小团体，他们甚至急于组织这种抗议的表示（这可以从尤伦堡伯爵 1716 年 11 月 4 日和 12 月 4 日给格尔茨男爵的信件中看出），因为他们需要哪怕是一点点借口来驱使尤伦堡所称呼的"贪财议会"按照他们的意愿行事。这些与俄国经商的英国商人的影响在 1765 年又重新显示出来，而我们这个时代目睹一个与俄国经商的商人掌管着商务部，维护着他们的利益，还有一个财政大臣为他在阿尔汉格尔斯克经商的亲戚帮忙。

在"光荣革命"后靠牺牲英国人民大众利益而篡夺了财富和政权

---

① 1657 年，丹麦和勃兰登堡的宫廷打算让俄国人参加进攻瑞典时，曾指令它们的使节，要设法使沙皇决不能在波罗的海得到立足点，因为，"他们不知道如何对付这样讨厌的邻居"（见普芬多夫的《勃兰登堡史》）。

的寡头政治集团,当然迫不得已不仅要在国外而且要在国内寻求同盟者。他们找到的国内同盟者,就是法国人所称呼的**大资产阶级**,即:英格兰银行、放债者、国家债权人、东印度公司及其他贸易公司、大实业家等等。他们是如何细心维护这个阶级的物质利益,可以从他们的全部国内立法看出来,如银行法、保护关税实施法、济贫法等等。至于他们的**对外政策**,他们则要使它至少看起来具有完全受商业利益支配的外表,由于内阁的这项或那项措施当然总是会符合这个阶级的这个或那个小集团的特殊利益,所以也极其易于做到使之虚有其表。于是,有利害关系的集团就为贸易和海运业而大声鼓噪,全国糊里糊涂地予以附和。

那个时候,杜撰各种**商业的借口**,不管是多么毫无用处的借口,来解释他们对外政策的措施,这副**重担**至少还是要由内阁来承担。在我们这个时代,英国大臣们已把这副担子扔给外国,让法国人、德国人等等去做那种为他们的行动发现**隐秘**的商业动因的讨厌工作。譬如说,帕麦斯顿勋爵采取了一个表面上对大不列颠的物质利益极其有害的步骤。在大西洋或英吉利海峡的另一边,或者在德国的腹地,就会立即出现一个国家哲学家,绞尽脑汁去发掘"老奸巨猾的阿尔比昂"的商业马基雅维利主义的奥秘,认为帕麦斯顿就是它的无耻而顽固的执行人。我们顺**便**举几个现代的例子来说明一下,有些外国人由于必须用他们所想象的英国贸易政策来解释帕麦斯顿的行动,曾被迫采取何等绝望的步骤。埃利阿斯·雷尼奥先生在他的很有价值的《多瑙河各公国政治社会史》一书中,对英国驻布加勒斯特领事克洪先生1848年以前和1848—1849年期间那种俄国方式的做法感到吃惊,便怀疑英国从压制各公国的贸易中获得某种秘密的物质利益。老米洛什的御医、已故库尼贝特博士在他有关俄国在塞尔维亚的阴谋活动的极其有趣的报道中,对于帕麦斯顿勋爵如何通过霍季斯上校以伪装支持米洛什反对俄国而把米洛什出卖给俄国一事做了奇特的叙述。由于完全相信霍季斯的正直为人和帕麦斯顿的俄国热忱,库尼贝特博士比埃利阿斯·雷尼奥先生走得更远。他竟怀疑英国所谋求的是完全压制土耳其的贸易。梅洛斯拉夫斯基将军在他最近一部关于波兰的著作中,则几乎暗示说,正是商业马基雅维利主义促使英国放弃了卡尔斯,从而牺牲了它自己在小亚细亚的**威望**。最后一个例子,可以举现在巴黎报纸上那些穷根究底探索是什么出于贸易猜忌心理的隐秘原因诱使帕麦斯顿反对开凿苏伊士地峡运河的文字。

言归本题。唐森之流、斯坦霍普之流等为敌视瑞典的行动所选中的商业上的借口如下。在 1713 年年底前,彼得一世下令将准备出口的全部大麻及其他俄国产品运往彼得堡而不运往阿尔汉格尔斯克。当时,瑞典摄政者(查理十二外出期间)和查理十二本人(从本德雷回来后)宣布对俄国占领的所有波罗的海港口实现封锁。结果,破坏封锁的英国船只遭到没收。英国内阁当时宣称,根据 1700 年防御条约第十七条,英国商人有权到这些港口进行贸易,因为该条规定,除战争禁运品外,英国可以继续同敌人港口进行贸易。这个借口的荒诞无稽在我们即将重印的那本小册子中要予以彻底揭露,我们在这里只想指出,这类问题的解决已不止一次对贸易国家不利,而那些国家还不像英国那样对维护瑞典帝国的完整负有条约的义务。1561 年,当俄国人拿下纳尔瓦并且想方设法在那里大力兴办贸易时,汉撒各城市,主要是卢卑克,曾试图得到这种贸易关系。当时的瑞典国王埃里克十四反对它们这种企图。卢卑克市认为这种反对是前所未闻的新闻,因为它从远古时代起就同俄国有贸易关系。它还援引各国商船只要不携带战争禁运品均可在波罗的海航行的权利为自己辩护。国王则回答说,他并不反对汉萨各城市有同俄国贸易的自由,而只是反对它们同并非俄国港口的纳尔瓦贸易。在 1579 年,俄国人破坏同瑞典的停战后,丹麦人又同样根据条约要求与纳尔瓦通航,但是约翰国王对此事的反对却同其兄埃里克一样坚决。

英国无论在公开敌视瑞典国王的行动方面还是在为这些行动制造借口方面,似乎都只是步荷兰的后尘。荷兰曾在 1714 年发表两项反对瑞典的声明,宣称没收它的船只是海盗行径。

一方面,荷兰联省议会的情况同英国完全一样。威廉国王签订防御条约既是代表英国,也是代表荷兰。而且,荷兰同瑞典在 1703 年订立的贸易条约第十六条明确规定不得与缔约国中任何一方所封锁的港口通航。当时荷兰有种流行的说法:"商人想要把他们的货物运到那里去就能运到那里去，毫无阻碍"，如果考虑到在以里斯维克和约告终的战争期间，荷兰共和国曾宣布封锁整个法国，禁止中立国同那个王国进行任何贸易，并且拦截往来法国的一切中立国船只而不管其货载的性质如何，那么，这种说法就更加显得厚颜无耻了。

另一方面，荷兰的形势又不同于英国。荷兰当时已经失去它在贸易方面和海上的威严地位，进入衰落时期。正如热那亚和威尼斯在新开拓的通商航道使它们失去昔日商业上的霸权地位以后的情况一样，它不得不把超出本国商船需要的资金出借给其他国家。从此，哪里为它的资金支付最高利益，哪里就是它的祖国。因而，俄国与其说成了巨大的商业市场，不如说成了巨大的投放资金和人力的市场。直到今天，荷兰还一直贷款给俄国。在彼得时代，它曾向俄国供应船只、官吏、武器和金钱，正如当时一个作家所评述的，彼得的舰队应当称作荷兰舰队，而不应称作俄国舰队。它曾以派遣第一艘欧洲商船到圣彼得堡而感到自豪，并且以它同日本交往时的那种奴颜媚态来报答从彼得那里获得的或者希望从它那里获得的商业特权。而且，这里还有和英国完全不同的使政治家们亲俄的坚固基础。彼得一世1697年旅居阿姆斯特丹和海牙时曾把政治家们诱入自己的圈套，后来则通过大使进行指挥，在他1716—1717年再次旅居阿姆斯特丹时又再次对他们施加了个人英雄。然而，如果考虑到十八世纪头**数十年**间英国对荷兰的绝对影响，那就不可能有任何怀疑，不经英国预先同意和没有英国的唆使，荷兰联省议会那些反对瑞典的声明是决不会发表的。英国政府曾不止一次利用英荷两国政府之间的密切关系，以荷兰名义为英国决心办的事情作出先例。另一方面，荷兰政治家被沙皇利用来影响英国政治家的情况，也是同样确切无疑的事实。例如，"行贿大师"的兄弟、唐森大臣的内兄弟兼1715—1716年间英国驻海牙大使霍雷修·沃尔波尔，显然就是被他的荷兰朋友引诱去为俄国利益效劳的。又如，我们很快将会看到，荷兰驻君士坦丁堡大使馆秘书泰耳斯，在查理十二同彼得一世之间殊死斗争的最关键时期，曾同时为英荷两国驻土耳其政府的大使馆办事。这个泰耳斯在他的一本小册子中还公然声称，为俄国阴谋充当领取报酬的忠实代理人对他本国是一种功绩。

<h2 style="text-align:center">四</h2>

"不朽的故威廉国王陛下和当今瑞典查理十二国王陛下于1700年签订的防御条约。根据议会两院部分议员的殷切要求予以公布

'切勿破坏和约

切勿只顾王国'

第一条 瑞典和英国两国国王之间建立'永远诚挚和持久的友谊、同盟和良好的关系,因此双方绝对不得相互地或单方面地损害另一方的不论位于何处的王国、省份、殖民地或臣民,**也不得容许或赞同他人加以损害,等等。**'

第二条 '此外,同盟双方及其后嗣和继承人必须尽其所能地照顾和促进另一方的利益和荣誉,探察并通知(一旦获悉时)对方它所面临的各种危险、阴谋和敌对计划,尽可能地对之加以抵制,并且同时通过劝告和援助加以制止。因此,**盟国中任何一方由自己或任何别人,无论以何种方式或在任何地点,无论从陆上或海上,进行损害另一方,使其丧失国土或领地的行动、谈判或尝试**,均为非法;一方绝对不得协助另一方的敌人,包括反叛者和敌对者,以损害其盟国,'等等。

疑问之一 我们的舰队正在同瑞典的敌人联合行动,**沙皇统率着我们的舰队,我们的海军上将参加军事会议,不仅了解他们的全部计划,而且还曾同我国驻哥本哈根公使一起**(正如丹麦国王在一份公开声明中亲自承认的那样)**推动北方联盟各国参与一项会使我们盟国瑞典遭到彻底毁灭的计划,即去年夏季策划的对肖楠的袭击**。既然如此,上面两条中标有着重号的词句怎么同我们目前的行为一致呢?

疑问之二 同样,我们应如何解释前一条中规定一个盟国不得由自己或任何别人进行使另一方丧失国土和领地的行动、谈判或尝试的那一段文字呢?特别是应怎样辩解我们有理由在1715年,当季节已经很迟,我国商船已经安全返回,再不能像通常那样用护送和保护我国贸易作借口的时候仍然在波罗的海留下八艘军舰呢?又应怎样辩解我们有理由命令这八艘军舰同丹麦人一起作战,从而使丹麦人在数量上大大超过瑞典舰队,使后者不能去援救施特腊耳宗德,从而主要由于我们的缘故,使瑞典失去了它的全部德意志省份,甚至**使瑞典国王陛下本人冒着极大危险**在这个城市陷落前横渡大海呢?

第三条 瑞典和英国两国国王根据一项专门防御条约互相承担义务，保证'紧密联合，互相保护彼此的王国、领土、省份、政府、臣民、属地以及在北海、苏格兰海、西海、不列颠海（通称英吉利海峡）、波罗的海和松德海峡的航海和贸易的权利与自由；同时保护根据条约和协议、根据公认惯例、国际法和传统权利属于同盟各方的种种特权，反对任何从海上或陆上来的欧洲侵略者或入侵者和骚扰者，等等'。

疑问 根据国际法，任何国王或人民在迫切需要或有毁灭性威胁的情况下，都无可争辩地拥有使用他们自己认为最必要的各种自卫手段的权利和特权。再者，近数百年来，瑞典人在同他们最可怕的敌人俄国人交战时，阻碍俄国人在波罗的海上的一切贸易已成为他们一向的特权和做法。既然本条也规定了**一个盟国应当保护根据公认惯例和国际法属于另一个盟国的种种特权**，那么，现在，当瑞典国王比以往任何时候都更加需要运用这种特权时，我们为什么不仅加以阻挠，而且以之作为公开反对瑞典国王的借口呢？

第四、五、六、七条 规定了英国和瑞典两国在一方的领土遭到入侵或其航运在第三条所列举的海域中遇到'骚扰或阻碍'时应互相派遣的援军数目。对瑞典的**德意志省份**的入侵被明确地列为**履行盟约理由**。

第八条 规定未受攻击的盟国应首先起和平调解者的作用；但是，调解失败后，'应毫不迟缓地派遣上述部队；在受害一方在一切方面得到补偿以前，同盟者不应停止行动'。

第九条 要求条约规定的'援助'的那个盟国，'必须对上述援助作出选择：是全部还是部分，是士兵、船只、弹药还是金钱'。

第十条 船只和部队由'受援者统率'。

第十一条 '但是如果上述兵力不足以应付危险局势，或许由于侵略者得到他的某些同盟者的军队的支援，则盟国的一方在受害的另一方提出要求后，必须在他能够稳妥和方便地募集的范围内提供更多的部队从海上和陆上加以援助……'

第十二条 '盟国中任何一方及其臣民可以合法地将其军舰驶入另一方港口并在那里过冬。'关于这一点的专门谈判将在斯德哥尔摩进行，但'在此期间，1661年在伦敦签订的条约中有关航海和贸易的条文仍然有如该条文逐字逐句移入本条约一样，完全有效。'

第十三条 '……盟国中任何一方的臣民……不管是在海上还是在路上，不管是作为海员还是作为士兵，无论如何都不应为他们（盟国中任何一方的敌

人）效力，因此，应严刑峻法以儆效尤.'

第十四条　'如果缔约国任何一方的国王……在进行反对共同敌人的战争，或在自己的王国或省份中……受到任何其他邻近国王的骚扰……他本身需要援助而不能提供他按照本条约规定所必须提供的援助时，这位受到这种骚扰的同盟者可以不必提供所承诺的援助……'

疑问之一　是否我们当真认为瑞典国王没有受到他所有敌人最不正义的攻击；是否我们因此不相信我们应当向他提供这些条文所规定的援助；是否他并未向我们提出这样的要求，为什么至今没有给他这样的援助呢？

疑问之二　这些条文以最明确的措词阐述了大不列颠和瑞典各应以什么方式互相援助，这两个盟国中的任何一方能根据这些条文给需要其援助的另一方强加条约中没有规定的援助方式吗？如果这另一个盟国认为接受这种方式的援助不符合自己的利益，仍然坚持要履行条约，他能以此为借口，不仅拒绝给予规定的援助，而且以敌对方式对待这个盟国，并与他的敌人站到一起去反对他吗？如果这种作法毫无道理，因为甚至常识也告诉我们这是毫无道理的，那么，在种种理由之中，我们为我们现在对待瑞典国王的态度而摆出的这样一个理由，即他要求准确地执行他同我们的盟约，**而不愿接受**几年前我们向他建议**的使他的德意志省份中立化的条约**，又怎么能够站得住呢？且不说这个条约偏袒瑞典的敌人，只着眼于我们自己的利益，只着眼于在我们同法国进行战争时防止国内发生种种动乱，仅仅由于要同瑞典国王签订这个条约的正是那些在发动这场反对他的战争时已分别撕毁了条约的敌人，而要给这个条约作保证的又是那些都为被撕毁的条约作过保证，但未起到保证作用的国家，瑞典国王就没有任何理由信赖这个条约了。

疑问之三　第八条说**我们在支援我们受害的同盟者时，在他在一切方面得到补偿以前不应停止行动**，可是我们却反而致力于帮助那个国君的敌人（尽管他们全都是非正义的侵略者）不仅一个接一个地夺走他的省份，并且成为这些省份的牢固占有者，同时还不断谴责瑞典国王对此没有逆来顺受，我们的行为怎么能和第七条说的一致呢？

疑问之四　第十一条确认了1661年大不列颠和瑞典之间签订的条约，这个条约明确禁止联盟的一方**本人或其臣民向另一方的敌人出借或出售军舰或防护舰**；本条约第十三条也明确禁止盟国一方的臣民**用任何方法去帮助另一方的敌人，使这一盟国受到骚乱或损失**。因此，如果瑞典在我国上次同法国进行战争期间把他们自己的舰队借给法国，使法国能够更好地实现反对我们的任何机会，或者如果瑞典不顾我国提出的抗议，允许其臣民向法国提供配有五十、六十和七十支枪的船只，难道我们不会谴责瑞典恶劣透顶地违反本条约吗？现在，我们设身处地来回想一下，我国舰队近来甚至在最危急的时期有多少次，完全是为瑞典敌人实现各种计划效劳，而且**俄国沙皇的舰队中现在就有一打以上英国造的船只**。这种事，若是别人做了，我们肯定要加以谴责，难道我们对此就不觉得很难原谅自己吗？

第十七条 义务不应扩大到要求与盟国（需要援助的盟国）的敌国断绝一切友好关系和相互贸易。假定联盟的一方派出援军而不直接参战，则其臣民同交战的那个盟国的敌人进行贸易，直接地和安全地同这些敌人买卖各种没有明确作为违禁品禁止的货物，当视为合法。此项违禁物品以后将由专门的通商条约做出规定。

疑问之一 这一条是在二十一条当中我们内阁要求瑞典人方面履行的唯一的一条，问题在于是否我们自己对瑞典已经履行了应由我们履行的所有其他各条呢？是否在要求瑞典国王执行这一条时，我们已经答应我们也将对其他各条尽到我们的义务呢？否则，难道瑞典人不可以说，我们自己对整个条约在最重要的各点上不是没有执行就是完全背道而驰，却对单独一项条文遭到破坏进行抱怨，是不公正的吗？

疑问之二 是否盟国一方根据这一条文享有的同另一方的敌人进行贸易的自由应当无论在时间上或地点上都毫无限制呢？总之，是否这一自由应该扩大到甚至破坏本条约的目的本身即促进双方王国的安全和保障的程度呢？

疑问之三 假如法国人在上几次战争中占领了爱尔兰或苏格兰，并且努力通过在新建海港或旧有海港的贸易来巩固他们在新占领地区的地位，而瑞典人根据这一条，坚持要在上述从我们手中夺去的海港同法国进行贸易，并在那里向他们提供某些战争必需品，甚至提供武装的船只，从而使法国人更易于在英格兰这里骚扰我们，在这种情况下，是否我们会认为瑞典人是我们忠实的同盟者和朋友呢？

疑问之四 假如我们设法阻挠对我们如此有害的贸易，为此拦截所有开往上述海港的瑞典船只，而瑞典人则以此为借口将他们的舰队同法国舰队联合起来，使我国丧失一些领地，甚至怂恿对我国的入侵，并让他们的舰队随时准备予以协助，是否我们不会大声疾呼地激烈指责瑞典人呢？

疑问之五 按照公正的观察，我们现在坚持要与沙皇从瑞典夺去的那些海港进行的自由贸易，以及我们目前对瑞典国王阻挠这种贸易所采取的行动，是否与上面说的情况一模一样呢？

疑问之六 是否我们从奥利弗·克伦威尔时期直到 1710 年间，在我国同法国和荷兰的历次战争中，从来不曾毫无任何迫切必要地拦截和没收过并非开往任何被禁运港口的瑞典船只呢？是否我们拦截和没收的瑞典船只的数量和价值不曾大大超过瑞典人现在从我国夺取的全部船只呢？是否瑞典人曾以此为借口同我国的敌人联合起来，并派遣成队的船只去支援他们呢？

疑问之七 如果我们仔细观察多年来的贸易状况，是否我们不会发现上述地区的贸易对于我们不是那么十分必要，至少不能同保护一个信奉新教的盟国相提并论，更不能给我们提供正当理由去同那个国家进行战争呢？这场战争虽未公开宣布，但给那个国家造成的危害比它所有敌人共同努力所造成的危害还要大。

疑问之八 如果在两年以前这一贸易对于我们变得比过去更为必要一些，是否就难于证明，这只是由于沙皇迫使我们丢开去阿尔汉格尔斯克的旧贸易航道而改往彼得堡，我们又顺从了的缘故呢？我们由此而遭受的一切麻烦，不是应当归咎于沙皇，而不应当归咎于瑞典国王了吗？

疑问之九 是否沙皇并没有在 1715 年一开始就重新许可我们照旧去阿尔汉格尔斯克进行贸易呢？由于沙皇这样改变决定，对彼得堡的贸易对我们又变得像过去那样不必要了，是否我国大臣们在那年我国军舰被派去保护我们对**彼得堡的贸易**之前并没有早就了解这种情况呢？

疑问之十 是否瑞典国王未曾声明过；若是我们停止他认为对他的王国具有毁灭性的对**彼得堡**等地的贸易，那么，他对我国无论是在波罗的海还是在其他任何地方的贸易都决不干扰，但是，若是我们不愿向他表示这种起码的友谊，那么发生无辜受过的情况就不要责怪他呢？

疑问之十一 同瑞典国王禁运的港口的贸易除了对我们没有必要外，它的数额也几乎不到我们在波罗的海的贸易的十分之一，而为了它，是否我们没有使我国贸易在这整个期间遭受种种危险呢？是否我们没有使得自己必须开支大量费用去准备保护它的舰队呢？是否我们没有由于同瑞典的敌人站到一起而使得瑞典国王完全有理由感到愤慨呢？而瑞典国王是否曾走到这样的地步，不论在哪里，不管是在他国内还是在国外，一发现我国的船只和财物就不加区别地予以扣押或没收呢？

疑问之十二 如果我们真的非常关心我国同各北方港口的贸易，难道我们不应当在政策上更多地考虑到因瑞典濒临灭亡和**沙皇独占波罗的海及我们需要**

从那里购买的各种造船材料而使这一贸易遇到的危险吗？促使我们第一次派遣二十艘军舰去波罗的海并命令他们无论在哪里遇到瑞典人就加以攻击的那笔损失，总数只有六万数千镑（顺便说，其中三分之二也许是可疑的），而我们在上述贸易中从沙皇方面受到的困难和损失不是比这个数目还要更大些吗？然而，不正是这个沙皇，这个野心勃勃、十分危险的君主**在去年夏天统率了其绝大部分由我国军舰组成的整个所谓联合舰队吗**？这是历史上第一次英国舰队——我们国家的堡垒——被交给一个外国君主统率。我国的这些军舰后来不是护送了他的（沙皇的）运输舰和舰上运载的军队从而兰岛返回，**保护他们不受瑞典舰队的攻击吗**？不然，瑞典舰队会给他们造成很大的破坏的。

疑问之十三 现在假设情况相反，我们根据我国商人对沙皇虐待他们而发出的无数强烈的控诉，派遣我国舰队去向那个君主表示了我们的愤慨，制止了他的甚至对我们也是有害的庞大计划，**按照本条约支援了瑞典**，并有效地恢复了北方的和平，难道这不是更加符合我国的利益，更加必要，更加高尚和公正，而且更加符合我们条约的精神吗？这样一来，我们这几次北方远征所花费的数十万镑不是会使用得更加得当吗？

疑问之十四 如果维护和确保我国贸易免遭瑞典人的侵犯是我们北方事务中全部措施的唯一宗旨，那么，前年我们在那里已经没有贸易需要保护时，为什么我们要在波罗的海和哥本哈根留下八艘军舰呢？为什么尽管海军上将诺里斯同荷兰人一起足有二十六艘军舰之多，我国贸易若是由他们护航，瑞典人就不敢动它一根毫毛，然而诺里斯却在去年夏天这个最好的季节在松德海峡呆了两个整月，没有为我国和荷兰商人前往一些港口护航，从而使他们在波罗的海停留太久，以致如事实所表明的，他们的返航无论是对他们还是对我国军舰都造成了极大的风险呢？世人不会很容易想到，当时对我们这一切活动有更大影响的，不是**对我国贸易的假装的关怀**，而是要强迫瑞典国王接受一个把不来梅和费尔登公爵领地划归汉诺威的不光荣和不利的和约，或者别的这类与大不列颠的真正的悠久的利益毫不相干甚至完全相反的企图吗？

第十八条 '鉴于为了维护波罗的海航海和贸易的自由，宜于保持瑞典和丹麦两国国王之间牢固真诚的友好关系；而瑞典和丹麦的前任国王确实曾经不仅通过1660年5月27日在哥本哈根营地拟定的公开和约条款和互换的协定批准书相互保证神圣不可侵犯地遵守上述协定中包括的全部条款，而且在1665年英国和瑞典签订条约前不久，共同向……大不列颠国王查理二世宣布，他们将忠于……上述和约的所有条款……查理二世在上述瑞典和丹麦两国国王认可和同意的情况下，在1665年3月1日英国和瑞典签订条约后不久，即在1665年10月9日，承担了为这些协定作保证的义务……鉴于此后不久即于1679年在肖楠的隆德签订了瑞典和丹麦两国国王之间的一个和约文件，其中对于在罗斯基勒、哥本哈根和威斯特伐利亚签订的几个条约做了明确的记载、重申和确认；鉴于上述这一切……大不列颠国王用本条约保证……如果瑞典和丹麦两国国王的任何一方要破坏上述的任何协定或者其中包括的一项或几项条款，因而如果两国国王中任何一方要损害另一方的个人、省份、领土、岛屿、货物、领域和权利（这些权利按照前面多次提到的1660年5月27日在哥本哈根营地拟定的协定以及……1679年在肖楠的隆德签订的和约中所包括的那些协定，属于这个和约文字涉及的有关各方），不管他是本人出面还是通过他人，不管是密谋策划还是公开骚扰，不管是进行任何损害还是用武力进行任何暴力行动，那么……大不列颠国王……首先将通过自己的干预来尽一个朋友和高贵同盟者的义务，以维护前面经常提及的一切协定和其中包括的各项条款，从而维护两国国王之间的和平；其后，如果违反一切协定及其中包括的各项条款而制造这种损害或任何骚扰和伤害的国王拒绝接受劝告……那么大不列颠国王……将……按照大不列颠和瑞典两国国王之间现在这些协定对这种情况所决定和赞同的办法，对受害者给予支持'。

疑问 这一条不是明确告诉我们如何消除我国贸易在波罗的海可能遭受的扰乱吗？——在瑞典和丹麦两国国王之间产生误会时，即责成双方履行他们之间从1660年至1670年签订的一切和约，在他们中的任何一方采取违反上述条约的敌对行动时，则支持另一方反对侵略者。那么我们为什么不利用如此恰当的办法去反对使我们深受其害的弊端呢？丹麦国王虽然从签订特拉温达尔和约到他从萨克森出发去同俄国人作战表面上一直是瑞典国王的忠实朋友，然而在这之后却立即卑鄙地利用致命的波尔塔瓦战役极不正义地向他发动了进攻，对这一点，无论任何人，不管是多么偏颇，难道能够否认吗？那么，丹麦国王不就是上述一切条约的破坏者和使我国贸易在波罗的海遭受干扰的真正祸首吗？我们究竟为什么不按照这一条去支援瑞典反对他呢，为什么反而公开宣布反对受害的瑞典国王，在他对敌人稍占优势时就向他发出一份份威胁恐吓的备忘录（就像我们去年夏天在他进入挪威时所做的那样），甚至命令我国舰队同丹麦人一起公开与他作对呢？

第十九条 '上面提到的大不列颠和瑞典两国国王之间今后应该建立更紧密的联盟和联合，以保卫和维护新教、福音教和经过改革的宗教'。

疑问之一 我们是怎样按照这一条去联合瑞典**保卫、保护和维护新教**的呢？我们不是任凭这个一向作为上述宗教的堡垒的国家被极其无情地弄得支离破碎吗？……**我们不是自己对它的毁灭助了一臂之力吗？**所有这一切是因为什么呢？是因为我国商人损失了值六万余镑的船只，**因为正是这笔损失，而不是别的什么，是我们提出来作为我们 1715 年耗费二十万镑派遣我国舰队前往波罗的海的借口**。至于我国商人后来所遭遇的，即使我们把它归咎于我们那些反对瑞典国王的威胁性备忘录和公开敌对行为，难道我们不应当承认那个君主的怨恨也是十分克制的吗？

疑问之二 我们曾经要其他君主，尤其是我们的新教朋友们相信，哪怕只是为了确保新教一个方面的利益，**即这里新教的王位继承**，我们也愿付出数百万的生命和财产。如果他们发现，王位继承问题刚解决，我们为了六万余镑（我们要永远记住，这一区区之数是我们同瑞典争吵的第一个借口）就去破坏整个新教利益的基础，帮助把一向忠诚保护新教徒的瑞典牺牲给它的邻居，其中有些是公开宣称的教皇派，有些更坏，有些至少是半心半意的新教徒，那么，他们怎么能够相信我们说的话是真诚的呢？

第二十条 '因此，为了表示盟国双方的互相信任和对这一协定的信守不渝……上面提到的两国国王互相保证并宣布……他们将不以友谊、利益、先前的条约、协定和诺言，或任何别的借口而稍许违反本条约任一条款的真正本意，他们将最彻底和最愉快地或由他们本人或由大臣和臣民们执行他们在本条约中所承诺的一切……毫不犹豫，毫无例外，决不推诿……'

疑问之一 既然这一条表明，在签订这个条约时，我们没有承担同它相反的义务，而且以后在本条约有效期内（从签订日起十八年），我们如承担任何这类义务都极不正当，那我们怎么能够在全世界面前为我们最近反对瑞典国王的行动进行辩解呢？这些行动不是很自然地显得是我们自己**或某个目前能影响我国决定的宫廷同该君主的敌人缔结条约的结果吗？**

疑问之二 这一条约的文字……凭道义、信义和正义起誓，究竟怎么能同我们现在利用来不仅不按照本条约援助瑞典，**甚至还要设法尽情地破坏它的那些卑微借口**一致起来呢？

第二十一条 '本防御条约有效期为十八年，期满前，结盟的两国国王可以……重新谈判。'

对上述条约的批准书。'朕认真审阅和考虑之后，以本批准书对本条约的一切条款表示赞同和认可。朕以个人名义，以后嗣和继承人的名义赞同本条约;朕保证并庄严宣誓,朕将诚恳地严肃地执行和遵守条约中所列各点。为确保有效,朕已命令对公元1700年,本朝(威廉三世)第十一年2月25日在肯辛顿宫通交的本文件加盖庄严的英国国玺。'①

疑问 我们之中任何一个自认为支持最近的光荣革命并真诚热爱和感激不朽的威廉国王的人,怎么能够……**丝毫容忍**(我得再次使用第二十条的文字)**以利益**或任何别的借口——特别是两年来一直被利用来动用我国舰队、人员和金钱**去毁灭瑞典**的那种极其微不足道的借口——**去违反**上述条约呢?要知道,对这个瑞典的防御和维护,我国伟大睿智的君主曾作过如此庄严的保证,并且始终把这看做是确保欧洲新教利益的最大需要。"

五

我们将以分析那本题为**《真理合乎时宜才是真理》**的小册子来结束《外交内幕》的这篇**导言**,在这样做以前,对俄国政治的概括历史先谈几句,看来是恰当的。

俄国压倒一切的影响曾在不同时代使欧洲感到突然,使西方各国人民感到震惊,并且被当做命中注定的事物一样予以顺从,或者仅仅遇到断断续续的抵制。但是对俄国的魅力总是不断产生着怀疑。这种怀疑就像阴影一样追逐着俄国,随着俄国的成长而增长;它把刺耳的讥讽音调同遭受苦难的各国人民的呼声混杂在一起,并且嘲笑俄国的赫赫威严不过是用来进行炫耀和欺骗的装腔作势的姿态。其他的帝国在其幼年时期也曾遇到过同样的怀疑,然而俄国变成了一个巨人以后,仍然没有消除这些怀疑。一个庞大的帝国甚至在取得了世界规模的成就之后,它的存在本身还始终被人看做一种信念中的东西而不是事实上的东西,俄国提供了历史上这样一个绝无仅有的例子。从十八世纪初直到如今,从没有一个作者,不管是想歌颂俄国还是抨击俄国,认为有可能无需首先证明它的存在。

然而,不管我们对俄国是采取唯心主义,还是唯物主义的态度,也就是说,不管我们把它的力量看做是明显的事实,还是只看做问心有愧

---

① 这个条约于1700年1月6日和16日在海牙签订,威廉三世于1700年2月5日批准。

的欧洲人民的幻觉，问题都是一样：“这个国家，或者这个国家的幽灵，是如何设法达到这样大的版图，竟致一方面激起人们激烈地断言它以排演大一统的君主国威胁着世界，另一方面又激起人们愤怒地否认这种威胁的存在呢？”在十八世纪初，俄国被认为是彼得大帝的天才即兴创作的产物。施略策尔曾认为找出俄国有它的过去，是一个发现；而在现代，像法耳梅赖耶尔这样的作者却不自觉地重复俄国历史学家们的陈词滥调，硬说这个使十九世纪欧洲害怕的北方幽灵，早在九世纪时已把欧洲笼罩在阴影之中。在他们看来，俄国的政策开始于早期的柳里克王公们，中间虽有一些间断，但是一直沿袭至今。

俄国的一些古代地图展示在我们眼前，表明俄国的欧洲版图比它现在所能夸耀的甚至更大：它从九世纪到十一世纪不断地扩张活动被焦虑不安地指了出来；我们看到，奥列格率领八万八千人进攻拜占庭，把他的盾牌钉在那个首都的城门上以示胜利，并把一个屈辱性的条约强加于没落帝国；伊戈尔迫使它纳贡；斯维亚托斯拉夫吹嘘说，"希腊人供给我黄金、贵重织物、大米、水果和葡萄酒；匈牙利人提供牛羊和马匹；从俄罗斯则取得蜂蜜、蜂蜡、皮毛和人丁"；弗拉基米尔征服克里木和利沃尼亚，就像拿破仑对德意志皇帝所干的那样，向希腊皇帝强索一个公主，把北方征服者的军事统治同拜占庭皇帝后裔的神权专制制度合为一体，从而同时成为他的臣民在地上的主人和在天上的庇护者。

然而，尽管这些往事的回忆提示了似是而非的类比，早期柳里克王公们的政策跟现代俄国的政策是根本不同的。它不折不扣是席卷欧洲的日耳曼蛮族的政策，现代各民族的历史只是在这场洪水退去之后方才开始。俄罗斯的哥特时期只不过是诺曼人征服的一章而已。正如查理曼的帝国是现代法兰西、德意志和意大利奠基的先导一样，柳里克王公们的帝国也是波兰、立陶宛、波罗的海国家、土耳其和俄国本身奠基的先导。这一迅速扩张的活动，并不是深思熟虑策划的结果，而是诺曼人征服的原始组织——没有采邑的臣属关系或者只是纳贡的采邑——的自然产物，因为渴望荣誉和掠夺的新的瓦利亚冒险家源源不断地涌来，使得必须不断进行新的征服。渴望休息的首领们被亲兵队所迫而不得不继续前进,在俄罗斯,正像在法兰西的诺曼底一样,出现了这样的时刻,这时首领们把他们那些无法驾驭和贪婪成性的战友们派去进行新的掠夺性的征伐,唯一的目的只在于摆脱他们。早期柳里克王公们在作战和征服的组织上同诺曼人在欧洲其他地方的做法毫无区别。如果说,使斯拉夫各部落屈服的,不仅是武力,而且也有彼此间的协议,那么这个特点应归因于这些部落所处的特殊地位,他们处于北方和东方的侵略之间,接受前者是为了抵御后者。把北方其他野蛮人吸引到西方罗马去的那种神奇的魅力,也把瓦利亚基人吸引到东方罗马去。俄罗斯的首都,柳里克定于诺夫哥罗德,奥列格迁至基辅,而斯维亚托斯拉夫又企图建在保加利亚,这种迁都的本身无疑地证明了,入侵者还只是在探索道路,把俄罗斯只是当做继续南下去寻求一个帝国的落脚地点。如果说,现代俄国觊觎君士坦丁堡为的是建立它对世界的统治,那么柳里克王公们则相反,他们是由于齐米斯基斯统治下的拜占庭的抵抗,最后才被迫在俄罗斯建立他们的统治的。

也许有人会反驳说,胜利者和战败者在俄罗斯比在北方蛮族征服的任何其他地方都要融合得更快;首领们很快就同斯拉夫人混同起来了,这从他们的通婚和姓名便可以看出。但是,应当记得,既充当他们的卫队又充当他们的枢密机构的亲兵队,仍然是清一色的瓦利亚基人;标志哥特俄罗斯全盛时期的弗拉基米尔,和标志哥特俄罗斯开始衰落的雅罗斯拉夫,都是靠瓦利亚基人的武力登上俄国王位的。如果要承认这个时代任何斯拉夫影响的话,那就是诺夫哥罗德的影响了,它是一个斯拉夫国家,它的传统、政策和倾向同现代俄国是如此截然对立,以致其中一个只能存在于另一个的废墟之上。在雅罗斯拉夫统治下,瓦利亚基人的优势已经打破了,但同时,第一时期的征伐势头也随之消失,哥特俄罗斯的衰落也开始了。这一衰落的历史,比征服和形成的历史更加能证明柳里克王公们的帝国纯属哥特性质。

这个由柳里克王公们堆砌起来的不协调的、庞大的、早熟的帝国,也像其他发展类似的帝国一样,分裂为许多封土,在征服者的后裔之间一再进行分割,被封建战争弄得分崩离析,被外族的干涉弄得支离破碎。大公的至高权威在七十个同族王公的角逐中消失了。苏兹达尔公国的安德烈企图通过把首都从基辅迁移到弗拉基米尔把帝国的一些大块肢体重新连结起来，结果只是把肢解从南部扩展到了中央地带。安德烈的第三代继承人甚至把最高权威的最后一点影子——大公的头衔和当时对他仅存形式的臣服礼也放弃了。南部和西部的封土先后转归立陶宛、波兰、匈牙利、利沃尼亚和瑞典。古都基辅本身从一个大公国的中心降为一个普通城市之后，便听从自己命运的摆布。这样，诺曼人的俄罗斯从舞台上完全消失了，而它仍然残存下来的丝微痕迹在成吉思汗可怕地登场时消逝得无影无踪。是蒙古奴役的血腥泥潭而不是诺曼时代的粗野光荣，形成了莫斯科公国的摇篮，而现代的俄国只不过是莫斯科公国的变形而已。

鞑靼人的枷锁从1237年持续到1462年，长达两个多世纪，这种枷锁不仅压迫了，而且凌辱和摧残了成为其牺牲品的人民的心灵。蒙古鞑靼人建立了以破坏和大屠杀为其制度的一整套恐怖统治。同他们的大规模征服相比，他们的人数太少，因此需要用一道吓人的光环来虚张声势，并以大肆杀戮来减少可能在他们后方起来反抗的人民。此外，他们制造荒土正是本着那曾使得苏格兰高地和罗马近郊平原人口灭绝的同一条经济原则，即把人变为羊，把肥沃土地和人烟稠密的居处变为牧场。

当莫斯科公国从默默无闻中显露头角时，鞑靼人的枷锁已经存在了一百年之久。为了保持俄罗斯王公间的不和并使他们奴颜婢膝地臣服，蒙古人恢复了大公国的尊荣。俄罗斯王公们之间竞相角逐这一尊荣，正如一位现代作者所说的那样，它是"一场卑鄙的角逐——奴才之间的角逐，他们的主要武器就是诽谤，在自己残暴的统治者面前，他们随时准备相互攻讦，他们为一个卑贱的宝座而争吵，因此他们除非采用掠夺和弑亲的手段就寸步难行，他们的双手捧满黄金和沾满血污，他们不是卑躬屈节就不敢爬上这个宝座，不是双膝跪地战战兢兢地俯伏在随时都会把那些奴隶的王冠连同戴着这种王冠的脑袋踩在脚下的鞑靼人的弯刀下，就不敢保住这个宝座"。正是在这场卑鄙无耻的角逐中，莫斯科这一支最终赢得了这次竞赛。1328年，伊万·卡利塔之兄尤里在乌兹别克汗的脚下拾起了以告密和暗示手段从特维尔那一支夺过来的大公国的王冠。伊万一世·卡利塔和绰号"大帝"的伊万三世，象征着借助鞑靼人的枷锁而兴起的莫斯科公国和由于鞑靼人的统治消失而获得独立权力的莫斯科公国。莫斯科公国从它最初登上历史舞台起的全部政策，就体现在这两个人物的一生当中。

伊万·卡利塔的政策不外是这样：充当汗的卑鄙工具，从而窃取汗的权力，然后用以对付同他竞争的王公们和他自己的臣民。为了达到这一目的，他必须对鞑靼人讨好献媚，厚颜无耻地阿谀奉迎，频繁地前往金帐汗国朝见，低声下气地向蒙古公主求婚，对汗的利益显示无限的热忱，寡廉鲜耻地执行汗的诏令，恶毒地诽谤自己的亲族，一身而兼任鞑靼人的刽子手、佞臣和奴隶总管。他以不断向汗揭发有人搞阴谋使汗焦虑不安。只要特维尔一支流露出一点民族独立的愿望，他就赶忙去向金帐汗告发。他一遇到反抗，就去引这个鞑靼人来镇压。但是，仅仅扮演一个角色还不够：要行得通，还需要黄金。不断地贿赂汗及其亲贵，是他那套欺骗和篡权活动的唯一牢靠的基础，但是奴才怎么能弄到贿赂主子的金钱呢？他说服汗任命他为全部俄罗斯封土的征税人。一被授予这一职务，他就巧立名目，搜刮钱财。他用鞑靼人的名字所引起的恐惧去聚敛钱财，然后用这些钱财去腐蚀鞑靼人自己。他以贿赂诱使都主教将其驻节地从弗拉基米尔迁到莫斯科，接着，又借口后者已成为宗教首都而把它变成帝国的首都，使教权同他的王权合而为一。他又以贿赂引诱同他竞争的王公手下的大贵族们背叛自己的首领，把他们吸引到他自己的周围。他利用信奉伊斯兰教的鞑靼人、希腊教会和大贵族们的共同影响，把拥有封土的王公们联合起来去讨伐他们当中最危险的特维尔王公；而当地的大胆篡权行动迫使他的新盟友起来反抗他自己，为他们的共同利益进行战争的时候，他不是拔出剑来，却是赶忙跑去找汗。他还是以贿赂和欺骗的办法引诱汗用极残暴的酷刑杀害他的同族对手。这个鞑靼人的一贯政策是使俄罗斯王公们互相遏制，助长他们的纠纷，使他们彼此势均力敌，而不让任何一个得以壮大。伊万·卡利塔则把汗变成了用以剪灭最危险的竞争者和扫除篡权道路上的一切障碍的工具。他并不征服封土，而是暗地里使鞑靼征服者的权利完全为他的利益服务。他采用他曾用以提高莫斯科大公国地位的那同样的手段，那种君权与奴才地位的奇妙结合，保证了他儿子的继位。在他统治的整个时期，他一次也没有偏离过他为自己规划的这条政策路线，而是顽强坚定地坚持它，有条不紊地勇敢地执行它。他就这样成了莫斯科公国权力的缔造者，他的人民恰如其分地称他为卡利塔，即钱袋，因为他用来为自己开辟道路的是钱袋而不是刀剑。正是他在位期间目击了立陶宛国家的崛起，当鞑靼人从东边把俄罗斯封土挤成一团时，立陶宛国家则从西边肢解它们。伊万不敢抵挡一种耻辱时，似乎就急于夸大另一种耻辱。他是不会由于受到荣誉的引诱、良心的责备或者由于不甘屈辱就离开自己的目标的。他那一套可以用寥寥数字来表述：一个篡权的奴隶的马基雅维利主义。他把他自己的弱点——他的奴才地位——变成了他的力量的源泉。

伊万一世·卡利塔所规划的政策就是他的继承者的政策，他们只需要扩大它的应用范围罢了。他们辛劳地、逐步地、坚定不移地追随这个政策。因此，我们可以从伊万一世·卡利塔立刻就谈到绰号"大帝"的伊万三世。

伊万三世在位（1462—1505）初期，仍然臣属于鞑靼人；他的权威仍然受到拥有封土的王公们的战争；俄罗斯诸共和国中为首的诺夫哥罗德统治着俄罗斯北部；波兰—立陶宛正力图征服莫斯科公国；最后，利沃尼亚骑士团尚未解除武装。但是到了他在位的末期，我们就看到伊万三世坐在独立的宝座上，身旁是拜占庭末代皇帝的公主；脚下是喀山汗，金帐汗国的余部也群集来朝；诺夫哥罗德和俄罗斯其他共和国都已屈服，——立陶宛萎缩了，它的君主成了伊万手中的一个工具，——利沃尼亚骑士团也被击败了。惊惶的欧洲，当伊万在位之初，几乎不知道夹在鞑靼人和立陶宛人之间还存在着一个莫斯科公国，这时看到一个庞大的帝国突然出现在它的东部边境而弄得目瞪口呆；甚至使欧洲发抖的土耳其苏丹巴耶济德本人也破天荒第一次听到了这个莫斯科公国人的傲慢的语言。那么，伊万是怎样完成这种丰功伟绩的呢？他是个英雄吗？俄国历史学家们自己却都揭示出他是一个公认的懦夫。

让我们按照开始和完成的顺序来简略地考察一下他进行过的一些主要斗争——与鞑靼人斗争、与诺夫哥罗德斗争、与拥有封土的王公们斗争，以及最后与立陶宛—波兰的斗争。

伊万把莫斯科公国从鞑靼人的枷锁下解救出来，并不是通过一次勇敢的攻击，而是通过二十年左右的耐心工作。他不是打碎这个枷锁，而是偷偷地摆脱了他。因此，推翻鞑靼统治看来更像是自然的产物而不像是人为的事业，在这个鞑靼魔怪终于咽气时，伊万来到他临终的床边，与其说像一个带来死亡的勇士，还不如说像一位前来诊断并推究死因的医生。任何一国人民，一旦摆脱外国统治，声望总是提高的；可是伊万手下的莫斯科公国却显得声望下降了。只要把西班牙反抗阿拉伯人的斗争和莫斯科公国反抗鞑靼人的斗争加以比较就可以看出来。

在伊万即位的时期，金帐汗国早就削弱了，这是由于它内部有激烈的纷争；外部则有诺该鞑靼人同他们的分离、帖木儿·塔梅尔兰的侵袭、哥萨克人的兴起以及克里木鞑靼人的敌对。与此相反，莫斯科公国则由于坚定地奉行伊万·卡利塔所规划的政策，已经成为一个庞然大物，它虽为鞑靼的束缚所摧残但同时却又由于这种束缚而紧密地联结在一起。那些汗像着魔似的，一直充当莫斯科公国扩张和集权的工具。他们经过盘算后曾加强了希腊教会的权势，但是在莫斯科大公们的手里，希腊教会却成了对付他们的致命武器。

这个莫斯科公国人要起来反抗金帐汗国，无需什么发明创造，只需仿照鞑靼人自己就行了。可是伊万并没有起来反抗。他卑贱地自认为是金帐汗国的一个奴才。他靠收买一个鞑靼女人，诱使汗下令从莫斯科公国撤回蒙古使臣。他用这类不知不觉鬼鬼祟祟的办法蒙骗汗接连作出一些完全是毁灭自己权势的让步。因而他并不是征服，而是窃取权势。他不是把敌人驱逐出堡垒，而是用计把敌人调离开。他在汗的使臣面前照旧卑躬屈节，自称臣属，但又编造遁词逃避纳贡，使用的是一个潜逃的奴隶不敢对抗自己的主子而只得偷偷逃出他的掌心时的那全套策略。蒙古人终于如梦初醒，战斗就打响了。看到一点点武装冲突场面就发抖的伊万，竭力掩饰自己的恐惧，并竭力以撤销敌人想要报复的目标来消弭敌人的盛怒。只是由于他的盟友克里木鞑靼人的干预，他才得到解救。为了抗击金帐汗国的第二次入侵，他大张旗鼓地集结了数量如此悬殊的兵力，以致一传说他们的人数就避免了这次攻击。在第三次入侵中，他丢下二十万大军临阵脱逃，当了可耻的逃兵。他在无可奈何被拉回来后，又企图对当奴才的条件讨价还价；他终于把自己这种奴隶的恐惧传布到他的军队里，使它陷入全面溃退。正当莫斯科公国惶惶不安地等待无可避免的灭亡时，忽然听说金帐汗国因都城受克里木汗袭击而被迫撤兵，并在归途中被哥萨克人和诺该鞑靼人所歼灭。于是转败为胜。伊万推翻了金帐汗国，但不是他自己打的，而是以佯攻的办法诱使它发动进攻，使它残存的有生力量消耗殆尽，并遭受它自己的那些已被伊万设法结为盟友的同族部落的致命打击。他利用一个鞑靼人制服了另一个鞑靼人。正如他亲自招来的莫大危险未诱使他表现出一丝一毫的英雄气概一样，他的奇迹般的胜利一时一刻也没有冲昏过他的头脑。他小心翼翼地不敢贸然把喀山汗国并入莫斯科公国，而是把它交给他的克里木盟友芒吉－吉雷家族的君主们，仿佛是受莫斯科公国委托代管的样子。但是，如果说在目击他的耻辱的人面前，他是非常谨慎而不肯摆出征服者的架势的话，那么，这个骗子却完全明白，鞑靼帝国的倾覆在远处会多么令人眼花缭乱，会带给他多么光荣的光环，并且会多么便于他堂堂皇皇地步入欧洲强国的行列。因此，他就对外摆出一副装腔作势的征服者姿态，而且的确在高傲专横和盛气凌人的假面具后面，成功地隐蔽了这个对于亲吻大汗最低贱使臣的马镫仍然记忆犹新的蒙古奴才的死皮赖脸。他以较为压低的声调模仿他以前的主子曾使得他丧魂落魄的那种语言。现代俄国外交中某些常见的词句，诸如宽宏大量、有损君主尊严之类，就都是从伊万三世的外事诏令中借用来的。

在喀山汗国降服之后，他便对俄罗斯诸共和国中为首的诺夫哥罗德发动了一场蓄谋已久的征伐。如果说，在他看来，摆脱鞑靼人的枷锁是使莫斯科公国强大的第一个条件，那么，取消俄罗斯的自由则是第二个条件。由于维亚特卡共和国曾宣布在莫斯科公国和金帐汗国之间保持中立，普斯科夫共和国连同其十二个城市又表示了不满的迹象，伊万就奉承后者并且佯装忘记了前者,从而集中全部力量对付大诺夫哥罗德。他很清楚,大诺夫哥罗德一垮台,俄罗斯其他共和国的命运也就注定了。他以分享这一肥美赃物为诱饵,使拥有封土的王公们都追随他。同时他由诱骗大贵族们,挑起他们对诺夫哥罗德民主制的盲目仇恨。这样,他拼凑起三支大军去攻打诺夫哥罗德并以悬殊兵力压倒了它。可是随后,为了不遵守他对王公们的诺言,为了不丧失他那条"你卖力气我得利"的不变原则,同时由于担心诺夫哥罗德不经过预先的处理,还消化不了,他认为适宜的做法是突然表现得节制,满足于一项赔款和对他的宗主权的承认;然而在这个共和国的降书上,他却塞进了一些模棱两可的词句,使他成了它的最高裁判者和立法者。接着,他又在诺夫哥罗德煽动象在佛罗伦萨一样强烈的贵族和平民之间的不和。他利用平民的一些抱怨为借口再度进驻该城,并把他深知对他心怀敌意的那些贵族戴上镣铐押送到莫斯科,这就破坏了这个共和国古来的法律,即"任何公民均不得在本国领域之外加以审讯或判刑"。从这个时刻起,他就成了最高的主宰者。编年史家说:"自从柳里克以来,还没有发生过这样的事件;基辅和弗拉基米尔的大公们从没有见过诺夫哥罗德人把他们当做法官那样来服从。只有伊万才能使诺夫哥罗德屈辱到这种地步。"伊万花了七年功夫,运用他的司法权威来败坏这个共和国。然后,当他发觉它的力量已经消耗净尽时,他认为显露真相的时机已经成熟了。但是要摘下他节制的假面具,他却需要由诺夫哥罗德方面来破坏和平。正像他原来假装平心静气一样,现在他又假装怒不可遏。他收买了这个共和国的一个使节在一次公开接见时称他为君主,接着就立即要求享有一个专制君主的全部权利——共和国自行消灭。

正如他预料的那样,诺夫哥罗德以起义、屠杀贵族和投降立陶宛来回答他的篡夺。这时,这位与马基雅维利同时代的莫斯科公国人就以义愤填膺的声调和姿态抱怨说,"是诺夫哥罗德人请求他作他们的君主的;而当他顺从他们的愿望,终于接受了这一称号时,他们又拒绝承认他,他们竟厚颜无耻地当着全俄罗斯的面公然斥责他撒谎;他们胆敢杀害那些仍然忠贞不渝的同胞,胆敢背叛上天和俄罗斯人的神圣土地把异教和外国统治引进国内。"正像他在第一次进攻诺夫哥罗德后曾公开联合平民反对贵族一样,现在他与贵族密谋反对平民。他以莫斯科公国及其封邑的联合力量进攻这个共和国。当它拒绝无条件投降时,他就求助于鞑靼人以恐怖制胜的老办法。整整一个月之内,他把诺夫哥罗德越困越紧,在它周围大肆烧杀劫掠,同时悬刃以待,静静地注视着这个被派系弄得四分五裂的共和国经历了疯狂的绝望、沉沦的沮丧和听天由命的各个阶段。诺夫哥罗德被奴役了。俄罗斯其他共和国也都一样。

看看伊万是怎样抓住这一胜利的时机铸造武器来反对那些被用来取得这场胜利的工具,是很有意思的。他把诺夫哥罗德教会领地同王权相结合,从而获得了收买大贵族的手段,因此可以唆使他们反对王公;并且获得了赏赐大贵族的随从的手段,因此可以唆使他们反对大贵族。至今仍然值得注意的是,莫斯科公国也像现代俄国一样,始终是怎样煞费苦心地来搞掉各个共和国。首当其冲的是诺夫哥罗德及其拓殖地区,随后是哥萨克人的共和国,最后轮到波兰。要了解俄国对波兰的并吞,就必须研究自1478年至1528年诺夫哥罗德如何被搞掉的情况。

看来,伊万夺下蒙古人禁锢莫斯科公国的锁链,仅仅是为了用它来束缚俄罗斯各共和国。看来,他奴役这些共和国,只是为了使俄罗斯王公们共和化。在二十三年当中,他承认他们的独立,容忍他们的吵闹,甚至屈从于他们的凌辱。可是由于金帐汗国瓦解和一些共和国覆灭,他已经变得如此强大,而另一方面王公们又由于这个莫斯科公国人对他们的大贵族们施加的影响而已经变得如此衰弱,以至于伊万这方面只消显示一下力量就足以决定这场斗争了。然而在一开始,他仍旧没有背离他的谨慎小心的办法。他挑出俄罗斯封邑中力量最强的特维尔王公作为他行动的第一个目标。他先是迫使特维尔王公采取攻势并同立陶宛结盟,然后斥责他是卖国贼,然后恐吓他作出一系列破坏自己防御手段的让步,然后又用这些让步给他造成的被自己臣民误解的情况作文章,然后再让这一套办法自行得出它的结果。事情就以特维尔王公放弃斗争并逃入立陶宛而告结束。特维尔一与莫斯科公国合并,伊万就以吓人的精力推行他筹划已久的计划。其他的王公几乎毫无抵抗就被贬黜为单纯的地方长官。这时还剩下伊万的两个兄弟。其中一个被说服放弃了封土；另一个受假惺惺表示的兄弟情义之骗，被诱入宫廷和解除戒备，遭到了杀害。

我们现在就谈到伊万的最后一次大斗争——同立陶宛的斗争。这场斗争从他即位时开始，直到他死前几年才结束。在三十年期间，他把这场斗争局限于外交战，制造并扩大立陶宛和波兰之间的内部纠纷，拉拢对立陶宛心怀不满的俄罗斯封邑，煽动它的仇人起来反对它而使它瘫痪；他们是：奥地利的马克西米利安、匈牙利的马特维·科尔文，特别是他通过联姻笼络住的摩尔达维亚大公斯特凡，最后还有芒吉-吉雷，这个人不论是反对立陶宛还是反对金帐汗国都是同样有力的工具。然而在卡齐米尔国王去世和软弱的亚历山大继位的时候，立陶宛和波兰的王位暂时分离了；这两个国家在争斗中两败俱伤；波兰贵族由于只顾去削弱王权，压低克梅通和市民的地位，就抛弃了立陶宛，使它在摩尔达维亚的斯特凡和芒吉-吉雷的同时入侵面前只好退却；于是，立陶宛的弱点就变得显而易见了；这时候伊万明白显示力量的时机已经成熟，他这方面进行一次成功的快速行动的条件已经充分具备。但他仍然局限于进行一次戏剧性的作战演习——集结压倒优势的兵力。事情完全如他所料，佯装的作战欲望就足以使立陶宛投降了。他强订条约，迫使承认他在卡齐米尔国王在位期间偷偷蚕食的地方，同时还逼亚历山大和他结盟并和他的女儿结婚。他用这个结盟禁止亚历山大防范自己岳父所发动的进攻，他用他的女儿在不容异端的天主教国王和受迫害的信奉希腊正教的臣民之间，燃起了宗教战争之火。在这场大混乱之中他才终于斗胆拔出剑来，夺取了受立陶宛统治的俄罗斯封土，远达基辅和斯摩棱斯克。

一般来说，希腊正教是他最强有力的行动手段之一。但是要对拜占庭的遗产提出要求，要以拜占庭皇帝后裔的外衣来掩盖他那蒙古奴才的烙印，要把莫斯科公国的暴发户王位和圣弗拉基米尔的光辉帝国联系起来，要使他自己成为希腊正教新的世俗首脑，伊万在全世界应该把谁挑出来呢？罗马教皇。在教皇的教廷里住着拜占庭的末代公主。伊万以宣誓叛教的办法从教皇那里拐走了她，——而他又命令他自己的都主教豁免了他的这次宣誓。

只要改换一下姓名和日期，就可以明显看出伊万三世的政策和现代俄国的政策并不是什么相似，而是一模一样。而伊万三世则不过是把伊万一世·卡利塔遗留下来的莫斯科公国的传统政策加以完善化而已。伊万·卡利塔这个蒙古人的奴才，是靠运用他的最大敌人即那个鞑靼人的威力来反对他的次要敌人俄罗斯的王公们，从而获得他的权威的。但除非采取欺诈手段，他就不能运用那个鞑靼人的威力。他在主子面前不得不隐蔽自己实际积聚的力量，而又必须向和他一样的奴才们炫耀自己并没有掌握的那种威力。威力解决他的问题，他就得把最卑贱的奴才的全部阴谋诡计整理成一套体系，并且以奴才的那种耐心的辛勤去实现这套体系。公开的力量本身只有作为一种阴谋才能加入到一套阴谋、腐蚀和暗中篡权的体系中来。他不先施毒，就无法进行打击。目的的单一性在他那里变成了行动的两面性。狡诈地使用敌对的力量来扩大自己，通过对那种力量的使用本身来削弱它，最后通过它本身产生的效果来推翻它——伊万·卡利塔的这一政策是由统治种族和被奴役种族二者的特性所激发出来的。他的政策也就成了伊万三世的政策。

这也就是彼得大帝的政策和现代俄国的政策，不管被使用的敌对力量在姓名、地点和性格上可能经历了什么样的变化。彼得大帝确实是现代俄国政策的创立者，但他之所以如此，只是因为他使莫斯科公国老的蚕食方法丢掉了纯粹地方性质和偶然性杂质，把它提炼成一个抽象的公式，把它的目的加以普遍化，把它的目标从推翻某个既定范围的权力提高到追求无限的权力。他正是靠推广他的这套体系而不是靠仅仅增加几个省份，才使莫斯科公国变成为现代俄国的。

总结一下。莫斯科公国是在蒙古奴役所恐怖而卑贱的学校中养育和成长起来的。它只是由于成为一个奴性艺术的大师才积聚起力量的。甚至在获得解放之后，莫斯科公国还在继续扮演着它那奴才兼作主子的传统角色。彼得大帝终于把蒙古奴才的政治手腕和蒙古主子继承成吉思汗征服世界遗志的狂妄野心结合在一起。

六

斯拉夫族的一个特点会使任何观察家惊讶，几乎到处他们都僻居在内陆地区，而把滨海地区让给非斯拉夫部落。芬兰－鞑靼部落占有了黑海海岸，立陶宛人和芬兰人占有了波罗的海海岸和白海海岸。斯拉夫人不管在哪里到达海边，如在亚得里亚海沿岸和波罗的海沿岸一部分地方，他们很快就不得不服从外族的统治。俄罗斯人民分享了斯拉夫族的这一共同的命运。他们在历史上初次出现的时候，他们的发祥地是伏尔加河及其支流、德涅泊河、顿河和北德维纳河等河流的发源地和上游流域。他们的领土除芬兰湾尽头外，没有一处与海相连。在彼得大帝以前，俄罗斯人也并未表现出有能力征服除白海出海口以外的任何出海口，而白海一年有四分之三的时间被冰块封冻，不得通航。彼得堡现在所在之处是过去一千年来芬兰人、瑞典人和俄罗斯人纷争的场所。从默麦尔附近的波兰根到托尔尼欧的其余全部海岸，从阿克尔曼到列杜特－卡列的全部黑海海岸是后来才被征服的。而且，好像为了证明斯拉夫人的抗海特性，在这全部海岸线中，波罗的海海岸没有哪一部分实际属于俄罗斯人，黑海东岸的切尔克西亚和明格列里亚也是如此，只有白海海岸适合耕种的部分，黑海北岸某一部分和阿速夫海岸一部分实际上居住着俄罗斯人，然而尽管他们处在新的环境中，他们仍不从事航海生涯，而是固执地坚守他们祖辈流浪汉的传统。

彼得大帝一上台就破除了斯拉夫族的所有传统。"俄国需要的是水域"——他对坎特米尔亲王讲的这句辩驳之词被铭刻在他的传记的扉页上。他第一次对土耳其作战的目的是为了征服阿速夫海；他对瑞典作战是为了征服波罗的海；他第二次对土耳其政府作战是为了征服黑海；他对波斯进行欺诈性的干涉是为了征服里海。对于一种地域性蚕食体制来说，陆地是足够的；对于一种世界性侵略体制来说，水域就成为不可缺少的了。只是由于把莫斯科公国从一个单纯内陆国家变成濒海帝国，莫斯科公国政策的传统局限性才得以打破，并融化在那种把蒙古奴才的蚕食方法和蒙古主子的世界性征服的倾向混杂在一起从而构成现代俄国外交的生命源泉的大胆综合中。

曾有人说，没有任何一个大国曾经或者能够在彼得大帝原有的帝国所处的那样一种内陆地位中生存；也没有任何一个大国曾经甘心看着自己的海岸和河流入海口被人夺走；俄罗斯既不能让顿河、德涅泊河和布格河的入海口以及刻赤海峡留在靠游牧和掠夺为生的鞑靼人手中，也不能让涅瓦河口这个俄罗斯北部物产的天然出海口留在瑞典人手里；波罗的海诸省，单是从它们的地理形势来看，就自然属于任何控制着它们背后的土地的国家。总之，彼得至少在这个地区只是夺得了对于他的国家的正常发展所绝对必需的东西。从这个观点看来，彼得大帝只是想通过他对瑞典的战争建立一个俄国的利物浦，并赋予这个俄国的利物浦一条不可缺少的沿海地带。

可是，他们忽略了一件重大的事实：彼得用**出色本领**把帝国的都城从内陆中心迁到滨海地区，他以特有的胆略把新都建在他征服的第一块波罗的海海岸上，距离边境几乎在步枪射程之内，就这样有意给他的领土制造了一个**外偏中心**。把沙皇的宝座从莫斯科前往彼得堡，这在从里巴瓦到托尔尼欧的海岸线尚未全部征服（这项工作直到一八零九年征服芬兰之后才完成）的情况下，就是把它置于一个不能保证安全，甚至不能保证不受屈辱的地位。阿尔加罗蒂说，"圣彼得堡是俄国得以俯瞰欧洲的窗户。"它从一开始起就是对欧洲人的一种挑衅，就是激发俄国人进行新的征服的一种诱因。而现在，在俄属波兰构筑的工事只不过是执行这同一思想的进一步措施而已。莫德林、华沙、伊万城不仅是旨在钳制一个反叛国家的要塞，它们对西方构成威胁，正与百年前彼得堡直接对北方构成威胁一样。它们是要使俄国变成泛斯拉夫国，正如波罗的海诸省过去要使莫斯科公国变成俄国一样。

彼得堡这个帝国的**外偏中心**从一开始就表明：一个圆周尚有待于划定。

因此，仅仅对波罗的海诸省的征服并没有把彼得大帝的政策与其祖先的政策区别开，都城的迁移才显示出他征服波罗的海诸省的真正意义。彼得堡与莫斯科公国不同，它不是一个种族的中心，而是一个政府的所在地，不是一个民族的悠久业绩，而是一个人物的瞬时创造；不是使一个内陆民族的特征得以传播的媒介，而是使这个特征消失的滨海地区；不是民族发展的传统核心，而是一个为进行世界性阴谋而精心选中的巢穴。通过迁都，彼得斩断了把老莫斯科公国沙皇们的蚕食体制与大俄罗斯种族天赋的才能和抱负连接在一起的天然纽带。通过把都城建在海边，他向俄罗斯种族的抗海本能提出了公开挑战，并把那个种族贬低到只是他的政治结构中的一个砝码的地位。从十六世纪以来，莫斯科公国除西伯利亚方面外没有取得重大扩展，而且在十六世纪以前，向西和向南的不牢靠的征服只是直接借助于东方才得以实现。通过迁都，彼得宣告了他打算反过来借助于西方来影响东方和各紧邻国家。如果对东方的借助由于亚洲各国人民的停滞特性和有限交往而大受限制的话，那么对西方的借助则由于西欧的活动特征和频繁交往而顿时变得毫无限制和无所不包了。迁都表明了这种对借助对象的有意识改变，而波罗的海诸省的征服为实现这种改变提供了手段，因为它立即使俄国在北方各邻国中居于优势地位；使俄国与欧洲所有地方保持经常的直接接触；奠定了同海上强国建立物质联系的基础，这些国家由于俄国征服了波罗的海诸省而开始依赖俄国供应船材料；这种依赖关系，在莫斯科公国这个出产大量造船材料的国家没有自己的出海口，而原来掌握这些出海口的强国瑞典没有拥有这些出海口背后的土地时，是不存在的。

如果说，主要借助于鞑靼诸汗以进行蚕食活动的莫斯科公国的沙皇们不得不使莫斯科公国**鞑靼化**，那么，决心借助于西方以进行活动的彼得大帝则不得不使俄国**文明化**。他一把波罗的海诸省攫取到手，就立即掌握了实现这一过程所必需的手段。这些省份不仅给他提供了外交官和将领，即借以推行他那一套对西方的政治和军事行动的人才，同时还向他供应了大批官僚、教师和军训教官，以便训练俄罗斯人，给他们涂上那样一层文明的色泽，使他们能适应西方民族的种种技术设备，却不受其思想的感染。

无论阿速夫海、黑海或里海都不能为彼得打开这条直接通往欧洲的通道。此外，还在他在世的时候，塔干罗格、阿速夫、黑海，连同那里新建的俄国舰队、港口和码头，都重新被放弃或是丢给了土耳其人。征服波斯之役，也证明是一次不成熟的行动。在构成彼得大帝全部军事生涯的四次战争中，他的第一次战争，即对土耳其的战争（这次战争的成果在第二次对土耳其的战争中丧失了），一方面，固然是对鞑靼人的传统斗争的继续，另一方面，它只不过是对瑞典战争的序幕。第二次对土耳其的战争是对瑞典战争的插曲，而对波斯的战争则是对瑞典战争的尾声。就是这样，持续二十一年之久的对瑞典战争，几乎占据了彼得大帝的全部军事生涯。无论是从这次战争的目的、结局，还是从它的持续时间来考虑，我们都可以公正地把它称为"彼得大帝的战争"。他的全部事业都以征服波罗的海沿岸为转移。

现在，假定我们对于他在军事方面和外交方面的各种行动的详情一无所知。单是莫斯科公国之变成俄国是由于它从一个半亚洲式的内陆国家转变成为波罗的海至高无上的海上强国而实现的这一事实，难道不足以促使我们得出下面这样一个结论吗？即英国这个当时最大的海上强国——一个也扼守着波罗的海门户、从十七世纪中叶起就在那里保持着最高主宰者姿态的海上强国——必定曾经插手过这一巨大的变化，必定曾经是彼得大帝各项计划的主要支柱或者主要障碍，必定曾经在瑞典和俄国之间旷日持久的和殊死的斗争中左右过局势，如果我们没有发现它竭尽全力去挽救瑞典人，那么我们可以肯定它曾尽其所能千方百计地扶持过俄国人。然而，在通常所谓的历史中，英国几乎没有在这场大戏的前台抛头露面，它被描写为一个观众，而不是一个演员。真实的历史将表明，金帐汗国诸汗之有助于实现伊万三世及其先人的计划，并不超过英国统治者之有助于实现彼得一世及其后人的计划。

我们重印的几本小册子，是与彼得大帝同时代的英国人写的，它们全然没有后来的历史学者们那种共同的幻觉。它们断然把英国叫做俄国的最强有力的工具。现在我们将简要地加以剖析、并用以结束这篇外交内幕导言的小册子，就持同样的立场。它的书名是《**真理合乎时宜才是**

真理；或为我国内阁现行的反对俄国人的措施辩解，等等。谨呈下院，1719年伦敦版》。

我们重印的前面两本小册子，用一位崇拜俄国的现代人的话说，是在"彼得统率包括英国之内的所有北方列强的联合舰队在波罗的海上游弋，而这些舰队以在他号令之下航行为荣"的时候或者比这稍晚一些的时候写成的。可是，到《真理才是真理》出版的1719年，事态似乎完全变了。这时候，查理十二已经去世，英国政府装出与瑞典站在一边并对俄国作战的样子。还有一些与这本匿名小册子有关联的情况也值得特别注意。这本小册子声称是一份报告的撮要，而这份报告是作者在1715年8月从俄国回国后，奉乔治一世之命编写并提交给当时的国务大臣唐森子爵的。

"现在，——作者写道——我不期而有幸能够在这里承认我曾经是第一人如此幸运地预见到，或者说，如此直言不讳地警告过我国宫廷：我国当时绝对需要与沙皇决裂，并把他重新逐出波罗的海。""我的报告曾揭示沙皇对其他国家、甚至对德意志帝国所抱的目的。德意志帝国虽然是一个内陆大国，但是，沙皇曾经建议它兼并利沃尼亚，使它成为选侯国，以便沙皇至少也能够被接纳为一个选侯。我的报告也曾提请人们注意沙皇当时盘算采用专制君主的称号。由于他是希腊教会的首脑，他也会被其他君主们承认为希腊帝国的首脑。我不想说我们会多么不情愿承认这个称号，因为我们已经让一位大使用皇帝陛下的称号称呼他，而瑞典还从来没有屈就到这一步。"

这位作者在一段时间内曾经供职于英国驻俄国大使馆。据他说，他后来"**被免职是出于沙皇的愿望**"，因为沙皇获悉：

"我向我们朝廷对他的活动作了本书所述的报告。关于这点，请允许我诉诸国王，并请唐森子爵作证，唐森子爵曾亲耳听到国王陛下说过我是无辜的。""然而，尽管如此，过去五年来，我一直不断地乞求偿付一笔拖欠已久的债款，这笔债款的绝大部分是为执行已故的女王陛下[①]委予的一项使命而

---

① 指英国女王安。——译者注

借下的。"

至于斯坦霍普内阁突然采取的反俄国的态度，这位作者对之颇表怀疑。

"我并不打算通过本文来打消公众给予内阁所应得的赞扬，但是内阁应该就下述问题对我们作出满意的说明，即内阁是出于什么动机直到昨天还在每一件事情上折磨瑞典人，尽管他们在过去完全和现在一样是我们的盟友，内阁又是出于什么动机直到昨天还竭尽全力来加强沙皇，尽管沙皇与大不列颠之间没有任何条约约束而仅仅存在着友好关系。……在我写到这里的时刻，我获悉，不到三年之前曾经让俄国人不在我们的保护之下就以皇家海军姿态第一次出现在波罗的海上的那位绅士，现在又一次得到目前执政的人们的授权，要与沙皇在这些海域上第二度会晤了；这是出于什么理由，或是为了达到什么良好目的呢？"

这里暗指的那位绅士是海军上将诺里斯，他攻打彼得一世的波罗的海战役看来的确像是纳皮尔海军上将和邓达斯海军上将最近指挥的几次海战所遵循的原型。

把波罗的海诸省归还给瑞典，这既是大不列颠的政治利益所要求的，也是大不列颠的商业利益所要求的。这就是这位作者论证的要旨：

"贸易已经成了我们国家的命脉。船队仰赖于造船材料，正如生命仰赖于食物一样。我们与地球上所有其他国家进行的全部贸易充其量不过是赚钱的贸易，而我们与北方进行的贸易则是绝对必不可缺的，并且可以恰当地称之为大不列颠的神圣通道，因为它是大不列颠最主要的对外通道，无论对于支撑我国全部贸易还是对于维护我国国内安全来说都是如此。正像羊毛制品和矿产品是大不列颠的大宗商品一样，造船材料是俄国的大宗商品，也是沙皇最近从瑞典国王那里夺取的所有那些波罗的海省份的大宗商品。由于那些省份已归沙皇所有，帕尔努完全荒芜了。在列维里，我们没有留下一个英国商人，以前在纳尔瓦的全部贸易现在已经转到彼得堡……过去，瑞典人永远也不能够垄断我国臣民的贸易，因为那些海港在瑞典人手中只不过是商品转口的通道，而生产和制造这些商品的地区则位于那些港口的背后，在沙皇的领土上。可是，如果把这些波罗的海港口丢给沙皇,那么它们就不再是通道,而会变成沙皇自己统治下的内陆地区的专门货物堆栈了。沙皇在白海已经有了阿尔汉格尔斯克,让他在波罗的海再有任何一个海港,那就等于把控制**欧洲所有造船材料总库**的**两把钥匙**都交给他掌握,因为大家都知道,丹麦人、瑞典人、波兰人、普鲁士人在他们一些领土上只不过生产那些商品中某些单项而已。如果沙皇把'我们不可或缺的材料的供应'就这样垄断起来,那么我们的船队会怎样呢?此外,说实在的,我们与世界各地的全部贸易的保障又在哪里呢?"

所以,如果说英国的商业利益要求把沙皇赶出波罗的海,那么,"我们国家的利益就应该像马刺一样,驱使我们加紧这一努力。所谓我们国家的利益,照我的理解,既不是指一个内阁的党派措施,也不是指一个宫廷的任何对外政策的动机,而正好是指那种今天是而且永远应该是同维护国王的安全、舒适、尊严和收益以及大不列颠的公共福利直接有关的事情。"至于说到波罗的海,"自从我们取得制海权的最初时刻起"一直被认为是我们国家的根本利益的就是:第一,防止任何新的海上强国在那里崛起;第二,保持丹麦和瑞典之间的均势。

"显示我们**当时的真正英国政治家**的智慧和远见的一个例证,是 1617 年的斯托尔波沃和约。詹姆斯一世是这个和约的调停人,根据这项和约,俄国被迫放弃了它当时占有的全部波罗的海省份,而成为欧洲这一边的一个完全内陆强国。"

瑞典和丹麦同样是根据防止波罗的海兴起一个新的海上强国的政策行事。

"谁不知道,皇帝①想在波美拉尼亚取得一个海港的企图,曾和任何别的动机一样促使伟大的古斯塔夫甚至举兵深入奥地利皇室领域的腹地?在查理·古斯塔夫的时候,波兰除了在当时是北方大国中最强大的国家之外,还在波罗的海拥有一长条海岸和若干港口。但是,波兰国王的遭遇又如何呢?丹麦人当时虽然和波兰结盟,然而即使是波兰人为了援助他们反对瑞典而要在波罗的海

---

① 指斐迪南二世。——译者注

拥有一支舰队,他们也决不会允许。他们无论在什么地方只要遇到波兰船只,都加以摧毁。"

至于在已确立海上地位的波罗的海国家之间保持均势的问题,英国政策的传统同样是清楚的。"当瑞典的势力有粉碎丹麦之势而令我们感到有些不安的时候,我们国家的荣誉就是靠恢复当时失去平衡的均势而保持下来的。"

英吉利共和国向波罗的海派出了一支分舰队,导致了1658年的罗斯基勒条约。这一条约后来又在哥本哈根得到进一步确认(1660年)。丹麦人在国王威廉三世时期点燃的星星之火,同样迅速地被乔治·罗克通过订立哥本哈根条约扑灭了。

传统的英国政策就是这样。

"那个时期的政治家们从来没有想过,为了恢复天平的平衡,要找出那种**扶植一个第三海上大国**的巧妙**办法**来构成波罗的海的更公正的均势……是谁采取了这种与王牌城市奉尔作对主意呢(这个城市的商人都是王公,它出海经商的人在全球备受尊重)?但是我没有点任何人的名。所以,除了不打算对事实公开表态的人之外,没有人会对我发怒。后代将有点难于相信,这居然是**现在掌权的某些人干出来的事情**……居然是**我们完全由自己出力,不要沙皇担任何风险,给沙皇打开了圣彼得堡的大门……"**

万全的政策将是回到斯托尔波沃条约,不让俄国人继续"在波罗的海落脚"。然而,可以说,"由于我们在比较易于做到的时候不抑制俄国势力的滋长,在目前情况下将难以恢复我们已经失掉的优势了"。可以认为,更合乎时宜的将是一条中间路线。

"假如我们认为,这个俄国人拥有一个通向波罗的海的出口,从而在欧洲所有君主中有了一个能够通过向国外市场运销产品而使他最受惠的地区,——假如我们认为这一情况同我国的利益是协调的,那么,另一方面,就有理由期望沙皇陛下,就他那一方面而言,不再谋求任何能够扰害别人的东西,只满足于拥有商船而不要求任何军舰,以报答我们如此迁就他的利益和改善他的国家的处境。"

"所以，我们应该消除他想超出内陆大国的希望，"但是，"也应该驳斥种种说我们对待沙皇比对待任何别的君主更坏的指责。为此，我不准备举出热那亚共和国或者在波罗的海这里的另一个国家库尔兰公国作例子。但是，我要举出波兰和普鲁士，这两个国家现在虽然都有加冕的国王，然而也都满足于享有开放贸易的自由，而不坚持要有一支舰队。我还要举出土耳其人和俄国人之间的法尔奇乌条约，根据这一条约，彼得不仅被迫归还了阿速夫，放弃了他在那些地方的全部军舰，而且只得满足于在黑海仅仅享有通商自由。即使只给他一个通向波罗的海的出口供贸易之用，也大大超过了还在不久前他与瑞典的战争刚刚结束时他在道义上所能期望获得的东西。"

如果沙皇拒不同意这样一种"补救性的折中方案"，我们"感到惋惜的就只是我们贻误了时机，未能运用上帝曾使我们掌握的一切手段来迫使沙皇接受一项有利于大不列颠的和约"。战争将不可避免。在那种情况下，

"就应该既鼓励我们的内阁执行它的目前措施，也激发每一个忠实的不列颠人的满腔怒火：俄国的一个沙皇，多亏我们的指教才掌握了他的航海技能，多亏我们的容忍才建立了他的赫赫功绩，居然转瞬之间就拒绝大不列颠提出的条款，而这些条款他在短短数年之前还曾从土耳其政府方面欣然接受过。"

"不论从哪一方面来说，让瑞典收复俄国人从波罗的海之王那里抢走的那些省份都是符合我们的利益的。"自从大不列颠**把俄国扶植成为那里的一个海上大国以来，它就不再能够控制那个海上的均势了**……如果我们履行了威廉国王和瑞典国王缔结的联盟的各项条款的话，那个英勇的国度早就会成为一个强大得足以阻挡沙皇来到波罗的海的屏障了……时间必将向我们证实，把俄国人**赶出波罗的海现在**应该是我们的内阁的首要目的。"

选自《马克思恩格斯全集》第 44 卷，北京：人民出版社 1982 年版，第 253—330 页。

第五部分　附　录

附录 Ⅰ　研究文献精选

一　弗·恩格斯:《俄国沙皇政府的对外政策》(节选)①

一

我们，西欧的工人政党②，加倍地关心俄国革命政党的胜利。

第一，因为沙俄帝国是欧洲反动势力的主要堡垒、后备阵地和后备军；因为单是它的消极存在，对我们来说已经是一种威胁和危险。

第二，——对于这一点，我们这方面一直还强调得不够——因为这个帝国以其对西方事务的不断干涉，阻挠和破坏我们的正常发展，而且其目的是占领一些可以保证它对欧洲的统治并从而使欧洲无产阶级的胜利成为不可能的地理据点。③

卡尔·马克思的功劳就在于，他第一个在1848年指出，并从那时起不止一次地强调：正是由于这个原因，西欧的工人政党必须与俄国沙皇政府作殊死的斗争。在这里，当我根据这同样的精神发表意见时，我也仅仅是作为我的亡友的继承者，完成他未竟的事业。④

---

① 本文节选自《马克思恩格斯文集》第4卷，北京：人民出版社2009年版。
② 在发表于《时代》杂志的英译文中不是"我们，西欧的工人政党"，而是"不仅社会主义者，而且西欧任何国家的每一个进步政党"。——编者注
③ 在英译文中不是"使欧洲无产阶级的胜利成为不可能"，而是"使进步的一切可能性都消灭在沙皇的铁蹄之下"。——编者注
④ 这一段在英译文中是："在英国，论述俄国的对外政策时是不能不提到戴维·乌尔卡尔特的名字。50年来，他孜孜不倦地致力于向自己同胞介绍他所认真研究过的俄国外交的目的和方式；而对他的全部劳绩的唯一奖赏就是：他成了取笑的对象，并被称为讨厌的饶舌

甚至俄国的革命家有时也表现出他们对俄国历史的这一方面知道得相当少。这是由于，第一，在俄国国内，关于这一切只容许官方的奇谈存在；第二，许多革命家过于轻视沙皇政府，认为它不能有任何合乎理智的行动，其所以不能，部分是由于它鼠目寸光，部分是由于贪污腐化。在对内政策方面倒确实是这样；在这里，沙皇政府的无能是十分明显的。但是不仅需要知道敌人的弱点，而且还要知道敌人的长处。而对外政策，这毫无疑问是沙皇政府所擅长的，而且是非常擅长的一个方面。俄国外交界形成了某种现代的耶稣会，它强大到在需要的时候甚至足以克服沙皇的任性，控制自己内部的贪污腐化，而在外部则更广泛地传播这种贪污腐化之风。最初这一耶稣会主要是由外国人组成的，其中有：科西嘉岛人，如波措－迪－博尔哥；德国人，如涅谢尔罗德；波罗的海沿岸的德国人，如利文。它的创始人叶卡捷琳娜二世也是外国人。

旧俄高级贵族还有过多的世俗的私人利益和家族利益，他们并不绝对可靠，而在这一新教团中供职却是要求绝对可靠的。因为不能强迫贵族放弃个人财产，不能强迫他们接受天主教耶稣会神父的独身主义，所以，开始时仅把次要的职位，以及驻外代表、使节之类的职位委托给他

（续前注）者。的确，平凡的庸人总是这样称呼任何一再谈论不愉快的事情的人，而不管这些事情多么重要。不过，乌尔卡尔特虽然痛恨庸人，但是他既不了解他们的本性，也不了解他们在我们时代存在的历史必然性，所以他的失败是注定了的。在他这位旧派托利党人看来，至今在英国只有托利党人能给俄国以有效的抵制，而英国的和外国的自由党人的活动以及大陆上的各种革命运动通常只对俄国有利，因此他认为：要有效地反击俄国的干涉，就得成为托利党人（或土耳其人）；每个自由党人或革命家都有意无意地充当着俄国的工具。对俄国外交的系统的研究使乌尔卡尔特深信：它是万能的，它确实是现代历史中的唯一积极因素，而所有其他各国政府只是它手中的消极工具；因此，如果不是他那么夸大土耳其的实力，那就不可理解，为什么这个万能的俄国外交不早把君士坦丁堡夺去。因此，为了竭力把从法国革命起的全部现代历史归结为俄国和土耳其之间的外交象棋戏，其他欧洲国家在其中只是充当俄国的小卒，乌尔卡尔特就必须装扮成这样一个东方先知：他不是宣告简单的历史事实，而是用玄秘的夸张的外交语言宣告一个秘密的、神秘的学说，即充满了许多关于很少有人知道，甚至是难以肯定的事实的暗示的学说。他建议恢复那种把叛国的大臣送交法庭审判的做法，并用枢密院代替内阁，认为这是克服俄国外交对英国外交优势的万应良药。乌尔卡尔特是一个有巨大功劳的人，而且是一道地的英国旧派人物；但是，俄国外交家完全可以说：'即使不存在乌尔卡尔特先生，也应该创造出这样一个人来'。"——编者注

们，这样来逐渐培养出本国外交官的班子。至今只有一个真正的俄国人哥尔查科夫在这个教团中身居首领地位；他的继任者冯·吉尔斯的姓又是一个外国姓。

正是这个最初由外国冒险家组成的秘密团体，把俄罗斯帝国变得像现在这样强大。这一帮人以钢铁般的坚定性，始终不渝地追求既定的目标，不惜背信弃义，阴谋叛变，进行暗杀，也不惜卑躬屈节，重金贿买，不因胜利而陶醉，不因失败而气馁，踩着千百万士兵的尸体和至少是一个沙皇的尸体向前进——这一帮人有多大本领就能干出多大的伤天害理的事情；对于使俄国的边界从第聂伯河和德维纳河扩展到魏克瑟尔河以西，直到普鲁特河、多瑙河和黑海，从顿河和伏尔加河扩展到高加索以南，直到奥克苏斯河和药杀水的发源地，他们的作用超过了俄国所有的军队；正是这一帮人使俄国成为巨大、强盛和令人恐惧的国家，并为它开辟了称霸世界的道路。但这样一来他们也就在国内巩固了沙皇政权。在庸俗爱国主义的公众的眼中，胜利的光荣、一连串的征服、沙皇政府的威力和光辉，足以绰绰有余地补偿它的一切罪恶、一切暴政、一切不义和专横；沙文主义的吹嘘夸耀足以绰绰有余地弥补一切拳打脚踢。这些成就的真正原因和详情细节在俄国越无人知道，它们越被官方的奇谈所代替（那些好心肠的政府为了臣民的福利和为了刺激他们的爱国主义到处都在这样做，例如在法国和普鲁士就是如此），这种现象就越厉害。因此，任何俄国人，只要他是沙文主义者，迟早总会拜倒在沙皇政府的面前，像我们从吉霍米罗夫的例子中已经看到的那样。

可是这样一帮冒险家怎么竟能够对欧洲历史的进程造成如此巨大的影响呢？非常简单。他们并不是凭空创造出什么新的东西，他们只不过正确地利用了现有的实际形势。俄国外交的一切成就都具有非常明显的物质基础。

我们来看看上一世纪中叶俄国的情况。那时它就拥有一大片国土，它的居民完全属于同一种族。人口稀少，但增长迅速，因此，单是时间的推移就足以保证国家威力的增长。这些居民在精神上停滞不前，缺乏创造性，但是在其传统的生活方式的范围内，他们无所不能；他们坚忍顽强，大胆无畏，忠贞不贰，吃苦耐劳，对于由密集的人群决定战局的时代的战争来说，他们是最出色的兵源。这个国家的本土只有一面边界，即西部边界面向欧洲，因此也只有这一面易受攻击；国内没有一旦攻下来就可以迫使它媾和的中心；这个国家由于道路交通不畅，幅员广阔，补给资源缺乏，几乎是根本无法征服的——这里为任何善于利用它的人提供了一个无懈可击的坚强的阵地，他可以从这里不受惩罚地在欧洲玩弄各种把戏，把任何一个别国政府拖入无休止的战争。

俄国在防御方面强大到几乎牢不可破，而在进攻方面却相当软弱无力。在国内，军队的征集、组织、装备和调动，都碰到极大的障碍，不仅在物质上有种种困难，而且官吏和军官的贪污现象也极端严重。直到今天，所有想使俄国具备大规模进攻能力的尝试都遭到了失败；很可能，最近一次即目前所做的实行普遍义务兵役制的尝试，也会遭到完全的失败。可以说，在这方面障碍几乎与需要组织的群众的数字的平方成正比地增长，更不用谈在少得可怜的城市居民中找不到现在所需的大量军官了。这一弱点对俄国外交来说从来不是秘密；因此，俄国外交历来尽力设法避免战争，只是把它当做万不得已的手段，并且只是在最有利的条件下才进行战争。俄国只愿意进行这样的战争：由俄国的盟国来挑主要的担子，由它们的领土承受战场的破坏，由它们提供众多的士兵，而俄国军队则担任后备军这种在大多数战斗中都受到保护，但在所有的大战役中却能以相对少的牺牲换得决定战局的荣誉的角色；1813—1815年的战争中就是这样。但是，在这样有利条件下进行的战争是不常有的，所以俄国外交宁愿利用其他强国的互相矛盾的利益和贪欲来达到自己的目的，唆使这些强国互相倾轧，从它们的敌对关系中坐收渔利，以便推行俄国的侵略政策。沙皇政府只是在对付那些显然弱小的敌人如瑞典人、土耳其人或波斯人时，才自己把战争担当起来，在这种情况下它就无须跟任何人分享战利品。

然而再回过来看看1760年的俄国。这个由单一种族构成的不可攻克的国家的邻国，全都是这样一些国家：它们或者表面上或者实际上已趋于衰落，濒于崩溃，因此成了真正的征服对象［matière àconquêtes］。

北部是瑞典,它的实力和威望正是由于查理十二作了入侵俄国的尝试而丧失的;查理十二由此毁灭了瑞典,并清楚地向大家表明了俄国是不可攻克的。南部是已成强弩之末的土耳其人和他们的纳贡者克里木鞑靼人;土耳其人的进攻力量早在一百年前已被摧毁,他们的防御力量还算可观,但也日益减弱;这一日益扩大的弱点的最好标志是:在被他们征服的基督教徒(构成巴尔干半岛人口多数的斯拉夫人、罗马尼亚人和希腊人)中已开始出现反抗。这些基督教徒,几乎全属于希腊正教派,因此是俄国人的教友,而其中的斯拉夫人——塞尔维亚人和保加利亚人——又是他们的同族。因此,只要俄国一宣布自己的使命是保护被压迫的希腊正教教会和被奴役的斯拉夫人,就会在这里为在解放的幌子下的侵略准备好基础。高加索山脉以南,还有一些在土耳其统治下的小的基督教国家和信奉基督教的亚美尼亚人,对于他们,沙皇政府也同样可以自称是"解放者"。而且,在这里,在南方,还有一件使贪婪的侵略者着迷的、在欧洲无与伦比的战利品:东罗马帝国的旧都,整个希腊正教世界的都城;这个城市,单是它的俄国名称——君士坦丁堡——沙皇格勒,就表明了对东方的统治,表明了它的统治者在东方基督教世界中享有的威望。

然而,沙皇格勒作为俄国的第三都城而与莫斯科和彼得堡并列,这不仅会意味着对东方基督教世界的精神统治,而且也是确立对欧洲的统治的决定性的一步。这会意味着对黑海、小亚细亚、巴尔干半岛的独占统治。这会意味着,只要沙皇高兴,他随时都可以封锁黑海,禁止除俄国之外的任何别的商船和舰队航行,会意味着把黑海变为俄国的军港和俄国舰队独占的演习场所,俄国舰队可以在任何时刻从这个安全的后备阵地由设防的博斯普鲁斯海峡出击,也可以返回这个港口隐蔽。那时,俄国只要再取得对松德海峡和两个贝尔特海峡的同样的(直接或间接的)控制,它在海上也就会是不可攻克的了。

对巴尔干半岛的统治将把俄国的疆界扩展到亚德里亚海。但是如果不相应地扩展俄国整个西部边界,不大大地扩张它的势力范围,西南部的这段边界就是不稳固的。而在这方面,形势可以说是更加有利的。

......

在叶卡捷琳娜的政策中已经明显地显示出俄国目前政策的所有主要的特征：兼并波兰，虽然最初还不得不把一部分猎获物让给邻居；把德国变成下一个瓜分对象；把夺取君士坦丁堡当做永不忘记的、可以逐渐实现的最主要目标；夺取芬兰作为彼得堡的屏障而把挪威并给瑞典作为补偿——叶卡捷琳娜在腓特烈港就是这样向国王古斯塔夫三世提出的；用国际法的限制性条款来削弱英国的海上优势；在土耳其的基督教徒—莱雅中煽动起义；最后，把自由主义的和正统主义的词句巧妙地结合起来，按照需要用它来愚弄西欧相信词句的"有教养的"庸人，以及他们的所谓舆论。

到叶卡捷琳娜逝世的时候，俄国的领地已超过了甚至最肆无忌惮的民族沙文主义所能要求的一切。凡是冠有俄罗斯名字的（少数奥地利的小俄罗斯人除外），都处在她的继承者的统治之下，这个继承者现在完全可以称自己为全俄罗斯的专制君主。俄国不仅夺得了出海口，而且在波罗的海和黑海都占领了广阔的滨海地区和许多港口。受俄国统治的不仅有芬兰人、鞑靼人和蒙古人，而且还有立陶宛人、瑞典人、波兰人和德国人。——还想要什么呢？对于任何其他民族来说，这是足够了。可是对于沙皇的外交来说（民族是不必考虑的），这只不过是为现在才得以开始的真正掠夺打好了基础。

......

三

对拿破仑的胜利就是欧洲的君主国对法国革命的胜利，因为拿破仑帝国是法国革命的最后阶段；恢复"正统主义"就是对这次胜利的庆祝。但是，当达来朗想用他所臆造的这个词儿使沙皇亚历山大上钩的时候，俄国的外交却反而借助这个词儿愚弄了整个欧洲。它借口保卫正统主义而建立了"神圣同盟"，这个同盟是俄奥普同盟的扩大，把它变成了所有欧洲的君主在俄国沙皇领导下反对本国人民的一个阴谋。其他的君主都相信这一借口；但是沙皇及其外交如何看待这个借口，下面我们就会看到。

对俄国外交说来，问题是要利用对欧洲所取得的霸权进一步向沙皇格勒推进。为了达到这一目的，它可以利用三个杠杆：罗马尼亚人、塞尔维亚人、希腊人。最合适的是希腊人。这是个经商的民族，而商人最苦于土耳其帕沙的压迫。信基督教的农民在土耳其统治下，物质条件比任何其他地方都优越。他们保留着在土耳其人统治以前就已存在的机构，并且保持着充分的自治；只要他们缴纳赋税，土耳其人通常不管他们；他们只是间或受到像中世纪西欧农民所不得不忍受的那种来自贵族的压迫。这是一种屈辱的、勉强忍耐的生存，但是在物质方面并不太坏，也并不怎样不适合这些民族当时的文明水平；因此，只是过了很长时间之后，斯拉夫的莱雅才发觉这种生存无法忍受。相反，自从土耳其的统治使希腊人的贸易摆脱了威尼斯人和热那亚人的具有压倒优势的竞争以后，这种贸易便迅速地繁荣起来，并且达到这样巨大的规模，连土耳其的统治也不能再容忍了。的确，土耳其的统治，也和任何别的东方的统治一样，是和资本主义社会不相容的；所取得的剩余价值无法保证不受总督和帕沙的贪婪的劫掠；缺少资产阶级从事经营活动①的首要的基本条件，即保证商人的人身及其财产的安全。所以毫不奇怪，自1774年起已做过两次起义尝试的希腊人，这时又一次举行了起义。

这样，希腊人的起义便提供了有利的机会；但是要使沙皇的外交能在这里展开有力的活动，必须防止西方的干涉，也就是说，必须使西方忙于自己内部的事务。而正统主义这个词儿就出色地为此做好了准备。正统主义的君主们到处招致了深仇大恨。企图恢复革命前的秩序的尝试，使整个西方的资产阶级群情激愤；在法国和德国开始酝酿风潮，在西班牙和意大利爆发了公开的起义。这一切阴谋和起义都有沙皇外交插手其间。这并不是说这些阴谋和起义都是由它搞起来的，或者它们获得

---

① 在英译文中不是"资产阶级从事经营活动"，而是"从事有利可图的贸易"。——编者注

暂时的成功至少是得到它的重大支持。但是沙皇外交曾通过它的半官方代理人尽其所能地在它的正统主义的同盟者的内部煽动不和①。它公开地庇护那些在同情希腊人的幌子下进行活动的西方叛乱分子，而这些募集金钱、往希腊派送志愿军及成批的武装辅助部队的希腊之友，不正是那些烧炭党人及西方其他的自由党人吗？

……

其实，就连与共和制的法国（它的执政者经常变动）的同盟对沙皇政府来说也决不可靠，而且更不符合它的夙愿。只有君主制复辟的法国，沙皇政府才会充分相信它是自己在目前唯一可能发生的可怕战争中的盟友。这就是五年以来沙皇政府将奥尔良王室置于自己的十分特殊的庇护之下的原因；他们必须通过和丹麦王室（俄国在松德海峡的前哨）通婚来同沙皇俄国结成亲戚。布朗热将军被利用来准备奥尔良王室（现在也成了俄国的前哨）在法国的复辟，这位将军的信徒们在法国自我吹嘘说，他们大肆挥霍的那些金钱的神秘来源不是别处，正是俄国政府，它供给他们1500万法郎从事复辟运动。这就是说，俄国又在干涉西方国家的内政，这一次是公开以反动派的庇护人的姿态出现，利用法国资产阶级的急躁的沙文主义对抗法国工人的革命精神。

一般说来，正是在1878年以后可以看出，从各国人民越来越敢于起来发表意见并且得到成功的时候起，俄国外交的处境严重地恶化了。甚至在巴尔干半岛，即俄国专门以各国人民解放者的姿态出现的地区，也不再有任何收获。正是罗马尼亚人使俄国人得以在普列夫纳城下获得胜利的，但是他们得到的报答是不得不重新让出自己的那块比萨拉比亚，现在他们很难还会相信关于将来合并特兰西瓦尼亚和巴纳特的诺言了。保加利亚人已经从派到他们国家去的沙皇代理人的活动中饱尝了沙皇式解放的滋味；只有塞尔维亚人，也许还有希腊人，暂时还没有被吓

---

① 在英译文中不是"在它的正统主义的同盟者的内部煽动不和"，而是"在它的正统主义的同盟者的臣民中煽动不满和内部不和"。——编者注

坏，而这是因为他们都不直接站在通向君士坦丁堡的道路上。奥地利的斯拉夫人——沙皇认为把他们从德国的压迫下解放出来是自己的使命——从那时起，至少是在帝国的齐斯莱塔尼亚部分，自己行使统治权。关于万能的沙皇解放各国人民①的空话已经过时，它至多还能适用于克里特岛或者亚美尼亚，但是在欧洲，甚至对笃信基督教的英国自由党人，它也不能产生任何影响了；自从美国人坎南向全世界揭露了沙皇政府在自己的帝国里镇压一切反抗企图的全部卑鄙勾当以后②，甚至连格莱斯顿这样的沙皇崇拜者也不会为了克里特岛和亚美尼亚而再冒欧洲战争的危险了。

现在我们谈到核心问题。俄国在政府政策支持下从1856年开始的内部发展，显示了它的作用；社会革命取得了巨大的进展；俄国日益西方化；大工业化和铁路的发展，一切实物贡赋之改用货币支付，以及因此而引起的旧社会基础的瓦解——所有这一切都以越来越快的速度进行着。但是沙皇专制制度同正处于形成阶段的新社会之间的不可调和性也以同样的速度显现出来。立宪的和革命的反对党成立了，政府只有用越来越野蛮的暴力才能使它们屈服。俄国外交界恐惧地看到，俄国人民自己做主的日子已经不远——到那时，俄罗斯民族由于要处理自己的内部事务，就会既没有时间，也没有心思去做夺取君士坦丁堡、印度和世界霸权那样的蠢事了。1848年停留在波兰边境上的革命，现在正在敲打俄国的大门，而在俄国国内，它也已经有足够的同盟者，他们就只等为革命打开大门的时机了。

当你读俄国报纸的时候，的确会以为整个俄国都热衷于沙皇的侵略政策；到处是沙文主义和泛斯拉夫主义，到处是把基督教徒从土耳其人的压迫下解放出来，把斯拉夫人从德国和马扎尔人的压迫下解放出来的号召。但是，第一，任何人都知道俄国报刊披戴着什么样的枷锁；第

---

① 在英译文中不是"解放各国人民"，而是"解放受压迫的信仰基督教的各国人民"。——编者注

② 英译文中在这句话后面补充有："自从虐杀西吉达女士以及俄国人的其他'暴行'被公开以后"。——编者注

二,政府成年累月地在所有学校里培养这种沙文主义和泛斯拉夫主义;第三,如果这些报刊也表达出一点独立见解的话,那么它只是表达了城市居民的情绪,即新兴资产阶级的情绪,而资产阶级自然热衷于把新的侵略看做是扩大俄国市场的手段。但是这种城市居民在全国只占微不足道的少数。一旦国民议会使俄国人民的绝大多数即农村居民有机会发表自己的意见,我们所听到的就会完全不同。政府曾经试行建立地方自治机关,[①] 而随后它又被迫取消这些地方自治机关,从这个经验中保证可以看到这样的情况:俄国的国民议会仅仅是为了克服最严重的内部困难,也很快就会坚决打消一切发动新的侵略的意图。

决定欧洲当前局势的是以下三个事实:(1)德国吞并阿尔萨斯—洛林;(2)沙皇俄国力图占领君士坦丁堡;(3)无产阶级和资产阶级之间的斗争在所有国家中更加炽烈地燃烧起来,社会主义运动的普遍高涨是这个斗争的标志。

前两件事实使得欧洲分裂为现在的两大军事阵营。德国的吞并把法国变成俄国反对德国的同盟者,沙皇对君士坦丁堡的威胁把奥地利,甚至意大利,变成德国的同盟者。两个阵营都在准备决战,准备一场世界上从未见过的战争,一场将有1000万到1500万武装的士兵互相对峙的战争。只有两个情况至今阻碍着这场可怕的战争爆发:第一,武器技术空前迅速地发展,每一种新发明的武器甚至还没有来得及在一支军队中使用,就被另外的新发明所超过;第二,绝对没有可能预料胜负,完全不知道究竟谁将在这场大战中最后成为胜利者。

只有当俄国局势发生变化,使得俄国人民能够永远结束自己沙皇的传统的侵略政策,抛弃世界霸权的幻想,而关心自己在国内的受到极严重威胁的切身利益时,这种世界战争的全部危险才会消失。

到那一天,俾斯麦[②]将失去他的所有反法同盟者,而这些同盟者是受到俄国的威胁才投入他的怀抱的。不论对于奥地利来说还是对于意大

[①] 在原文中这里和下面的"地方自治机关"是用德文字母拼写的俄文;在英译文中这个词是用拉丁字母拼写的,并在括号中作了注解:(郡参议会)。——编者注

[②] 在英译文中不是"俾斯麦",而是"德意志帝国"。——编者注

利来说，为俾斯麦①火中取栗，去参加欧洲大战，都不会有丝毫的好处。德意志帝国又将陷于孤立，在那种情况下，用毛奇的说法是：大家全都怕它，可是谁也不喜欢它，这是它的政策的必然结果。那时，甚至连为自由而斗争的俄国同共和制的法国的相互接近，对两国的局势来说都将是非常自然的，而对欧洲整个局势来说也将是没有危险的。在这种情况下，俾斯麦本人或他的继承者在决定对法国发动战争之前也必须三思，因为在这场战争中，俄国不会牵制奥地利，奥地利也不会牵制俄国，以便来掩护他的侧翼，两国反而都会为他遭到的每一个失败而高兴，这样，即使单是法国人他是否能对付得了，也是很值得怀疑的。那时所有的同情都会在法国一边，即使在最坏的情况下也会保障法国不再丧失领土。因此，那时德意志帝国将不会走上战争的道路，相反，它大概很快就会发现自己所处的孤立地位难以忍受，因而会诚心诚意地去同法国达成协议；这样一来，可怕的战争危险就会消除，欧洲就能裁军，而从这里得益最多的会是德国自己。

到那一天，奥地利将丧失它存在的唯一的历史根据——作为防止俄国进攻君士坦丁堡的屏障。只要俄国不再威胁博斯普鲁斯海峡，欧洲对于这堆形形色色的民族的存在就会失去任何兴趣。全部所谓的东方问题，即关于土耳其在斯拉夫人、希腊人和阿尔巴尼亚人居住区的统治的继续存在，以及关于黑海门户的占有权的争执（那时已经没有人能够独占这个门户，并用它来反对欧洲）也将失去意义。马扎尔人、罗马尼亚人、塞尔维亚人、保加利亚人、阿尔瑙特人②、希腊人③和土耳其人将终于有可能不受外来力量的干涉而自己解决相互间的纠纷，划定自己的国界，按照自己的意见处理自己的内部事务。那时很快就会发现，在喀尔巴阡山脉和爱琴海之间的地区，各民族以及各民族碎块实行自治和实行自由联合的主要障碍，原来就是那个用所谓的解放这些民族的幌子来掩盖自己的独霸世界计划的沙皇政府。

---

① 在英译文中不是"为俾斯麦"，而是"为德国皇帝"。——编者注
② 土耳其人对阿尔巴尼亚人的称呼。——编者注
③ 英译文中在"希腊人"的后面补充有："亚美尼亚人"。——编者注

到那时，法国将摆脱由于和沙皇结盟而陷入的那种无可奈何的反常的处境。如果说沙皇厌恶与共和国结盟，那么革命的法国人民对于与暴君，与残害波兰和俄国的刽子手结盟则更加厌恶得多。法国如果在战争中站在沙皇一边，一旦失败，法国就不可能使用自己伟大的、唯一有效的自救手段，1793年的挽救手段——进行革命，通过恐怖来动员全民的力量，以及在敌对的国家进行革命宣传。一旦如此，沙皇就会立即与法国的敌人联合起来，因为从1848年起时代已经大大地改变了，从那时候起沙皇已经在俄国国内亲身体验到什么是恐怖了。因此，与沙皇结盟不会加强法国的力量，相反，在最危险的关头，它会妨碍法国拔出自己的刀剑。但是，如果俄国国民议会在俄国取代了强大的沙皇的地位，那么新的解放了的俄国同法兰西共和国的同盟就是十分自然和完全正常的了，那时这个同盟将促进法国的革命运动，而不是阻碍它，那时这个同盟对于为自己的解放而斗争的欧洲无产阶级也会是有利的。由此可见，沙皇的万能权势的跌落对于法国也有好处。

那时，那种把整个欧洲变成兵营并且迫使人们把战争几乎当做救星看待的疯狂的军备竞赛的所有借口也将消失。那时甚至连德意志帝国国会也很快就会被迫拒绝关于不断增加军事拨款的要求。

而这样一来，西方就有可能不受外来干扰地、一心一意地致力于自己当前的历史任务：解决无产阶级和资产阶级之间的冲突和把资本主义社会改造为社会主义社会①。

俄国沙皇专制制度的崩溃也会直接促使这个过程加快。一旦沙皇政权这个全欧洲反动势力的最后的坚固堡垒垮台，整个欧洲的风向就会完全改变。因为欧洲的反动政府②都很清楚，它们虽然由于君士坦丁堡等等而同沙皇争吵不休，但是可能有这么一天，它们会乐意把君士坦丁堡、博斯普鲁斯海峡、达达尼尔海峡以及沙皇所要求的一切都抛给他，只要他

---

① 在英译文中不是"把资本主义社会改造为社会主义社会"，而是"解决与此有关的经济问题"。——编者注

② 在英译文中不是"因为欧洲的反动政府"，而是"因为柏林和维也纳的大人先生们"。——编者注

能保护它们不受革命的危害。所以,一旦这个主要堡垒①本身转入革命的手中,欧洲的反动政府就会彻底丧失自信心和镇静;那时它们将只有指靠自身的力量,并且很快会感到局势发生了多么大的变化。也许,他们竟会派遣自己的军队去恢复沙皇政权——这将是世界历史的莫大讽刺②!

正是由于这些情况,整个西欧,特别是西欧的工人政党,关心着,深切地关心着俄国革命政党的胜利和沙皇专制制度的崩溃。欧洲正好像沿着斜坡一样越来越快地滑向规模空前和激烈程度空前的世界战争的深渊。能够阻止这种趋势的只有一种情况,那就是俄国制度的改变。这种改变必将在最近若干年内发生,这是毋庸置疑的。但愿这种改变及时发生,发生在没有它就无法避免的那种事情出现之前。

1890 年 2 月底于伦敦

二 莱·哈钦森:《马克思〈十八世纪外交史内幕〉1969 年英文版的〈导言〉》(节选)③

1897 年,即在卡尔·马克思逝世十四年之后,斯旺·桑南夏恩公

---

① 英译文中在"一旦这个主要堡垒"的后面补充有:"一旦俄国"。——编者注

② 在英译文中,这句话为:"也许,德国皇帝会受到诱惑,竟会派兵去恢复沙皇政权,可是这一定会成为毁灭他自己的政权的一个步骤"。接着还加了这样一段话:"事实上,毫无疑问,德国正迅速地接近革命,而完全不以俄国或法国可能采取什么行动为转移。最近的普选表明,德国社会党人的力量每隔三年便增加一倍;现在,社会党是帝国所有的政党中最强大的政党,在总数 700 万张选票中,它拥有 1437000 张,一切惩治法和非常法都完全无法阻止他们取得胜利。但是德国社会党人一方面准备接受年轻的皇帝愿意向工人阶级作的任何理所当然的经济上的让步,同时也满怀决心——在实行非常法十年之后这种决心更是空前地坚定——去争回 1848 年在柏林街垒战中获得的、但在曼托伊费尔和俾斯麦统治时期丧失殆尽的政治自由。他们懂得,只有这种政治自由才会为他们提供争取工人阶级经济解放的必要手段。尽管某些迹象仿佛证明着相反的情况,但是我们还是处在德国社会党人同代表专制和宗法权力的德国皇帝展开斗争的前夜。在这场斗争中,皇帝最后必定失败。选举结果表明,社会党人甚至在农村选区也迅速地取得胜利,大城市则实际上已被他们争取到手了,而在每个身体合格的成年男子都是士兵的国家中,这就意味着军队逐渐转向社会主义,只要俄国的制度突然发生变化,这一事件就会在德国产生巨大的影响,这会加快危机的到来并且使社会党人获胜的机会倍增。"——编者注

③ 本文节选自莱·哈钦森:《马克思〈十八世纪外交史内幕〉1969 年英文版的〈导言〉》,载《马列著作编译资料》第 5 辑,北京:人民出版社 1979 年版。(罗铁鸽译 杜章智校)

司出版了由卡尔·马克思的女儿爱琳娜·马克思和爱德华·艾威林编辑的他的《东方问题》一书。那时所谓东方问题，是指东南欧由于奥斯曼帝国衰落和几个相互竞争的超级帝国企图损害土耳其来进行扩张而造成的危险局势。那时巴尔干被看做"欧洲的斗鸡场"；希腊、塞尔维亚及保加利亚这些新国家作为大国的代理人，相互之间搞阴谋并进行战争；英国尽力扶持土耳其来阻止俄国向爱琴海扩张，认为这种扩张可能危及它通往印度的生命线；种种阴谋和暗杀活动以1895年在沙皇煽动下谋杀保加利亚的亲奥地利摄政王斯塔姆布洛夫的案件达到了顶峰；1898年德国皇帝访问君士坦丁堡，用德国军训教官换取商业和铁路方面有价值的让步，从而进入这个斗鸡场。

因此，那时出版马克思的《东方问题》一书很适时，引起了相当大的兴趣。《每日纪事报》说它"对土耳其帝国的政治经济情况和社会情况的分析非常精辟，今日仍同原来写作时一样真切"；较保守的《韦斯明斯特评论》虽然对"他肆意辱骂高级政治人物"感到遗憾，也不禁要钦佩他的精神力量，他发表意见的勇气，以及他的"对一切屑小卑微事物的嘲笑和蔑视"；然而《利物浦邮报》所欣赏的，是"这本书在传记方面的兴趣……因为对那个时期一些知名人士所作的剖析是如此强劲有力和挥洒自如，读者为之耳目一新，被剖析的对象若还活着定会狼狈不堪"；《正义报》所赞扬的，是"巨匠的不知疲倦的精力，抓住细节的非凡本领，以及敏锐的、奇迹般的远见"。所有报纸都一致认为，这部著作能使人们（用《利物浦邮报》的话说）"更清楚地理解最近发生的东方问题，这些问题目前正在引起人们的关注，并且检验着君士坦丁堡的大使们的外交才能。"这些外交才能导致了1912年的巴尔干战争和1914年的世界大战。

在《东方问题》一书的序言中，编辑者提到马克思在较早的时候写的两部关于这同一个问题的著作，并且答应早日予以出版，这两部著作就是《十八世纪外交秘史》①和《帕麦斯顿勋爵传》（帕麦斯顿是在

---

① 马克思这一著作在1899年出版的爱琳娜·艾威林所编单行本中题为《十八世纪外交秘史》，莱·哈钦森沿用了这一书名。中译文恢复了马克思在报刊发表时的标题：《十八世纪外交史内幕》。——译者注

《东方问题》中受到透彻"剖析"的"高级政治人物"之一)。爱琳娜·马克思承担了这项工作,但她不幸在书稿付排之前逝世了,然而由于这两部著作受到人们极大的关注,原出版社决定在1899年将未经编辑者最后审定的书稿分作两本定价两先令的小册子予以出版。

二

欧洲激进派观点在十九世纪上半叶把俄国沙皇专制制度视为反动派。俄国沙皇、奥地利皇帝和普鲁士国王1815年为恢复法国革命前的状态和粉碎无论何地出现的雅各宾主义而结成神圣同盟;让农奴制长期存在下去;在俄国和波兰无情镇压自由思想;沙皇靠牺牲土耳其帝国进行扩张——所有这一切都能证实这个观点是正确的。尤其是,欧洲进步运动和为1795年被神圣同盟三国最后瓜分的波兰争取解放的斗争紧密地结合在一起。用马克思的话说,波兰是革命运动的"晴雨表"。

英国政府的暧昧态度,帕麦斯顿的狡猾的、令人迷惑不解的政策,以及自由派政客掀起的反俄喧嚣,促使欧洲的激进派相信,英国为了它自身的利益,是反对沙皇帝国主义及其镇压行为的盟友。然而,马克思并没有受骗。在《帕麦斯顿勋爵传》中,他斥责英国是俄国专制制度的"工具和帮凶",而在《外交秘史》中,他又提供历史资料来证明这种默许的做法可以追溯到十八世纪初。

《外交秘史》是马克思在英国博物馆图书馆从事研究的成果。它包括一些被辉格党著作家们忽视了的、"没有人敢于公布"的文献,由马克思加了评论。开头是驻俄国宫廷的英国使节寄回的几件秘密书函,写作时间包括安娜女皇在位时期到沙皇保罗在位初期,"就是说包括十八世纪的绝大部分时间",它们有助于表明英国当时已准备背叛自己的盟友来为俄罗斯帝国的利益效劳。在圣彼得堡海外商馆的牧师、威廉·庇特的近亲耳·克·庇特牧师的一件手稿的摘录中,包含着一个表明当时辉格党寡头政权的共同幻想的直率的说法:"……把它(大不列颠)同俄罗斯帝国联系在一起的纽带是自然形成的、是破坏不了的。"不过,马克思这本著作的主要目的,是表明辉格党外交政策的亲俄性质应追溯到北方战争（1700—1721年）和俄国作为欧洲大国出现的时候。为了这个目的，他重新刊印了英国在彼得大帝时期出版的几个小册子，这些小册子清楚地表明当时"俄国的意图就被理解了，而且英国政治家们对这些意图的默许受到了英国著作家们的抨击"。其中第一本叫做《北方危机》，是1716年当俄国、丹麦、波兰、普鲁士和汉诺威为瓜分帝国结成同盟时发表的，它探究俄国的政策，揭示俄国控制瑞典对英国造成的危险；第二本叫做《防御条约》，记载英国破坏1700年英瑞条约的情形；第三本叫做《真理合乎时宜才是真理》，说明英国默许俄国成为控制波罗的海强国同英国的传统政策背道而驰。这三本小册子揭示了，从签订英瑞条约的1700年起至1719年止，英国曾不断地"支持俄国并通过密谋或以公开力量对瑞典作战，尽管这项条约从未废除，也从未宣战"。马克思认为，"现代历史学家们"对这些令人不快的事实一致保持缄默，有意予以忽视，是令人奇怪的事情。

除了提到英国放弃卡尔斯之外，书中没有谈到克里木战争。显然，马克思并不认为这场战争的爆发会丝毫动摇他关于辉格党寡头政治集团是沙皇帮凶的观点。相反，与这场战争有关的许多事件还有助于维护这个论点。罗素和帕麦斯顿的辉格党政府在1851年就已下台，代之而起的是先以得比勋爵后以阿伯丁勋爵为首的皮尔派托利党人同持异议的辉格党人组成的联合政府。同时，沙皇尼古拉一世执行的可怕的镇压政策，在国内造成了政治上和精神上的窒息，在国外扶持了反动派。尼古拉镇压了匈牙利反对奥地利的起义；威胁要摧毁1848年革命在普鲁士建立起来的任何共和国；而且在1848年还发表了一个警告欧洲各国人民的宣言，要他们屈从于自己的君主，"因为上帝是同我们站在一起的"。尼古拉还在印度北部边境制造麻烦使印度的英政府惊恐不安。这一切使得英国在当时产生了强烈的反俄情绪。

克里木战争最初是俄国与法国帝国主义之间的冲突。法国对没落中的土耳其帝国早就垂涎三尺，在1831—1833年间曾支持过土耳其的埃及省长穆罕默德－阿利的反叛。在1851年路易－拿破仑政变之后，冲突变得更加尖锐。尼古拉清楚地看到，路易－拿破仑势必要以对外轻率冒险来分散国内对其政府不稳定的注意力，因此，当法国不承认俄国是土耳其帝国东正教教徒的保护人，并宣布自己是土耳其苏丹的所有天主教臣民的保护人时，他并不吃惊。尼古拉早在1844年访问英国时就对帕麦斯顿讲过，关于"垂死病人"土耳其的问题，他所害怕的只是法国。当法俄之间的这一冲突达到危险地步时，对辉格党人的传统亲俄政策深信不疑的尼古拉，曾指望得到英国的积极支持，至少能使它保持中立。1853年初，尼古拉曾无耻地建议"当病人（土耳其）死去时"由俄英两国瓜分土耳其。英国将能得到埃及，以及克里特岛，"如果这个岛合你的心意的话"。阿伯丁政府拒绝了这个建议。要是接受这个建议，那就不仅意味着要同法国直接交战，而且还会引起受凌辱一方的强烈抗议。然而还是由于英国的坚持，当年八月在维也纳集会的列强向土耳其苏丹发出了照会，劝他接受俄国的要求。土耳其拒绝接受，于是战争不可避免。阿伯丁政府是英国许许多多届无能的政府中最无能的一届，它由于各种各样的原因，如为了应付英国的舆论，为了警告俄国不要染指地中海，最重要的是为了密切监视法国，不能信赖它独自带着军队进入土耳其国土，而无意中表面站在传统敌人法国方面投入了战争。当时法国同俄国相比，被认为是对英帝国利益更大得多的威胁，克里木的英军司令腊格伦勋爵在同盟国军事会议上常常莫名其妙地失言，把法国人称为敌方，并不是完全没有意义的。

  马克思写《外交秘史》的动机是政治性的。他想要驳倒"大陆和英国著作家们所共有的这样一种偏见，即英国只是在较晚的时候，而且是在过晚的时候，才理解或猜想到俄国的意图"，并且想要纠正欧洲革命运动中那些亲英派的想法。他是为当时发生的重大政治问题提供一个历史背景。现在，在这部著作写成一百多年之后，它获得了非同寻常的历史价值；马克思的深刻观察和尖锐分析对那些比较正统的学究式历史作了必要的矫正。不过，由于这里所涉及的事件不是发生在当代，一般地介绍一下历史情况对现今的读者来说也是合适的。

三

如果说历史是人类社会发展的记录，那么每一个世纪就必须同它先前的各个世纪联系起来研究。十六世纪是欧洲在社会、经济和思想方面发生深刻变化的世纪。这是人类摆脱中世纪的蒙昧，开始向旧的价值观念挑战的时代；是地理发现、政治和经济发展以及社会进步的时代，在这个时代，新兴的资本主义同封建欧洲旧特权阶级之间的经济冲突采取了意识形态的形式，终于造成了一系列激烈的宗教战争，总的称作宗教改革运动与反改革运动。

在十六世纪这样开始的这个基本冲突，到十七世纪还继续进行着，并且规模变得更大了。十七世纪是战争与起义的时期，在这一百年当中只有七个和平的年份：1610年，1669至1671年，1680至1682年。那时，资产者同乡村绅士结成同盟，不仅攻击罗马教会的专利权，而且还攻击他们自己在反封建贵族的斗争中所建立的专制君主政体。这些专制君主政体奢侈浪费，挥霍无度；他们所用的官吏无不一有机会就损公肥私。君主们不仅用现金酬谢他们的宠臣和官吏，而且还授给他们王室领地、专利权和若干种货物的征税权。这些得到王室恩赐的人又以同样的方式赏赐自己的仆从，而全部负担都落在商人、小绅士和农民的肩上，这些人在日益增长的苛捐杂税的重压下苟延残喘。在这种制度下资本主义无法兴旺，必须进行斗争来改变它。这并不是说，那些在克伦威尔领导下推翻了查理一世的商人及其学徒、伦敦附近各郡的绅士以及伪善的宗教狂热者，是实践某种理论的有觉悟的革命者。完全不是这样，因为当他们获得政权时，他们不知道拿它怎么办，又只好恢复君主制，不过这一次设置了特殊的条件，即建立了议会作为保护他们利益的最高权力机构。这类起义只是在英国和葡萄牙获得了彻底的胜利。在加塔卢尼亚、安达鲁西亚和那不勒斯发生的反西班牙君主制的起义失败了；在莱茵河西岸地区和波希米亚发生的起义导致了三十年战争；投石党运动在巴黎遭到了失败，这使得法国资产阶级又过了一百五十年之后才跟上了他们的英国同伴的步伐。由此产生的惊人的结果是：到十七世纪末的时候，英国这个在斯图亚特王朝统治下曾先后是西班牙和法国的卫星国的三等国家，已成了一个主要的海上强国和商业强国，而在那个世纪初力量最强大的西班牙却已经变得衰败不堪了。

在十六世纪和十七世纪，欧洲的力量平衡由法国与哈布斯堡帝国之间的对抗保持着（哈布斯堡帝国当时包括德国、奥地利、西班牙、荷兰和意大利的大部分领土）。法国在这个时期的外交与军事行动的主要目标是打破哈布斯堡对法国的包围；黎塞留和马扎里尼通过灵巧的外交和直接或间接介入使帝国陷入瘫痪的三十年战争成功地做到了这一点。但是，他们这样也就破坏了力量的平衡，法国在十七世纪下半叶路易十四统治时期无可争辩地成了欧洲的主要强国，一个实行侵略和扩张的大国，既富有又人多，而且拥有由能干的将军们指挥的强大的陆军和海军，对英国、荷兰、德国和西班牙构成经常的威胁。当路易为他的孙子接受了因疯狂的、无后嗣的查理二世逝世而空出的西班牙王位，扬言"比利牛斯山不再存在"的时候，这种威胁变得令人难以忍受。1701年，英国、荷兰和奥地利结成了反对法国的大同盟，发动了西班牙王位继承战争。在战争的弥漫硝烟中，很少有人注意到有一个新的强国登上了西方舞台，以后若没有它的参与，任何事情也决定不了。这就是俄国。

四

直到十八世纪初，西方只知道有俄国这样一个名称，在西方的概念中，它是一个无定形的地理区域，上面居住着分裂教会的野蛮人，他们仿佛忠诚于一个兼作神父的国王。除了作为原料产地和波罗的海沿岸破落的日耳曼贵族的牧场以外，它被认为对欧洲无甚意义。俄国产品的绝大部分由瑞典经销，不过早在十六世纪的时候，西方有进取心的商人们就曾试图建立直接贸易，法国、荷兰和英国的商船曾在短暂的解冻期访问过北方各港口。尤其是英国的冒险商人们曾渴望获得沿伏尔加河而下至波斯的自由过境贸易，并且开发当时已由俄国的商业世家斯特罗加诺夫在开发的西伯利亚财富。

一次偶然的事情使英国同俄国建立了较密切的关系。1553年，理查·吕斯勒尔为了寻找东北通道，在一个不知名的海湾登岸，发现自己来到了俄国而不胜惊奇。他受到了第一个称沙皇的莫斯科大公、绰号叫雷帝的伊万四世的盛情接待，两年以后又去那里商订了一项非常有利的贸易协定。吕斯勒尔很有洞察力，他写道："他们（俄国人）若是知道自己的力量，那就谁也敌不过他们。我可以把他们比作一匹不知道自己有力量的小马，不管它力气多大，一个小孩用笼头就能牵着它走；要是这匹知道自己有力量，那么无论小孩还是大人都驾驭不住。"

沙皇愿意付高价从英国获得他为了同条顿骑士团、波兰及瑞典进行斗争所需要的物资以及军事和技术专家。他同意让英国人在俄国做生意，并在那里建立一个海外商馆，不必纳税并享有治外法权。根据这个情况，1555年在伦敦成立了俄国公司，垄断英国同阿尔汉格尔斯克之间的贸易。

1569年，伊万向英国伊丽莎白提出缔结全面攻守同盟，规定各方君主在对方国内有政治避难权，英国停止同波兰贸易并向俄国提供造炮和造船的技师。波兰国王恳求伊丽莎白拒绝这个同盟，唯恐俄国拥有海军和受过现代军事技术训练的改革过的陆军，会变得过分强大，而为北方列强所无法对付。他说："我们迄今为止打败了他，是因为他愚昧无知。"伊丽莎白和她的顾问们尽管需要他们所能得到的一切贸易，也认识到不值得缔结这个同盟。甚至伊万慷慨地提出同他的第五个夫人离婚来娶英国宫廷的一位小姐，也没有奏效，而只是使这位小姐吃了一惊罢了。

俄国当时之所以与世隔绝、技术落后，是因为它是个内陆锁国，向黑海的出口被土耳其帝国切断，向波罗的海的出口被瑞典、丹麦和波兰切断，白海则被冰封着。所有贸易和交通全靠伏尔加河、顿河及第聂伯河这几条大的内陆水道。第聂伯河使俄国同拜占庭文明与东正教发生联系。君士坦丁堡落在土耳其人手中之后，连这个有限的出口也被封锁了。

俄国人由于四面是敌人，几乎一直处在战争状态中。对鞑靼统治的长期抵抗，加之基辅和诺夫哥罗德这两个统治集团之间的不和，使莫斯科获得了领导权，它的王公们以既奸诈又大胆的方式不仅摧毁了鞑靼权力，而且创建了大俄罗斯国家。当时并没有固定的国界，因为这些国界是随着胜利不断向前移动的。只需要建立临时性的防御工事和农民战士哥萨克的拓居地，为了摆脱收税官和同样贪婪的地主而逃来的农民把空地住满之后，防御工事和拓居地就向前推进。土地很肥沃，但是劳力不足；因此地主竭力迫使农民留下来耕种土地，这样就产生了1649年正式颁布的全国农奴制度，农民丧失了一切权力并成为其主人的私有财产。这使得农民更多地出走，造成一个隔一定时期就发展为叛乱的爆炸性因素。

因此，俄国的内陆扩张首先是由防御的需要，其次是由对国内民众的压迫决定的。起初是在反对鞑靼人的斗争中向东南方扩张，然后是向东北方，进入西伯利亚，往太平洋方面扩张。1581年，一个反叛的哥萨克带领少数士兵夺得了西伯利亚额尔齐斯河和鄂毕河这两条大河周围的领土，为了得到沙皇对他的赦免而把它交给了沙皇。从那时起，与其说要进行征服，不如说只要去占领就行了。逃避暴政的拓荒者们，在完全没有政府支援的条件下，不畏严酷的气候，利用几条大河流，于1643年达到了太平洋。移民和商人随即来到。

但是莫斯科政府的雄心不在这里。它所要的，是进入波罗的海和黑海这些无冰封的海域。它认为，同欧洲建立直接联系，对于技术发展、陆军现代化、创建海军以及俄国产品的自由出口都是极其重要的。然而，由伊万三世和伊万四世采取的打通出海口的一切尝试，都失败了。这个雄心要由彼得大帝来实现。

五

三十年战争给人民带来苦难，但对大的土地所有者则非常有利。空旷的乡村受害最大，村庄被烧毁，田地、庄稼和牧畜被破坏，农民不是被杀害就是被迫躲进森林。德国和波罗的海容克地主甚至在战前就已开始的圈地运动，由于农村人口减少而加速了进程。只有住在设防的庄园里的权贵们免遭打击,而且他们充分意识到:随着粮价上涨和除了参战军队的需求外,整个西欧城市居民需求量的增加,可以从大规模的农业和畜牧业中,从大量出售谷物、木材、牲畜和马匹中谋求巨额利润。同样,对瑞典的铁和铜,尤其是对木材、大麻、帆布、沥青及油脂的需求量也很大,英国、荷兰、法国和西班牙的强大海军没有这些东西就不能出海。

销售这些货物并获得利润,需要通过中间商。国际金融这时大部分掌握在路德教派或加尔文教派的银行家手里,他们对自己贷款性质的考虑表现出惊人的灵活性。阿姆斯特丹的一位瓦隆人加尔文派教徒路易·德·吉尔,控制着瑞典的整个经济命脉,他不仅向瑞典的陆海军,而且向所有欧洲国家的陆海军提供经费,而不管这些国家站在哪一方面。直到1685年路易十四愚蠢地将胡格诺派教徒驱逐出法国以前,法国王室的收入都控制在胡格诺派教徒,特别是德尔沃特手里,但是即使在采取这种激烈行动以后,路易十四仍然向流亡在瑞士的胡格诺派教徒借钱,后者也仍然把钱借给他。加尔文派教徒维特更是胜过所有这些人:他为天主教国家企图消灭新教徒的战争筹措资金,是华伦斯坦的得胜军队的给养供应者、军需官和经济组织者。**金钱没有臭味**。

唯有俄国人没有获得他们应得的利润。航海必需的物资主要来自俄国,但它从1617年与瑞典缔结斯托尔波沃条约之后,被完全与波罗的海隔开了。尔后又由于旧汉萨同盟的没落而更进一步被排斥于波罗的海之外,这个同盟到三十年战争结束时已丧失其在英国、俄国、瑞典和荷兰的特权地位。英国和荷兰的商人纷纷进入波罗的海,开始并吞汉萨同盟的贸易。荷兰的加尔文派教徒接管了汉萨同盟的汉堡港口,1619年建立了汉堡银行。

这是瑞典扩张的时期。1621年,瑞典人开始征服利沃尼亚和立陶宛,接着就击败波兰及其附庸勃兰登堡——普鲁士,兼并普鲁士的默麦尔港、皮耳劳港和埃尔宾港,并吞格但斯克,占领波美拉尼亚。1645年,他们打败丹麦,根据勃罗姆堡条约,丹麦被迫降低海峡税,并把波罗的海中那些保障出入北海的战略岛屿割让给瑞典。丹麦被削弱为北方海域的二等国。三十年战争于 1648 年以缔结威斯特伐利亚和约结束,使瑞典成了波罗的海的霸主,控制着瑞典本土以外的辽阔领土,并占有列维里、里加、施特廷、不来梅和费尔登这些重要港口。

然而,瑞典帝国犹如一座东倒西歪的房子,既没有统一,又没有雄厚的财富,也没有众多的人口来支撑它。它的政体是不稳定的,国王在理论上是选任的,并且受贪心而自私的贵族寡头政治集团的约束,而后者总是喜欢制造障碍和进行反叛。瑞典帝国的兴起,部分地是由于德国的分裂,古斯塔夫·阿道夫的军事才能,他的大臣、决定政策的五人政务会的首脑奥克森施蒂纳投机取巧的本领,但主要是由于法国在政治上、财政上和军事上的支持。

瑞典周围全是记恨它的敌人,只有法国是朋友。英国和荷兰由于需要航海物资,对法瑞同盟有恐惧和猜疑;汉诺威选侯觊觎不来梅和费尔登;勃兰登堡－普鲁士选侯妄想得到西波美拉尼亚;波兰希望收复利沃尼亚,丹麦国王想要收回丢失的领土和地位;而俄国的沙皇彼得对芬兰湾至德维纳河地区早已垂涎欲滴。

1672 年,瑞典在摄政王的率领下跟法国一起参加了法荷战争,而丹麦和勃兰登堡支持反法联盟。瑞典人战胜了丹麦人,可是,当他们向柏林挺进时,在费尔贝林出乎意外地败在勃兰登堡选侯手中。选侯乘胜侵占了瑞典的德国属地,夺取了施特廷和施特腊耳宗德。只是靠法国干预,瑞典才得救,法国侵入了选侯的领土,通过缔结圣日尔曼条约迫使他把西波拉美尼亚归还给瑞典。不过这对瑞典只不过是死刑缓期执行而已;当临到最后考验时,法国正在西班牙王位继承战争中全力同英国和德意志帝国作战,不可能来援救瑞典。

瑞典战败的重要后果,是瑞典的亲法寡头政治集团信誉扫地,加强了对这次灾难性失败没有责任的君主政体的地位。在较低阶层的支持下,查理十一世成了绝对的统治者,打算通过收回被其软弱无能的前辈转让出去的王室领地,来重新建立王室财政。这个叫做归并过程的步骤很自然地在握有那些领地的贵族当中引起了强烈的愤恨。他被判处死刑,但是逃跑了,受到沙皇彼得的热情欢迎,沙皇彼得利用他把所有希望瓜分瑞典帝国的国家组成了一个联盟。

帕特库尔的联合反瑞的建议得到丹麦国王弗里德里希四世和萨克森选侯奥古斯特二世的热烈赞同，前者是妄图得到当时在瑞典保护下的霍尔施坦公国及其他利益，后者则是在不久以前才在俄国的支持下当上波兰国王。普鲁士和汉诺威都以贪婪的眼光盯着瑞典的波美拉尼亚，赞同帕特库尔的建议，但又踌躇不定，想看看战事如何发展再说。沙皇也按兵不动，但是答应，一当他结束同土耳其人的战事（他当时同奥地利结成神圣同盟，一起与土耳其人交战）就立即进攻瑞典。

瑞典为了对付这个联盟，同英荷两国签订了一个全面防御条约，1700年2月5日由威廉三世国王代表英荷两国加以批准。乔治一世的辉格党政府在不否认这个条约的情况下将它置之不顾的惊人做法，是《外交秘史》第四章讨论的主题。

如同所有的战争一样，这次对瑞典的战争也有极其高尚的宗旨。据宣布，它的唯一目的是解放被压迫的利沃尼亚贵族。丹麦无疑是抱着这个宗旨立即向霍尔施坦公国发起进攻。英国和荷兰的海军舰队立即被派去占领松德海峡，这是位于丹麦的西兰岛（哥本哈根城就坐落在那里）与瑞典的斯卡尼亚省（瑞典根据1660年欧利伐和约从丹麦获得的）之间的一条狭窄海道。年青的瑞典国王查理十二世侵入丹麦，一直胜利地打到哥本哈根城门口。丹麦被迫求和，接受屈辱性的特拉温达尔和约，答应放弃霍尔施坦并退出与萨克森和俄国的同盟。

丹麦投降的第二天，沙皇彼得匆匆忙忙同土耳其媾和之后，向瑞典宣战并侵入利沃尼亚。查理急忙向北运兵，乘彼得正在围攻爱沙尼亚与英格里亚之间的纳尔瓦要塞时向他发起进攻，这个战役是1700年11月30日在暴风雪中进行的。俄国军队虽然在数量上大大优于瑞典军，然而是按旧的中世纪制度征募来的乌合之众，既无交通又无后勤，而且是由德国将领指挥，士兵根本听不懂德语命令，对他们毫不信任。负责指挥的将军德·克罗伊在这次战役的最初阶段就想方设法回避敌人，本来能够包围瑞典兵的骑兵部队被命令渡过纳尔瓦河仓皇撤退。沙皇很快就从中汲取了教训；他完全没有气馁，而是把他全副精力用去组织军队。

彼得获得了时间。查理没有乘胜追击彼得,而是向波兰和萨克森的奥古斯特进军,他错误地把这个被马克思描写为"司空见惯的道德沦丧"的人看做是他的头号敌人。波兰人和萨克森人对瑞典的进攻很少抵抗,查理占领了华沙,并在克拉科夫设立了司令部。查理发觉打败波兰人容易,而要占领他们的国土就较难,于是设法迫使接受政治解决。波兰因为国王是选任的,自称是共和国。权力属于不让平民参加的议会。议会的每个贵族议员都有**自由否决权**,不仅可以用它来阻挠通过法律,而且还可以用它来解散议会,因此在从 1652 年到 1764 年的一百多年当中,只有七届议会是有始有终的。贪赃枉法是这种立宪制无政府状态的特色,所以查理毫不费力就说服议会废黜了奥古斯特,选上了他提名的斯塔尼斯拉斯·列申斯基。

为了使奥古斯特顺从对他的废黜,查理追赶这位不幸的选侯到萨克森,并在途中侵犯了奥属西里西亚,在那里宣布自己是受奥地利压迫的新教徒的保护人。奥古斯特被追到了由缅施科夫统帅的俄军守卫着的莱比锡大门前。然而,1706 年 9 月在阿尔特兰施太特,奥古斯特没有告诉俄国人就接受了查理提出的要求,承认斯塔尼斯拉斯为波兰国王,放弃和俄国的同盟,并同意把帕特库尔交给查理报复。这个条约中受到奥古斯特遵守的唯一的条文是最容易执行的一条:帕特库尔被交给查理车裂死了。一个月之后,当俄国人在卡里斯击败瑞典将军马迪费尔德时,奥古斯特又和对这项条约仍一无所知的俄国人站在一起了。

查理的成功以及他对奥皇的蔑视,促使路易十四希望瑞典能和他一起反对大同盟。西班牙王位继承战争对路易说来很不顺利。他对奥地利的入侵以 1704 年在布伦海姆遭到惨败告终;1706 年他被尤金统帅的帝国军队驱出意大利,拉米莱斯战役后又被马尔波罗赶出西班牙属荷兰的大部分地区;他险些在西班牙站不住脚,英国在那里占领了巴塞罗纳和马德里。如果查理能被诱使向维也纳进军的话,路易就能集中主要兵力对付在荷兰的英国人和丹麦人。同盟国家也感到了这种可能性,在焦虑不安的奥皇的紧急要求下,马尔波罗被派往查理在萨克森的军营去提醒他与英国缔结的条约所具有的神圣性质。马尔波罗立即就发现同盟国家完全不用担心：这位瑞典国王的帐篷里到处是俄国的地图，他正在打算向彼得沙皇报仇。奥皇对奥地利境内的新教徒随便作了一些让步，查理就宣称已得到满足，带着一支三万三千人的第一流军队向东进发了。

六

当查理忙于波兰和萨克森的战事时，彼得没有闲着。他的"新型"军队，不是由以前的德国将军指挥，而是由俄国将军舍列美帖夫指挥，在利沃尼亚和爱沙尼亚打败了瑞典驻防军，并且踏遍整个国家，通过战斗取得了经验。然后，彼得沿涅瓦河一直挺进到它的出海口，1703年5月1日在那里攻克了瑞典的涅斯参茨要塞，并把它改名为圣彼得堡，无耻地宣布它为他的新首都。他立即在涅瓦河的一个岛上修筑了喀琅施塔得要塞，建立了铸炮厂。他又沿芬兰湾南岸进发，拿下大学城德普特，最后向纳尔瓦堡垒发起强攻。瑞典人从海上向圣彼得堡发起进攻，但被击退，并损失了一些舰只，彼得曾亲自以士兵身份参加这场战斗。1705年，俄国人征服了库尔兰、维尔纽斯和格罗德诺，开始大批地出现在波兰东部。

然而，尽管彼得取得了这些成就，他还是不愿意同可怕的瑞典国王交锋。当查理向前推进时，沙皇全力镇压四起危险的叛乱，其中一起是重税与压迫激起的顿河哥萨克叛乱。第聂伯河哥萨克也难于驾驭，他们的首领马泽泊决定背叛彼得投奔查理。瑞典国王拒绝彼得的一切和平建议，决心向莫斯科进军，可是当他发现俄国人已破坏了他前进路上的一切，并且正在骚扰他的补给线时，他就折向南方，企图与马泽泊会合。从此瑞典人就连遭不幸。从利沃尼亚来的援兵遭到阻击而大批伤亡；马泽泊被打败了，只带着少数追随者逃奔查理；1708年到1709年间的那个冬季是有史以来最严酷的一个冬季，瑞典士兵遭到了一个世纪以后拿破仑士兵所遭到的同样可怕的苦难。这个冬天过去之后，瑞典军队中能作战的人员已减少到不足一万七千人，查理的唯一希望是迅速取得决定性的胜利。他向第聂伯河上的小要塞波尔塔瓦进攻，以诱使彼得开战。彼得上了圈套。但是，现在俄国军队同在纳尔瓦被打败时的情况已大不相同，在数量上占巨大优势。瑞典军不是被俘就是被歼，查理的脚被打伤，他和马泽泊好不容易才渡过第聂伯河逃到土耳其境内。

北方战争在这以后还持续了十二年，不过瑞典帝国是在波尔塔瓦灭亡的。丹麦国王、接着是不久就要当普鲁士国王的勃兰登堡选侯，急于要趁火打劫，向瑞典宣了战；萨克森的奥古斯特废弃了阿尔特兰施太特和约，又被俄国人扶上波兰王位；俄国人自己又掠取了芬兰并为圣彼得堡奠定了基础。

1715年，俄国、丹麦、波兰、普鲁士和汉诺威签订了一个共同瓜分瑞典帝国的协定。汉诺威的乔治将得到不来梅和费尔登。因此，乔治以汉诺威选侯的身份向瑞典宣了战，又以英国国王的身份进行了这一战争。

七

汉诺威的乔治在1714年成了英国的乔治一世。在这之前一年，西班牙王位继承战争已经以缔结乌得勒支和约结束。虽然昂茹的菲力浦保住了西班牙王位，但是西班牙的欧洲领地由奥地利和萨瓦瓜分了，奥地利得到荷兰。英国无疑是主要受益者。

乔治一世的即位使辉格党重新上台，在这以后辉格党又执政了四十五年。托利党被怀疑对詹姆斯党人抱有同情，因此也就受到汉诺威王朝头两个国王的怀疑。

辉格党和托利党不是现代意义上的群众性政党。这是两个对抗的寡头政治集团。当时统治英国的是由少数彼此间有血缘或婚姻关系的大家族组成的贵族，他们由国王赐予荣誉和官职。由于这些大土地所有者大多数都承袭了以前的教会属地，他们都坚决反对天主教，这是阻碍斯图亚特王朝复辟的主要障碍。他们比法国的大土地所有者更强有力，他们对经营庄园很感兴趣，进行农业试验，涉猎艺术和科学，从事他们表面上轻视的贸易。另一方面，他们过着奢华的生活，为自己在乡间建造宫殿般的住宅，进行豪华的旅行，收藏艺术品，恣意赌博并且仆役成群，结果是经常现金短缺。政治被用来医治这种营养缺乏症。让长子进入政界受王室庇护,以年金和闲差维持家族利益,已成为惯例;如果他这样做时也为国家效力,那是没有异议的,可是看来并不是非如此不可。次子们则进入陆军、海军、教会或司法界。

这些大家族不仅控制着他们所出席的上议院,而且还通过他们提名的人控制着下议院。选民没有代表性,只有各郡的世袭地产保有人和城市的团体中有选举权。例如,巴思城只有三十五名选民。其他许多议席都被那些实际上往往不存在的"腐朽市镇"的代表们和"夹带市镇"的代表们所占有,前者被出价最高的人所收买,后者则属于土地所有者,他们指定人去代表他们。例如,新堡公爵就有五十五名必须按照他的指示投票的"夹带议员"。

议员没有薪俸;相反,往往为了当选还得出钱。1730年,在单独一届议会当议员的代价为一千五百英镑;1830年为七千英镑。然而,政治被指望带来重利。假使一位议员成了部长,就很容易做到。"贿赂大师"罗伯特·沃尔波尔为他的三个儿子弄到了报酬优厚的政府职务,当时他的三儿子,闲话栏作家霍雷修还在中学念书。一般没有义务约束的议员就向出价最高的人出卖他们的影响和选票。在这些出高价收买者当中有像东印度公司、俄罗斯公司这样的大贸易垄断资本家。

在十八世纪初期,同俄国的直接贸易只占英国全国贸易的一小部分,从俄国的进口只有从瑞典进口的一半不到。由于瑞典出口商品的大部分,尤其是造船材料,原来是俄国的产品,由荷兰商人在阿姆斯特丹销售,俄罗斯公司就认为,如果俄国在波罗的海得到出海口,它就可以通过伦敦的公司向欧洲出口它所生产的一切货物,从而使其贸易和利润大大增长。因此,在北方战争期间,俄罗斯公司热衷于亲俄反瑞。它大力展开了宣传鼓动活动,包括贿赂、请愿和喧嚣的示威,来促使政府积极介入反对瑞典的战争。载着禁运品驶往俄国而被瑞典人拦截的英国船上的海员,被作为民族的英雄来宣扬,以激起全民族的悲愤。马克思写道:"那时,有关的集团就为贸易和海运业发出呼声,全国都稀里糊涂地予以附和。"

俄罗斯公司受到荷兰银行家的援助和支持,这些银行家把阿姆斯特丹的瑞典经纪人的利益丢在脑后，对俄国大量投资，并向沙皇提供舰只、军火、指挥官。尽管1703年的荷瑞商约明文禁止航行敌方港口，荷兰人还是就瑞典人拦截他们为俄国运送军火的船只发出叫嚣。荷兰和英国之间仍然有十分密切的联系，荷兰发表反对瑞典的声明是否可能事先未经得英国政府同意，或者未让英国政府知道，这是值得怀疑的。

天平上最后一个对瑞典不利的砝码是乔治国王。他作为汉诺威的选侯对瑞典宣战之后，盼望英国来替他打仗，以实现汉诺威的野心。唐森、斯坦厄普和沃尔波尔的政府搞了个典型的辉格党妥协方案：它决定为俄国利益对瑞典作战，但是既不宣战，也不废除1700年的英瑞同盟。

八

查理十二世在土耳其流亡了五年，极力要说服土耳其苏丹对俄国宣布总体战。土耳其人的确进行了战争，不过，他们在收复亚速夫后就心满意足地回到家里，对查理的战争鼓动再也不感兴趣。最后，查理取道陆路回到瑞典，发现那里的局势极其危险。联盟对波美拉尼亚发起全面进攻，除了施特腊耳宗德要塞和维斯马港以外，瑞典军队已被完全赶出这个地区。瑞典枢密院建议国王求和，尽力挽回损失，可是查理却要决战到底。他全力以赴防守施特腊耳宗德，并且命令瑞典军舰从海上进行防卫。但是，英国政府借给了汉诺威八条战舰，汉诺威又把它们转借给了丹麦。若是这支被加强了的丹麦舰队不够用，诺里斯将军统率的一支英国舰队就停在施特腊耳宗德附近的海面上。形势对瑞典舰队太不利了，瑞典舰队就这样被自己的盟友阻拦住而无法介入战争。施特腊耳宗德陷落了，接着是维斯马港也陷落了，国王本人差点被敌人俘虏。

这时，瑞典已失去本土以外的一切领域，联盟计划把战争带到瑞典本土上去。联盟各国的军队由英、丹、俄三国的舰队负责从丹麦的西兰岛护送到瑞典南部的斯卡尼亚去，这是瑞典1660年根据欧利伐和约从丹麦那里获得的一个省份。有四万名俄国士兵已在包括诺里斯的英国舰队在内并由沙皇亲自指挥的联合舰队保护下运到了西兰岛，他们驻扎在那里，由丹麦政府出钱维持。对斯卡尼亚的袭击定在1716年9月25日进行，那时条件很有利，而且斯卡尼亚获得了大丰收，可是沙皇不顾丹麦国王、英国公使和诺里斯将军上将的劝诫，拒绝采取行动。他先是把这次袭击推迟到来年春天，接着宣布他只能提供十五个营的兵力供登陆用。丹麦不能独自去干这种冒险的事情，因为连这么几营俄国兵是否能兑现还是问题。国王撤销了这次袭击，可是沙皇赖在西兰岛上迟迟不走，他为了维持他的军队一个月花费丹麦政府四万帝国塔勒，并且还收买英国和丹麦的水兵去投奔他的海军，使得丹麦人开始害怕他想要夺取哥本哈根和西兰岛。然而最后，沙皇让他的军队由丹麦花钱维持越过冬天以后，回到了德国。

这个袭击斯卡尼亚的流产计划完全是丹麦人的主意。丹麦的弗里德里希希望利用俄国军队来收复根据欧利伐和约丧失给瑞典的全部丹麦领土，同时迫使瑞典人停止对丹麦属国挪威的进攻。然而，沙皇摧毁瑞典帝国并不是为了创建一个丹麦帝国。在那以后，俄国想要成为波罗的海最强的国家。

但是，彼得的一举一动愈来愈引起他的西方盟友的关注和警惕。1716年，他把侄女嫁给了梅克伦堡大公，这是汉诺威选侯和勃兰登堡选侯（这时的普鲁士国王）的近邻。根据婚约，大公必须把他的国家完全交给俄国军队支配，为防止国内发生骚乱而接受俄国的保护。作为报酬，大公应该得到本应划归普鲁士的斯维马和瓦内芒迪，普鲁士应该得到本应划归汉诺威的不来梅和费尔登，汉诺威则将一无所得。乔治一世得知这点之后自然大怒，他的英国大臣们想起了他们根据1700年条约对瑞典的义务，开始考虑恢复由于他们援助俄国而破坏了的波罗的海的力量平衡。

他们做得太迟了：俄国和瑞典已在商谈缔结同盟。查理从流亡归来后给一个名叫冯·格尔茨的霍尔施坦贵族授予了广泛权力。当卡斯尼亚的败局拖延未决时，格尔茨同彼得保持着联系。他提出瑞典把它的波罗的海省份让给俄国，而俄国则应支持瑞典反对丹麦以及给丹麦以支援的任何其他国家。瑞典所失去的波罗的海省份，应该由夺取丹麦所属的挪威来补偿。普鲁士在它的要求得到满足后，不会进行干涉，还在忙于同土耳其作战的帝国也会如此。只有汉诺威可能制造一些麻烦，不过英国若是由斯图亚特王朝取代汉诺威王朝，就能使汉诺威变得无足轻重。

1715年的詹姆斯党叛乱只是1745年那次更严重的叛乱的序幕。同时，英国政府十分清楚，在英格兰和苏格兰有许多人不喜欢汉诺威王朝及其对外纠纷，甚至不同程度地公开为"海外的国王"干杯。法国和西班牙自然希望推翻乌得勒支条约，正像格尔茨认为并且沙皇也赞同的那样，在这两个国家帮助下，是完全可能把汉诺威人赶出英国的。

为了实行这一计划，彼得在1717年访问了巴黎，名义上是要把他女儿嫁给年幼的国王路易十五世，同时也是为了说服法国废弃乌得勒支条约。他的两个目的都未达到。摄政王与王位之间仅隔着一个病弱的孩子，因此他不愿冒风险。格尔茨在荷兰的运气也并不好些，他在那里按照英国政府的要求被拘捕。在伦敦，瑞典大使卡尔·尤伦堡被逮捕，他的文件被扣押。此人后来自称是《北方危机》的作者，马克思认为不是。

格尔茨被释放，1718年瑞典和俄国的全权大使在阿兰岛上会晤，商定结盟条件。查理十二世据此立即入侵挪威，在那里在可疑的情况下他遭到杀害。瑞典寡头政治集团为此感到高兴。他们让他的妹妹登上王位，并且处死了格尔茨，因为他支持嫁给霍尔施坦大公的查理的姐姐继位。寡头政治集团这样重新掌权之后，立即废弃了同俄国的条约，设法把战争继续进行下去。可是，彼得在战争期间精心培育起来的俄国海军控制着波罗的海，把部队载运到斯德哥尔摩附近登陆。

这时，英国决定进行干预，以支持瑞典并阻止波罗的海成为俄国的内湖，它曾通过不宣而战，在巴骚角击沉西班牙舰队的办法保存了乌得勒支条约，现在它想用同样办法在波罗的海对付俄国舰队。此时一定感到颇为迷惑不解的诺里斯海军上将，又被派遣带领一支分舰队去波罗的海，尽其所能去帮助瑞典。可是，他还未能为瑞典提供任何有效的帮助，南洋泡沫事件就在英国爆发，使英国突然陷入了破产境地。诺里斯被召回，瑞典被扔下听天由命。结局不可能拖延很久。1721年，瑞典和俄国在芬兰的尼施塔得缔结了合约。后者获得了利沃尼亚、爱沙尼亚、英格里亚、一部分卡列里亚和一部分芬兰。1719年，在不列颠的逼迫下，又把施特廷和奥德河河口让给了普鲁士，同时还答应丹麦割去霍尔施坦大公的什列斯维希。只有波兰、萨克森和梅克伦堡大公一无所获。瑞典帝国所剩下的只是波美拉尼亚的一部分，这还是由于它的老盟友法国坚持才得以保住的。

在用强制性奴隶劳动在英格里亚沼泽地的木桩上仓促建成的新首都圣彼得堡，彼得以狂欢的酒宴庆祝了他的胜利。他完全有理由庆祝。俄国不仅实现了它通向大海的抱负，而且还成了在波罗的海和北欧占支配地位的国家。

九

俄国首都从莫斯科迁往圣彼得堡是一种挑战行为。它是正式警告欧洲，俄国不仅要定居下来，而且还要扩张。因为只有在邻近国家和海岸线被制服以后，这个新首都才能保证得到安全。西方某些精明的观察家开始考虑，这个征服过程既已开始，不知将在何处停止。正如马克思所说："彼得堡这个帝国的**外偏中心**从一开始就表明：一个圆周尚有待于划定。"

这一点是《北方危机》的作者所没有忽视的："我们那时将对自己的盲目性感到吃惊：我们听说他在彼得堡和列维里构筑了大量工事而竟没有猜到他们的计划。"据这位在1716年写作的作者说，沙皇当时的计划是逐个地吞并他的弱小盟国，尤其是丹麦，独揽全部北方贸易，并通过用运河把几条大河连接起来，使里海和黑海到彼得堡之间可以通航，把东方贸易控制起来。在战争期间培育起来的俄国海军，在数量上强过丹麦和瑞典两国海军的总数。况且，沙皇这时能够拒绝向海上强国英国和荷兰提供它们所依赖的造船材料。这位作者企图使《北方危机》成为"每一个诚实的辉格党人和每一个诚实的托利党人"都应该阅读的训诫书；他激励道："……我们当心自己吧！沙皇肯定无疑将成为我们的敌手，他现在越被忽视，对我们将越危险。"

小册子《真理才是真理》（原标题太长，这里说简单点）的作者也是同样明确,甚至更为好战。这本小册子是作者"因沙皇要求"被撤销他在英国驻莫斯科大使馆的职务之后于 1715 年写成,在 1719 年俄国与汉诺威王朝的英国之间关系紧张时出版的。备忘录是已跟彼得发生争吵的乔治一世亲自下令起草并呈交给国务大臣唐森子爵的。

作者主要关心英国造船材料所受到的威胁。他论证说,大不列颠的使命依赖于贸易,贸易依赖于船队,而船队依赖于造船材料。瑞典永远不能威胁这种造船材料的供应,因为它的港口只不过是通道,货物是俄国生产的。假如允许沙皇保留他从瑞典那里夺取的波罗的海省份,那么,加上阿尔汉格尔斯克,他就掌握着"控制欧洲所有造船材料总库的两把钥匙",因为丹麦、瑞典、波兰和普鲁士"在同盟一些领土上只不过生产那些商品中的某些单项而已"。如果情况是那样的话,作者问道:"那么我们的船队会怎样呢?此外,说实在的,我们与世界各地的全部贸易的保障又在哪里呢?"

既然事情已到了这种地步,作者认为,如果沙皇不保有战舰,可以让他拥有一个"进入波罗的海的港口",而如果沙皇拒绝这些合理的条件,英国应该进行战争去收复那些从瑞典那里夺去的省份,主要目的就是要把俄国人赶出波罗的海。然而他对唐森内阁有怀疑,也怀疑诺里斯海军上将最近一次出航的目的。

既然有过这样强有力的公开警告,辉格党的政治家们就再也不能说他们不了解沙皇的野心了。可是他们没有采取行动。为了保存乌得勒支条约而同法国结成的暂时同盟,很快就变成了在商业和殖民地方面的竞争,并且在奥地利王位继承战争和七年战争中进行了激烈的争夺。在十八世纪其余的年代和进入十九世纪后的很长一段时间,英国历届政府只能看到一个敌人,就是法国及其卫星国西班牙。凡是对抗法国或者削弱法国的国家必然是英国的盟友。譬如,1743 年在奥地利王位继承战争中,英国单独支持奥地利反对法国、普鲁士和巴伐利亚;而在 1753 年,它又支持普鲁士反对这时是受法国与俄国支持的奥地利。英国和俄国虽然是站在对立面,但从未直接冲突,实际上,在整个战争期间,英国一直给俄国支付在 1715 年商定的补助金,俄国作为回报则负责保护汉诺威不受普鲁士的任何侵略。

无论是侵略还是冷遇,都压制不住辉格党人要与俄国结盟的热情。老庇特查塔姆勋爵受叶卡特林娜二世的大臣们劝诱,提出了针对法国的俄国、丹麦及瑞典与大不列颠结盟的北方同盟"大概念";可是北方同盟也就是1780年的武装中立成立时,它却不是支持英国而是反对英国的。诺思政府假装相信俄国加入这个同盟是受了西班牙大臣弗洛里达布朗卡的欺骗,试图通过把米诺卡岛送给俄国来对它进行贿赂,而这会使俄国成为一个地中海国家。

武装中立公约是从俄国受到的许多次冷遇中的一次,它丝毫也没有影响当时英国政治家们当中流行的这样一种信念,即俄国是他们的天然盟友。当俄国代替衰落的奥地利成为中欧主宰者的时候,当俄国威胁波兰独立的时候,当它打算瓜分瑞典的时候,当它无情地往东向奥斯曼帝国推进的时候,英国的政治家们都善意地观望着。他们一心惦着来自法国的危险,对俄国在近东和印度对英帝国利益所构成的威胁熟视无睹。然而后者才是真正的威胁。印度是彼得大帝在遗嘱中指出俄国将来必须取得的国度之一,征服印度的计划在俄国的长期战略中反复出现。法国冒险家贝诺瓦·德·布瓦吉纳(后来成为马拉提人军队的指挥官,但当时是为俄国工作)在1776年曾打算从圣彼得堡取道里海、鞑靼海峡和克什米尔去印度旅行。他出发之前拜见了女皇叶卡特林娜二世,女皇要他提供他走的这条线路的详细情况,以便俄国从此方向入侵印度。1800年,沙皇保罗与波拿巴配合,命令从陆上入侵印度时,曾给奥尔洛夫将军一些地图,德·布瓦吉纳画的示意图就是其中的一份。

马克思在《外交秘史》中发表的外交信件,应该部分地参照这个背景来研究。

十

第一封信是英国驻圣彼得堡公使写给最强有力的首相罗伯特·沃尔波尔的儿子霍勒修·沃尔波尔的。写于1736年,安娜女皇在位时期,当时安娜正与土耳其作战。

安娜是一个毫无魅力的统治者,她是彼得大帝的有一半日耳曼血统的侄女,在作俄国女皇之前是寡居的库尔兰公爵夫人。她带了许多德国顾问到俄国来,这些人除一人之外,都只以贪婪出众。宠臣比伦既无才能又无政治兴趣,他唯一的目的就是搜刮钱财;赌棍勒文华尔德甚至更糟;不过管理外交事务的奥斯特尔曼却足智多谋,米尼希也颇有军事才能。这群德国贵族在以前所未闻的规模掠夺了俄国之后,开始实行对外征服的对策。他们的目标对准波兰和土耳其。

萨克森和波兰的国王,受彼得保护的奥古斯特二世于1733年逝世。法国支持查理十二世提出的已成为路易十五世岳父的斯塔尼斯拉斯·列申斯基为候选人,而俄国则要求选奥古斯特的儿子。法国人当时正在设法把奥地利赶出意大利,米尼希就同奥地利结成联盟,率领五万名俄军侵入波兰。列申斯基逃往法国,奥古斯特三世被立为波兰国王,使得波兰更加丧失独立性,而宠臣比伦则被硬塞给库尔兰人作公爵。战争全面铺开,俄国不得不派军队到遥远的莱茵河去增援奥军打法国。虽然奥地利是英国传统的反法盟友,英国还是严格保持中立。奥地利在战争中损失最大,那不勒斯和西西里丢给了西班牙,而法国和西班牙的波旁联盟则靠损害帝国和意大利扩大了势力。英国处于孤立状态。

俄国入侵波兰,使边境与波兰毗邻的土耳其人感到惊恐。他们的惊恐是有道理的。波兰王位继承战争一结束,俄国就建议哈布斯堡皇帝以损害奥斯曼帝国来补偿他在意大利的损失。俄国的目的是要获得克里木。因此,这两个帝国就在1735年对土耳其宣战。

奥斯曼帝国虽然在库普里利家族的大臣们执政时曾有过短暂的中兴,但是由于从十六世纪中叶以来在经济和社会方面陷于停滞,历届政府腐败无能,它已在迅速衰落。自1683年土耳其在维也纳被击溃后,土耳其人对西方已不再是一种军事威胁,他们自己已被迫采取守势。从那时起,土耳其人在帝国和威尼斯的沉重压力下,被赶回到自己领土内,把匈牙利和特兰西瓦尼亚丢失给帝国,摩里亚和达尔马威亚沿岸丢失给威尼斯。这一神圣同盟的第三个参加者彼得大帝向亚速夫海进军,1697年夺取了亚速夫要塞,但是在1711年不得不重新放弃它。1699

年，土耳其被迫接受屈辱性的卡尔洛瓦茨和约，几乎将全部夺来的领土割让给神圣同盟。从那时起，如同波兰是北欧的"病夫"一样，土耳其构成了东欧的"病夫"，列强围拢来急不可耐地要瓜分它的财物。

1735年的战争是赤裸裸的掠夺性战争。米尼希和拉西统率的俄军入侵和蹂躏了克里木，夺取了亚速夫和奥察科夫，并且计划沿第聂伯河而下从海上直取君士坦丁堡。土耳其人在绝境中，向不列颠和荷兰求援。他们所得到的是什么样的援助，由英国驻圣彼得堡公使龙多给霍勒修·沃尔波尔的信可以看出。龙多关于调停和劝使俄国议和的提法，就是把土耳其宰相写给英国国王、对俄国宫廷有些"非难的话"的两封密信的内容，泄露给俄国大臣奥斯特尔曼。龙多以令人吃惊的天真糊涂要求俄国人不要让土耳其知道他已出卖他们的信件，因为如果他们知道的话，只会使"事情恶化"。

对土耳其人幸运的是，攻占君士坦丁堡一事，由于无能和陆、海军承包人的欺诈，而未能实现，此外，由于土耳其农民仍然英勇善战，使得奥军在巴尔干遭遇很惨，奥地利在贝尔格莱德成立了和议，俄国对此不得不予以默认。土耳其收复了克里木，但是同意拆除亚速夫要塞。然而，这对土耳其来说只不过是暂时缓刑而已。

十一

第二封信是英国驻圣彼得堡公使乔治·麦卡特尼爵士写给格伦维耳政府的国务大臣，声名狼藉的桑德威思伯爵的。

这是早在女皇叶卡特林娜二世在位时写的，当时英国同俄国谈判商约。不过叶卡特林娜及其首席大臣帕宁当时手头有更重要的事情，他们故意挑剔和拖延这个商约，以便使英国默认他们的侵略计划。因为叶卡特林娜和普鲁士的弗里德里希二世刚刚为瓜分波兰和瑞典，为让俄国重新进攻土耳其而结成了同盟。

麦卡特尼的信使那些至今使英国历史学家们感到迷惑的事件变得明白易懂。它表明格伦维耳的托利党政府打算甚至比辉格党更厉害地屈从于俄国的利益。

波兰是头一个牺牲品。奥古斯特三世于1763年逝世。叶卡特林娜和弗里德里希早已预见到会出现缺位，立刻提出了他们的候选人斯塔尼斯拉斯·波尼亚托夫斯基，这是一位曾经做过叶卡特林娜的情人的波兰贵族。奥地利和法国表示反对，但是并不准备进行战争，在俄国显示了军事力量并且贿赂了三十五英镑之后，波尼亚托夫斯基当选了。叶卡特林娜和弗里德里希还曾商定，波兰和瑞典的宪制无政府状态，贵族寡头政治集团完全有权阻挠执行机构的情况应该保留。叶卡特林娜写道："那里有我们可以随意摆布的绝妙的无政府状态。"这种无政府状态有个不好的地方，就是宗教上的偏执性。信奉天主教的多数人拒绝给信奉基督教的少数人以宗教上和政治上的权利。这些少数人几乎都是正教教会的成员，他们被称作分裂派教徒。他们要求俄国主持正义，叶卡特林娜接受了他们的要求。他对波兰国会企图以废除否决权，采用多数决议来改革宪法，早已感到不愉快。俄国军队在国王选举后没有撤出，这时便进行了干涉：为首的改革派被送往"西伯利亚居住"，旧宪法被宣布为神圣不可侵犯，分裂派教徒成为国会和上院一切职位的合适人选，他们的修道院和教堂得到修复。天主教统治集团和耶稣会在法国的鼓励下这时在贵族当中酝酿着叛乱。他们有一批人在紧靠土耳其国境的巴尔成立了一个联盟，开始进行游击战。法国人派遣杜木里埃带着钱和武器去援助他们，然而在年青的俄国将军苏沃洛夫的天才面前，一切都无济于事。苏沃洛夫把这个联盟的成员赶过了土耳其边境，他们在那里遭到哥萨克的猛烈追击，其中许多人在土耳其的巴尔塔城被哥萨克屠杀。土耳其苏丹由于长期为俄国代理人在他领土上的活动所苦恼，为俄国在波兰的存在而感到不安，加之又受到法国的煽动，便对俄国宣战，"以保卫天主教波兰的自由"。

俄国政府在外交上还没有作好与土耳其人作战的准备。它曾打算在整个形势有利时进行劫掠式的战争；但是，由于法国支持土耳其，奥地利害怕俄国进军多瑙河而进行战争准备，情况变得复杂了。俄国认为，可以依靠英国使法国的干涉中立化，可以利用普鲁士来抚慰奥地利。

普鲁士的弗里德里希曾著有《反马基雅弗利论》一书，但是却十分愿意浑水摸鱼。他劝奥地利同土耳其签订一项秘密条约以反对俄国进军；他告诫俄国，奥地利准备抵抗俄国对土耳其的进攻，而他由于自己的国家已山穷水尽而无法再帮助俄国；最终他提议这三国应在土耳其问题上达成协议，而到波兰去寻求补偿。玛丽-泰莉莎记得波兰人曾怎样帮助她从土耳其人那里拯救维也纳，为波兰的命运流下了眼泪，可是，正如弗里德里希指出的："她为波兰哭得越多，从它那里取走的东西也越多。"

根据1772年8月5日圣彼得堡条约，"为了结束波兰的无政府状态"，俄奥普三国一致同意瓜分波兰的大片领土。俄国夺得了德维纳河和第聂伯河以东的全部领土；奥地利占有了加里西亚和克拉科夫城；普鲁士并吞了波兹南和波属波美拉尼亚。波兰无力抵抗，就这样失去了三分之一的领土。当奥地利这样受到抚慰，正在消化它的食物时，俄国感到可以放手去继续进行反对土耳其的战争。

英国诺思政府对这次无耻瓜分波兰没有表示任何抗议，它也丝毫无意干预对土耳其的战争。正如乔治·麦卡特尼爵士的信所透露的，英国对俄国政策的默许在这以前几年就已得到保证了。帕宁及其他俄国大臣曾使不幸的麦卡特尼确信，他们的一切行动都是针对法国人，为了在丹麦和瑞典破坏法国势力的。他们告诉他，只有英国同俄国签署了同盟条约，其中包括当俄国对土耳其作战时英国不仅要表示支持，而且要支付补助金以帮助它进行战争的条款，俄国才会同英国缔结商约。麦科特尼愿意英国在战时支持补助金，可是认为俄国在平时也要求这种补助金不合乎情理。英国还被要求每年支付一笔补助金来推进俄国在瑞典的政策，"以便彻底消灭法国在那里的利益"。英国还要秘密地按照俄国的意图，在瑞典组织一个亲英的派别，因为"甚至最聪明的人也往往会被一个虚名所迷惑"，这个派别应当以"自由与独立之友"的面目出现。不过，决不应该做任何事情去扩大君主政体的势力或者削弱寡头集团的特权。为了酬谢英国这些帮助，俄国将放弃关于造船材料的出口税问题，并在西班牙进攻葡萄牙时借给英国一万五千名俄国士兵。

麦科特尼透露，丹麦被诱使签订了一个类似的协定，答应每年向俄国支付五十万卢布补助金以支助拟议中的土耳其战争，断绝与法国的一切联系，并"采用俄国对瑞典的全部观点"。然而，俄国瓜分瑞典的阴谋在1772年被古斯塔夫三世的政变打乱了，古斯塔夫推翻了瑞典寡头集团的政权，并同法国缔结了坚固的同盟。叶卡特林娜当时正忙于土耳其战争，又面临着哥萨克叛乱的危险，只好暂时放弃她对瑞典的野心。

看了麦卡特尼透露的情况以后，英国在1768年—1774年俄土战争期间的所作所为就不再令人感动惊奇了。1769年，土耳其军大败于德涅斯特尔河，俄军占领了雅西和布加勒斯特。第二年，一支俄国舰队离开波罗的海，它载着英国的补给品和两名英国海军上将（约翰·埃尔芬斯顿爵士和约翰·格雷哥爵士），穿过北海、英吉利海峡、比斯开湾，来到地中海东部，奥尔洛夫将军正在那里等候着去支援一场希腊反土耳其人的起义。奥尔洛夫贻误了原来打算在希腊的登陆，不过，俄国舰队在英国指挥官率领下在希沃斯岛东面的切什梅与土耳其舰队遭遇，并彻底摧毁了它。在陆上，俄国军队践踏了克里木，夺取了多瑙河和德涅斯特尔河上的土耳其要塞，占领了摩尔达维亚和瓦拉几亚。土耳其人被迫求和，于1774年7月在库楚克-凯纳吉缔结和约。克里木宣布独立；但是俄国得到了亚速夫、控制亚速夫海与黑海间的海峡的刻赤，以及位于第聂伯河口的金布恩。黑海对俄国的船只和商业开放，俄国成了摩尔达维亚和瓦拉几亚所有基督徒的保护人，而这为它提供了一个随时进行干涉的借口。

法国外交大臣戴居雍在俄国对土耳其获得胜利之后，确信叶卡特林娜的下一项议程将是对它的盟国瑞典的瓜分。他天真地以为，由于这明显地违反英国的利益，他能指望英国支持他来阻拦女皇。可是他不知道英国已深深卷入俄国的计划。所以，当他向英国驻巴黎大使建议，英国应当同法国一起派强大舰队到波罗的海去威胁俄国时，他得到的答复是，如果法国派舰队去波罗的海，英国也派舰队去那里，那就"无法预防由偶然冲突引起的事端"。

英国无疑得到了俄国的感激；它不久就会发现，在国与国之间，感激是一种罕有的美德。

十二

《外交秘史》中发表的第三封,也就是最后一封信,是后来成为马姆兹伯里伯爵的詹姆斯·哈里斯爵士(当时英国驻圣彼得堡公使)写给谢尔伯恩政府的国务大臣格兰瑟姆勋爵的。它写于1782年8月英国处境最困难的时候。从1779年起,英国单独对抗着整个欧洲,它与法国、西班牙、荷兰和北美殖民地进行紧张的战争,同时受到武装中立联盟的牵制,参加这个联盟的俄国、瑞典、丹麦和普鲁士同西班牙、荷兰及法国联合起来阻止英国海军对它们的军火走私船行使搜索权。1781年,康沃利斯在约克镇投降,不仅实际上结束了北美战争,而且使英国威信扫地。法国和西班牙当时仍然继续围攻直布罗陀,米诺卡岛很快就要失守。在这种情况下,谢尔伯恩内阁急切想议订一个尽量有利的和约,哈里斯在圣彼得堡的任务就是争取俄国的支持。

事情比伦敦想象的更困难。中欧的均势已发生变化。1778年,普鲁士和奥地利为巴伐利亚王位继承问题发生了战争。法国和俄国保持中立,但是同意从中调停;然而法国卷入了北美战争,调解的任务就落在俄国身上。俄国推行它的和平计划的办法,是以战争威胁来迫使奥地利接受它的条件。结果产生了贴欣和约,根据这一和约,俄国成了欧洲的仲裁人。贴欣和约的结果是奥地利不再信任它与法国的结盟而转到俄国方面,而这又使得普鲁士转到法国方面。

因此,哈里斯发现自己在圣彼得堡不仅受到法国同叶卡特林娜的亲法大臣们(他轻蔑地称他们为巴黎的理发店学徒)的阴谋活动的阻扰,而且还受到普鲁士国王的阻挠,他"正在施加影响反对我们"。叶卡特林娜宫廷里的头号普鲁士代理人,是她的大臣尼基塔·帕宁伯爵,他曾多年领取柏林的津贴。所以,哈里斯发现帕宁最不合作,甚至怀有敌意。这位俄国大臣毫不理会哈里斯讲的道理,竟然宣称英国是由于它自己傲慢顽固才招致不幸,它既不应该指望得到朋友的帮助,也不应该指望得到敌人的宽容,而应该同意作出任何让步以求得和平。哈里斯感到很愤慨,不过幸而"控制住了自己,没有感情用事"。

他跟女皇及其宠臣波将金打交道的情况也并不更好些,他们不大爱听哈里斯关于"大不列颠与俄国之间利益不可分割"的说教。女皇似乎很不高兴上届诺思政府没有同意她关于英国必须放弃其海上搜索权的要求。看来哈里斯连这个要求也是准备同意的,他认为这是"一个适时的善意行动"。可是他得到了表面上表示默许,实际上进行反对的指令。女皇得知这点之后非常生气,哈里斯征得诺思政府的完全同意,企图通过建议把米诺卡岛送给女皇以平息她的怒气。叶卡特林娜被迫拒绝了这个建议,首先是因为它遭到已得悉这个消息的法国和奥地利的反对,其次是因为英国不久就要丧失这个岛的所有权。哈里斯通过邀请女皇充当英国与荷兰之间的调解人以奉承女皇的企图,也由于诺思政府坚持同时邀请奥地利为调解人而被破坏了。

哈里斯的处境随着短暂的罗金厄姆政府上台有所好转,因为叶卡特林娜的朋友查理·詹姆斯·福克斯在这届政府里是很有影响的人物。叶卡特林娜对接着上台的谢尔伯恩政府也有好感,因为小威廉·庇特是这届政府的大臣。但是她对庇特的好感不久就要改变了。

十三

俄国当时全神贯注于自己的计划,而不是为英国火中取栗。1779年,奥地利皇帝约瑟夫二世秘密去圣彼得堡会见叶卡特林娜,商定对土耳其进行联合进攻,以瓜分这个国家。俄国将占有从布格河到德涅斯特尔河之间的全部领土和爱琴海中的一个岛屿;罗马尼亚将在一位信奉东正教的君主统治下宣布独立;君士坦丁堡则将在叶卡特林娜的一个恰好名叫君士坦丁的孙子统治下宣布独立。约瑟夫虽然只得到几个多瑙河省份和地中海港口的模糊许诺,还是表示非常乐意去实现女皇的愿望。威尼斯的要求立即遭到拒绝。克里木没有提到,它实际上在1783年就被叶卡特林娜并吞了。

1787年,决心为独立而战的土耳其向俄国宣战。古斯塔夫三世认为这是在波罗的海恢复瑞典势力的机会,也向俄国宣战,并开始向圣彼得堡进军。瑞典这次不合时宜的侵略,叶卡特林娜把它归咎于这时已是首相的庇特；这是不公正的，因为虽然庇特同普鲁士和荷兰结成了三国同盟，可那是针对法国而不是针对俄国的。不过俄国人明白，庇特是看到俄国无控制地向东扩张对英国利益构成危险的少数政治家之一。

庇特很快就要受到叶卡特琳娜进一步的冷遇。1791年约瑟夫死后，奥地利由于在战争中遭到失败，同土耳其成立了和议。庇特这时在下院要求俄国也这样做，并把奥察科夫（敖德萨）归还给土耳其人。然而，完全不用俄国操心，辉格党的发言人为俄国作了辩护，庇特遭到了下院的反对。福克斯热情地支持了俄国"在土耳其帝国的废墟上壮大自己"的计划；卡文迪什家族的喉舌伯克赞扬了俄国对一个"破坏成性的野蛮人"国家的进攻。俄国没有交出奥察科夫。不过叶卡特琳娜受到法国革命的惊扰，希望腾出手来推行她所考虑的另一项计划。因此，叶卡特琳娜与瑞典在保持现状的基础上议和之后，1792年1月同意了雅西和约，根据这个和约，土耳其承认了对克里木的兼并，确认了《库楚克－凯纳吉条约》的条款，并且同意俄国的边境扩展到德涅斯特尔河。

叶卡特琳娜一生还剩下四年时间来完成她的最后一项计划——毁灭波兰。

波兰在1772年第一次瓜分之后，对宪法做了某种程度的改革。女皇摆脱对土耳其的战争之后斥责了这一新的宪法，并且为了支持寡头政治集团反对派而入侵了波兰。普鲁士在瓦尔米被法国革命军击败之后，要求在波兰得到补偿。俄国同意了。根据1793年第二次瓜分条约，普鲁士得到了但泽、波兹南、托思和维斯拉河上游，而俄国则将其国界向西推进了约二百英里。一年之后，波兰人在考斯丘什科领导下举行起义，可是法国无法支援他们，起义遭到了普俄两国军队的镇压。奥地利被邀请参加瓜分，1795年这三个强盗把剩下的波兰领土分掉了。除去拿破仑大公国这个短暂的插曲以外，波兰直到1919年以前在地图上消失了。

十四

彼得大帝在北方战争中倾注的精力，使一个半东方式的莫斯科公国变成了庞大的世界帝国,波罗的海的霸主,在拿破仑垮台之后则成了欧洲的主宰。在十九世纪,俄国成了使欧洲害怕的"北方幽灵",对付雅各宾党的锤子,不仅是革命的主要敌人,而且也是温和的资产阶级自由主义的主要敌人。然而,俄国作为超级大国出现这件事曾是那样难以察觉,那样受到本来应该是它的天然敌人的人们的援助和支持,以致西方许多人甚至在它成了超级大国以后还没有完全意识到它的意义。马克思写道:"甚至在它取得了世界规模的成就之后,它的存在本身还始终被人看做一种信念中的东西而不是事实上的东西。"

然而,沙皇的力量对于马克思说来是非常实在的,而且的确,对于欧洲革命运动的每一个部门说来都是如此。只有摧毁这一力量,革命运动才能推进。沙皇帝国主义的受害者,尤其是波兰,成了革命支持的对象。因此,在1848年革命时期,巴黎广大的工人群众拿着波兰的鹰旗、爱尔兰的竖琴和意大利的三色旗,这些受俄、英、奥三国压迫的民族的象征,在议会大厦外面举行示威游行。当布朗基讲到波兰不得到自由法国的剑就不能入鞘时,示威的人群向他欢呼,而当他接着谈到法国工人的国内问题时,人们却呼喊着打断他的话:"不要说这个!这不要紧!波兰!给我们说波兰!"

这样,十八世纪的野蛮做法成了十九世纪的问题。法国革命释放出的能量连同拿破仑造成的王朝动乱,打破了对王朝合法性的神秘信念。国王被处死,王位被推倒,没有被推倒的也摇摇欲坠,欧洲那些头戴王冠的人及其大臣们所呼吸的空气中,充满着叛逆的气味,或是民族的叛逆,或是社会的叛逆。值得注意的是,他们做出了愚蠢的反应,他们企图用蛮力来消灭思想,深信十八世纪的方法在十九世纪的新的经济和政治领域里仍然有效。

反革命的头号宪兵沙皇,是反叛者的主要靶子。然而这些反叛者念念不忘沙皇的压迫,却往往忽略它的帮凶英国。马克思写《外交秘史》这部著作,是要表明:十九世纪的英国政治家们说他们不了解沙皇的动机和意图,是不能令人信服的。他们不能进行任何辩解,因为曾有过大量的警告。对这些警告,他们只是没有听到或者不愿意听到罢了。在

《帕麦斯顿勋爵传》一书中，马克思继续论证十九世纪的英国领导人同十八世纪的一样亲俄这个论点。

三 达·梁赞诺夫：《卡尔·马克思论俄国在欧洲的霸权地位的起源》（节选）[①]

一、1848年俄国和英国的反革命作用

1848年的革命如一场风暴席卷西欧，不仅惊动了维也纳，也惊动了柏林。但这场革命没有蔓延过俄国的边界。从政治警察局臭名昭著的"第三厅"一传出"一切平安无事"的报告，在彼得堡突然爆发的惊慌情绪很快就平息下来。俄国犹如一只蜷缩着身子伺机扑食的猛兽，密切注视着德国革命斗争的每一个进程，同时把它的军队集结在西部边界。

……

五、对英贸易造成俄国欧洲化

殖民制度是资本原始积累最重要的因素之一，它所起的巨大作用使人们常常忘记，典型的资本主义国家英国，直到十七世纪几乎还没有殖民地，只是从十七世纪下半叶开始英国才谈得上是一个殖民国家。

在葡萄牙和西班牙人逐渐霸占新大陆并控制亚洲产品的贸易时，英国人正忙于摆脱对汉撒各城市的依赖，英国整个对外贸易都掌握在它们手中。1553年装备了一支远征军，打算从东北方向向印度进发。这次远征以失败而告终，其首领威洛比和两艘船一起葬身海底。但是，第三艘船"美好事业号"的船长理查·昌斯勒尔漂浮到了北德维纳河口附近的白海海岸，他从那里达到莫斯科，受到伊万雷帝非常友好的接待。当昌斯勒尔回到伦敦的时候，他的协会得到同俄国和所有它将发现的国

---

① 本文节选自达·梁赞诺夫：《卡尔·马克思论俄国在欧洲的霸权地位的起源》，载《马列著作编译资料》第5辑，北京：人民出版社1979年版。（马立译）

家进行贸易的特许状。这就是"寻找英国人不知道或不常去的陆地、国家和岛屿的冒险商人协会",该协会又被称作莫斯科公司或俄罗斯公司,这个名称是很多人都知道的,马克思也曾提到过这个公司。继1505年得到特许状的"英国冒险商人协会"之后,昌斯勒尔的协会是十六世纪最重要的正规贸易公司。

俄罗斯公司获得在整个俄国免税进行一切商品贸易的权利。

但是,荷兰人跟着英国人也来了。由于他们是在英国人之后出现的,所得到的特权较少,而且还不得不经常由英国人出面调停。竞争者之间的关系很快就紧张起来。为了打破英国人的垄断地位,荷兰人采取了一切手段。他们说英国用外来商品进行贸易,而且给这些商品定的价格极高。

伊万雷帝希望在同波兰和瑞典的斗争中得到英国的帮助,作为他给英国人特权的报酬。但是伊丽莎白坚决拒绝同俄国结盟,这并不是因为她害怕俄国强大起来,而是因为这样一种联盟只会对俄国有利,对英国是毫无价值的。

"英国作为商业国家的地位越重要,它的利益和西班牙的利益就越发生冲突,因为西班牙正是十六世纪的巨大商业强国,并统治了地中海西部,而力图掌握大西洋霸权。英国商业不论想在什么地方发展,它的道路都受到西班牙的封锁或限制……西班牙人在十六世纪成了英国的'世仇',是不列颠人所深恶痛绝的典型。"[①]

这种对立决定了伊丽莎白统治下的英国的全部对外政策。面对着西班牙的庞大舰队又为自己树立新敌是非常不明智的,何况英俄在白海上的贸易关系已在波罗的海沿岸国家中引起了极大的不满。

英国的顽固态度终于激怒了沙皇。他在给伊丽莎白写了一封尖刻的信之后,于1570年取消了英国人的一切特权以及同波斯贸易的权利。俄罗斯公司迅速发出呼声,请求伊丽莎白保护面临崩溃的英国贸易。只是到了1580年,当伊万意识到,他必须请求英国提供与瑞典和波兰作

---

① 卡尔·考茨基:《托马斯·莫尔及其乌托邦》,斯图加特1907年版,第237、238页。(参看《莫尔及其乌托邦》,北京:生活·读书·新知三联书店1963年版,第197、198页。)

战所需要的战争物资时,他才由愤怒转为宽恕。伊丽莎白立即满足了他的请求,1584年春,三十艘装载各种战争物资的船只开往俄国。伊万提出了一项关于缔结反斯蒂凡·巴托里联盟的新建议,遭到了拒绝。虽然荷兰人搞了阴谋,伊万还是不得不重新批准英国人的特权,因为那时他最终失去了他在波罗的海沿岸的一切占领地。不久以后(1584年),当伊万雷帝去世时,英国人的一个死敌、德国贸易的保护人国务秘书舍尔卡洛夫(英国人控告他受了荷兰人的贿赂)对英国公使说:"英国的沙皇死了!"①

我们看到,英国对于同俄国的贸易关系给以极高的评价,而对于同这个国家缔结任何政治联盟却坚决加以拒绝,对待俄国就如同对待一个殖民地一样。波罗的海的霸权属于谁,这个问题当时对英国来说是无关紧要的。英国不准备支持瑞典,也不准备支持俄国。对它来说,最重要的,是它的商业利益以及它希望保持经过白海同俄国进行贸易的专利权,在那里不必对荷兰人和瑞典人的竞争多加担心。1584年在德维纳河口建立了一座新的城市,取名"新霍尔莫戈雷",1637年改名为阿尔汉格尔斯克。彼得堡建立之前,它是俄国最重要的贸易港口,俄国的全部贸易都经过这个港口。向英国出口的最重要的商品有:毛皮、皮革、亚麻、大麻、绳索、桅杆木料、油脂、沥青和柏油,英国人运往俄国的商品主要是:羊毛织物和丝绸织物、布匹、装饰品、食糖、纸张和金属。柳里克王朝以后所谓的"混乱时期",在对英贸易活动中非常明显地表现出来。

1617年在斯托尔波沃缔结了和约,当时英国公使谴责了同时扮演调解人角色的荷兰公使们的阴谋。英国人开始感觉到那时已在波罗的海的贸易中占优势地位的荷兰人的竞争。此外,莫斯科商人的反对越来越强烈,对这些商人,罗曼诺夫新王朝不能等闲视之。

莫斯科商业界终于达到了目的,英国人享有的与波斯的免税贸易权

---

① 尼·柯斯托马罗夫:《谈谈十六和十七世纪的莫斯科公国的贸易》(《柯斯托马罗夫全集》第8卷,彼得堡1906年版,第284页)。

被取消了。这仅仅是第一步。英国革命提供了剥夺英国人享受了几乎整整一个世纪的这些特权的难得机会。对叛逆的英国人最恼火、并和莫斯科商业界一起极力煽动俄国政府反对英国人的，就是信奉新教、主张共和的荷兰人。

1646年，莫斯科商人向沙皇阿列克塞呈递针对外国商人的控诉状，请求沙皇保护他们，以免破产。

"所有从来就在我们手中的贸易部门，被说英国话的德国人夺去了，因此我们只好留在我们古老的作坊里，不再到阿尔汉格尔斯克去。"英国人"造成了整个莫斯科公国的饥荒，他们在城市里购买肉、面包和其他食品，运往他们的国家"。此外，这些莫斯科商人在控告中还补充了一个对政府最有说服力的论据：英国人"偷了沙皇的税"。他们还控告说，英国商人不能援用他们的特许状，因为"他们背叛了自己的国王查理，已经与他斗争了四个年头"。

直到1649年6月1日，在查理一世被处决以后，才根据沙皇的一道命令把所有英国商人从莫斯科和其他城市赶出去。"我们伟大的君主已得知：英国人共同犯下了一桩大罪，他们打死了自己的国王查理。鉴于所犯罪行，从现在起在莫斯科公国不再有你们的位置。"

但是，沙皇还没有气愤到要完全取消英国贸易的程度。英国人保持了到阿尔汉格尔斯克去的权利，但他们的贸易免税权被取消了。不管怎样，这对俄罗斯公司来说是一个明显的打击。

这个黑人已经做了他该做的事，但他还不离开。英国人只是不得不放弃免税贸易。荷兰人已能够在竞争中同英国人并驾齐驱。

然而，俄国当时通过牢固的对外贸易的纽带已经同欧洲联系起来。正是在十七世纪，俄国在英国人和荷兰人的影响下开始了所谓"欧洲化"的过程。

在十六世纪贸易通道变更过程还未结束的时候，金融业一直处于停滞状态，在混乱时期（十七世纪初）过后开始迅速繁荣起来。在通往莫斯科和由莫斯科通往阿尔汉格尔斯克的一些最重要的通道上，出现了不少新的商业中心。以莫斯科为起点的贸易通道有六条，"莫斯科成为全国商业活动的中心,它的意义由于政府本身从事商业活动而提高了,沙皇本人——如同一个英国人所说的——就是俄国头号商人。"① 商品从莫斯科经过雅罗斯拉夫、罗斯托夫、佩雷雅斯拉夫运往沃洛格达,英国人在那里购买运去的亚麻,并拥有一个存放商品的货场,然后再从那里把商品运往阿尔汉格尔斯克。除莫斯科外,位于俄国中心的下诺夫格罗德也繁荣起来,它在十七世纪成了来自四面八方的一切商品的货场,有从阿斯特拉罕运来的亚洲商品、从阿尔汉格尔斯克运来的西欧商品、从喀山运来的西伯利亚商品和从莫斯科运来的向东方提供的当地产品。下诺夫格罗德也是一个主要的谷物贸易中心,人们在那里购买谷物运往北方各省。大商人借助于小代理人的各种形式的网点控制了整个国家,把国内贸易全部掌握在自己手中。

十七世纪,俄国在荷兰人、英国人和汉堡人的帮助下开始引进工业。

莫斯科在十七世纪下半叶成了手工业者、技术人员、冒险家和骗子麇集的中心。根据奥莱阿里乌斯的见证,约在十七世纪中叶,仅在莫斯科一地就有上千户新教家庭,主要是英格兰人、苏格兰人和荷兰人。"德国人城郊"仅仅从名称上看是住德国人的,而在那里人数最多的是英格兰人和苏格兰人。正是使莫斯科政府乘机取消英国人特权的那场革命,把对克伦威尔不满的德拉蒙德、汉密尔顿、达尔齐尔、克罗弗德、格莱安、莱斯利、戈登等家族赶到了莫斯科。在这种气氛中,彼得不仅得到了欧洲的文化,而且还产生了对英国斯图亚特王朝的同情。

俄国的政治集权化过程不是在彼得时期,而是在更早的时候就开始了。在彼得以前,在军事机构和金融组织方面就已开始进行一系列的改革。由于金融业的发展,以货币支付和货币纳税取代多种多样的实物支付和实物纳税有了可能。在十六世纪和十七世纪起过很大作用的缙绅会议被取消了,开始进行省市行政机关的改革。但是,在俄国君主专制制

---

① 尼·柯斯托马罗夫:《谈谈十六和十七世纪的莫斯科公国的贸易》(《柯斯托马罗夫全集》第8卷,彼得堡1906年版,第284页)。

度形成过程中的外表的特殊性,丝毫掩盖不住其主要特征同西欧这一过程的一致性;关于西欧君主专制制度形成的过程,卡尔·考茨基在他的《托马斯·莫尔》一书中作了以下的描述。

"自然,这个新的中央政权是以君主个人为中心的,他是中央行政和军队的首脑。他的利益和商业利益是一回事……贸易需要军队来保护它在国外和国内的利益……但是这个新的国家制度不仅需要君主作为军事统帅,而且也需要他作为政府的元首。封建割据的行政机构已经在解体,而新的中央集权的行政机关,即官僚制度刚刚在开始。在资本主义生产方式发展的初期,政治上的中央集权对于具有发达贸易的商品生产来说,是促进经济集中的一种经济上的必要措施,反过来,经济集中对中央集权也起着制约和促进的作用。这种中央集权,在开始时需要一个强有力的首脑人物,以便对付分裂分子(特别是贵族中的),保持政局统一。只有军队统帅才具有这种力量。把军事和行政机构的一切权力手段都集中在一个人手中,换句话说,君主专制制度,在宗教改革时代和以后很久从经济上说是必要的。"①

在俄国,君主专制制度也同样是在经济上必要的东西。它把彼得大帝作为自己的化身,这个人物按其能力和对国家观念的忠诚能与这种制度的典型代表媲美。只是因为马克思没有看到彼得本质上是欧洲新兴资本主义的产物,他才会把彼得看成是一个现代化的鞑靼人;俄国是属于亚洲还是属于欧洲的问题,早在十七世纪末就已经最终解决了,而俄国真正的教父,它的教导者是两个当时最重要的商业和工业国家——英国和荷兰。

六、俄英贸易对于英国的意义

但是英国和俄国之间的贸易关系对英国也有重大的意义。十六世纪

---

① 卡尔·考茨基:《托马斯·莫尔及其乌托邦》,斯图加特1907年版,第17—18页。(参看《莫尔及其乌托邦》,北京:生活·读书·新知三联书店1963年版,第18—19页)。

下半叶，这种贸易与海上劫掠和奴隶贸易一起成了资本原始积累的最重要来源之一。汉撒同盟在波罗的海的垄断被打破以后，荷兰就控制了波罗的海沿岸的贸易，一直到十八世纪为止。英国力图把汉撒同盟的遗产攫为己有，但是，一开始就以失败而告终。1579年领到特许状的东方公司，在整整一个世纪中未能击溃荷兰人的竞争。据柴尔德说，在十七世纪末，荷兰的贸易额还超过英国十倍。

但是，俄罗斯公司在另外一方面也起了重要的作用，它在斯皮次伯根群岛附近组织捕鲸。

在克伦威尔执政时期导致公开破裂的荷兰人和英国人的对立，在十七世纪上半叶，还由于殖民地贸易方面的竞争以及北方市场和俄国市场统治权的争夺而加剧。对俄国的贸易所获得的利润不少于对殖民地的贸易。

这样，在俄国就产生了需要加以外交保护的"不列颠利益"。就像在尼德兰、斯堪的纳维亚诸国和德国主要是由英国冒险商人协会的成员行使英国外交代表的职权一样，俄罗斯公司的成员就是在俄国的外交代表。在缔结斯托尔波沃和约时，由该公司理事会的成员梅里克行使英国代表的职权。

"殖民制度大大地促进了贸易和航运的发展。'垄断公司'（路德语）是资本积聚的强有力的手段。殖民地为迅速产生的工场手工业保证了销售市场，保证了通过对市场的垄断而加速的积累。"①

从1550年到1650年，垄断公司在英国起了主要作用。欧洲是这种公司活动的最主要的地区。它们以繁荣的羊毛工业作为后盾。如果说英国在十八世纪初就确保了贸易上的优势地位，那么这应当归功于当时它已在工业上占据的优势地位。直到十七世纪末，东印度公司所起的作用，同经过安特卫普和汉堡为英国毛纺织业推销产品的英国冒险商人协会以及在俄国组织销售的俄罗斯公司所起的作用相比，还是无足轻重的。

---

① 《马克思恩格斯全集》第23卷，北京：人民出版社1972年版，第822页。

俄罗斯公司能够产生很大的影响和"发出呼声"是完全可以理解的。人们是很重视他们的呼声的，这一点我们在英国和俄国保持关系的整个时期已经看到。还应当注意到的是，俄罗斯贸易公司和汉堡贸易公司的成员中有许多是"绅士"行列的代表。如果说我们在汉堡公司成员的花名册中看到悉尼、莱斯特伯爵、卡莱尔伯爵、丘吉尔勋爵、艾释黎勋爵等名字，那么在俄罗斯公司的创办人中就能找到温切斯特侯爵，以及阿伦德耳、培德福德、彭布鲁克等伯爵。

然而，在十七世纪上半叶，俄罗斯公司的"呼声"还压不倒其他"不列颠利益"的代表者的呼声。如果说俄罗斯公司和汉堡公司保持了友好关系，那么在十六世纪末就已经出现一些公司，它们的利益和俄罗斯公司的利益远不是一致的。我们回忆一下，俄罗斯公司的繁荣与汉堡公司不同，它不仅依赖英国工业品在俄国的销售，而且还依赖在北冰洋成功地进行捕鲸和波斯丝绸经过俄国的转口贸易。俄罗斯公司的利益与1579年为在波罗的海进行贸易而成立的东方公司（它当然不严格执行禁止经过纳尔瓦同俄国通商的决定）的利益发生冲突，也与1581年成立后就马上着手组织在波斯购买生丝的土耳其公司的利益发生冲突，这是非常自然的。如果说东方公司的竞争没有造成什么威胁的话，那么土耳其公司的竞争在十七世纪整个过程中则不断激化，原因之一是处决查理一世根本没有给土耳其苏丹们留下什么印象。但是，这种竞争仅限于<u>生丝</u>贸易这个领域，在这方面，俄罗斯公司和土耳其公司都立即遇到东印度公司这个极其危险的敌手。虽然俄罗斯公司在十八世纪还没有放弃垄断波斯丝绸贸易的欲望，但在十七世纪末它已不得不把注意力集中在与俄国产品的贸易上，这是因为，随着鲸鱼数量减少而捕鲸获利越来越少，而1670年北美哈德逊湾公司成立，捕鲸对俄罗斯公司随之失去了重要意义。在各种造船材料的贸易方面，俄罗斯公司又受到这个公司的竞争的威胁。

以上就是俄罗斯公司在十八世纪初的状况。1699年结束了同所谓的"走私贩"的长期争端，走私贩指的是那些受到对俄贸易高额利润的吸引，未经公司许可就进行贸易活动，并不愿交纳高额会费的英国人，在这一年会费降到五英镑，贸易实际上结束了垄断状态。然而，俄罗斯公司始终代表着对俄贸易的利益，并继续在西蒂区和议会维护这种利益。

但是，正像我们所看到的，俄罗斯公司不是唯一的贸易公司。除了它的"呼声"，还有其他有关公司或工商业团体发出的"呼声"。毫无疑问，这些组织力图按照它们的利益对政府施加影响，使政府的政策受它们的控制。但是，工商业的利益越错综复杂，对外关系越广泛、越频繁，和其他国家的关系越复杂，这样一些不同团体之间的斗争也就必然越加持久和激烈。最先取得胜利的，是它们当中私人利益与当时对外政策的总方向吻合的团体，而这种政策的总方向归根结底是根据整个"国家"的商业的总体利益确定的。

在伊丽莎白统治时期，英国的整个对外政策是根据英国和西班牙的对立来确定的。所以，英国和尼德兰一直保持着联盟的关系。同法国的关系一般来说也是友好的，因为法国继续进行着它原来反对西班牙哈布斯堡王朝的斗争。

十七世纪上半叶，英国和荷兰之间的对立进一步发展和加深，在克伦威尔执政时期，这种对立导致了一场长期的战争。从十七世纪七十年代以来，法国就像过去在百年战争时期那样成为英国的一个世仇，而荷兰，用弗里德里希二世的话来说，却变成英国船舶的"一个舢舨"。法国的盟国成了英国的敌人，英国的盟国也成了法国的敌人。所谓政治均势体系是根据法国和追随它的国家为一方同英国、奥地利和荷兰为另一方的对立来确定的。

俄国在这两种联合中都没有位置。如果说十七世纪末土耳其的威胁促使罗马教皇、威尼斯和马克西米利安皇帝试图把俄国卷入欧洲事务而遭到失败，那么现在恰恰相反，俄国不得不——越接近十七世纪末，就越坚定——寻求同欧洲国家结成联盟。

俄国现在直接的敌人是波兰、瑞典和土耳其。但是，在所有这些国家中，法国的影响是最大的，它利用这些国家反对哈布斯堡王朝。然而，只要英国的对外政策不是根据与法国的对立来制定的，英国和俄国就不可能在政治上建立联盟。莫斯科的外交家最后也明白了这一点，不再用他们的建议来纠缠英国。在对西欧的政治关系了解甚少的情况下，这些外交家在1687年曾向路易十四建议结盟，但路易十四却斩钉截铁地说："法国和皇帝之间总是笼罩着敌对气氛，而苏丹和国王之间却保持着永久的和平和牢固的友谊。"

俄国参加了反土耳其的神圣同盟，但是，人们对待它就像对待一个三等国家。直到北方战争以前，在西欧的政治组合中俄国从未被人注意过。

……

八、十八世纪的英俄联盟

就马克思这本著作发表出来的那一部分看，他仅就北方战争时期的英俄关系作了比较详细的分析，而关于十八世纪以后紧接着的七十五年，他仅仅发表了英国公使的三封信和一分手稿的几段摘录。然而在他看来，这些文件完全能证明他的主要论题。

我们已看到，马克思由于受他那个基本观念驱使，怎样在十八世纪初国际外交的"秘密"和阴谋的迷宫里迷了路。当时的国际历史状况清楚地表明，北方战争同在大西洋争夺霸权的斗争相比是多么次要，马克思不去分析这个，而是说英国在十八世纪初就同俄国结盟。"真实的历史"表明，马克思把英国对俄友好政策的一切罪责都归咎于辉格党，也是错误的。因为如果说十八世纪初有某个英国党派对俄国抱有某种同情，那么，正如我们已看到的，这就是托利党。

辉格党的对外政策始终是由英法对立决定的。英国同法国在近东、美洲和亚洲发生冲突。但是，英国只有在大陆上找到反法同盟者，才能和法国相对抗。那时它就能利用其海上霸权在世界各地给法国带来危害。因此，它和其他国家的关系始终主要是由法国和这些国家的关系如何来决定的。如果英国暂时和法国保持"友好关系"，像西班牙王位继承战争后，法国必须放弃任何进攻政策的时候那样，那么，它因此就要和法国长期的敌人处于敌对或紧张状态。对奥地利首先就是这样的情况。

当卡尔·福格特在他的《欧洲现状研究》一书中提出："英国从来就不能在比较长的时期内同奥地利和睦相处"这一论断时，马克思回答说：

"果真如此！英国和奥地利反对路易十四的共同斗争，除了几次短时期的停顿以外，从1689年起到1713年都在进行，也就是说，几乎持续了四分之一世纪。在奥地利王位继承战争中，英国同奥地利一起，对普鲁士和法国几乎斗争了六年。只是在七年战争中，英国才同普鲁士结成同盟去反对奥地利和法国，但在1762年，布特勋爵就已背叛弗里德里希大帝，时而向俄国公使格里岑提议'瓜分普鲁士'，时而又向奥地利大臣考尼茨提议'瓜分普鲁士'……新教的英国厌恶天主教的奥地利，自由主义的英国厌恶保守的奥地利，主张自由贸易的英国厌恶实行保护关税政策的奥地利，有支付能力的英国厌恶破了产的奥地利。但是，在英国的历史中却从未出现撼动心灵的篇章。"①

但是，这些把英国和奥地利联系起来的物质利益也把英国和俄国联系起来。当然这里有一定的区别，这种区别在十八世纪整个过程中还存在着。俄英之间的直接对立仅仅在于土耳其，到了十八世纪末，由于东印度才产生了英国和亚洲的直接对立。英国和俄国在其他所有国家，只是在俄国赞成或反对法国，赞成或反对奥地利的时候，它们才发生冲突。它们在瑞典、波兰，甚至土耳其的利益是一致的还是矛盾的，也由此而决定。到了十八世纪最后二十五年，英国和俄国在土耳其的直接对立同英国和法国的对立相比就退居次要地位了。

我们也看到，从1714年起，有一个新的因素，即汉诺威王室进入英国的对外政策，它使英国的对外政策发生混乱，因为起初它迫使辉格党考虑和大不列颠的乔治的利益并不总是一致的汉诺威的乔治的利益。

---

① 《马克思恩格斯全集》第14卷，北京：人民出版社1964年版，第528—529页。

辉格党以此为代价保卫了英国"光荣革命"的果实，保证它从法国霸权下解放出来。英格兰银行特权的捍卫者、听到"斯图亚特"这几个字就吓得去抓钱袋的国家债务人、东印度公司有影响的股东等等，都聚集在汉诺威王朝的周围。他们心情沉重地对汉诺威人做出让步，每次让步都惹起反汉诺威王室的反对派，即托利党的攻击。托利党竭力证明，辉格党的汉诺威政策损害了同俄国的贸易。尽管辉格党希望尽量少干涉大陆事务，他们仍必须在一定程度上考虑汉诺威王室的利益。

如果说彼得和乔治之间决裂的主要原因在于梅克伦堡的占领，那么，只要存在着俄国为了彼得大帝的女婿霍尔施坦公爵的利益而进攻丹麦的危险，丹麦从英国那里得到的占领什列斯维希——霍尔施坦的保证必然成为纠纷的新起因。由于在安娜·伊万诺夫娜女皇（1730—1740年在位）统治下废除了彼得大帝颁布的遗产继承制，从1731年起英俄之间敌对的一个原因消失了。同年奥地利和英国也和解了：奥地利在奥斯坦德公司问题上迎合了英国，这个公司的竞争不仅激怒了荷兰东印度公司，同样也激怒了英国东印度公司；英国承认了国事诏书。这样还为英国接近当时和奥地利关系密切的俄国创造了新的条件。1731年英国迈出了与俄国恢复外交关系的第一步，它把龙多作为它的驻办公使派往俄国。俄罗斯公司的"呼声"终于被听到了。正如龙多自己所写的，他的主要任务是，"作为一个工具来复兴那些对我们极有价值的工业部门，例如近年来很不景气的毛纺织工业"。① 由他经手给俄罗斯公司送去了一份关于与俄国的贸易情况的有趣备忘录（1732年10月7日）。

"英国人从俄国输出的商品：大麻占总数的三分之二、毛皮和亚麻占一半以上、亚麻布和铁占四分之三以上、碳酸钾的全部、大黄、鱼胶、猪鬃和蜡的大部分。而从英国输入的商品却减少了一半。1724年以前军用呢绒只在英国人那里购买，1724年以后在普鲁士购买。如能打破普鲁士的垄断，那就会阻碍普鲁士呢绒业的发展，普鲁士的呢绒输

---

① 《俄罗斯历史学会论文集》第66卷第176—177页。

出量就会减少。"①

从1719年到1731年，英国和俄国处于相互敌对的状态。但是正如英国必需从俄国输入商品一样，俄国也必需把它的产品向英国输出。

对于俄国来说，这种输出不仅是一种经济需要，而且也是一种财政需要。因为一停止输出，就等于失去了主要由出口税构成的关税收入。英俄关系中断，受害者只是英国的加工工业，而普鲁士加工工业却从中得利。如果我们再看一下，彼得在1724年制定的严格的保护关税率于1731年为放宽的关税率所代替，那么我们就会了解，辉格党的汉诺威政策的反对派在英国掀起了多大的喧嚣。这种政策使英国有完全丧失俄国市场的危险，而有利于它的竞争者。

1734年俄国同英国签订了一项贸易条约，条约规定给英国以最惠国待遇，这种待遇普鲁士根据1726年条约就已享有了。龙多很快就得意扬扬地通知英国的大臣，他已经使俄国政府同英国商人订购四千码军用呢绒，"这使普鲁士人非常懊恼"。

单是贸易上的接近还远远不是政治上接近。在政治方面俄国还一直是贫穷的，它拿不出多少东西。彼得逝世后，俄国充满了彼得改革的追随者和反对者之间的斗争，自顾不暇。如果说俄国在对外政策中曾扮演过什么角色，那它只是充当了奥地利的同盟者。这种状况在波兰王位继承战争（1733—1735年）和与之密切相联的俄奥同土耳其的新战争（1736—1739年）之后，才发生变化。俄军在米尼希和拉施的指挥下取得的出乎意料的战果产生了极其强烈的影响，这特别是因为，在他们取得胜利的同时，奥军接二连三地遭到失败。② 尽管奥地利最后在没有通知其同盟者的情况下同土耳其单独缔结了和约，尽管俄国不得不放弃它占领的大部分地区，俄国的军事威望还是大大提高了。只是在这时，即四十年代初，俄国才成为在欧洲政治舞台上享有平等地位的一员。

奥地利王位继承战争（1741年）开始了。在最近这次对土耳其战

---

① 《俄罗斯历史学会论文集》第66卷第518页。
② 由马克思重新刊印的龙多的那封信谈的正是这个问题。这封信现在被收入《俄罗斯历史学会论文集》第80卷第13—19页。

争中力量被削弱并受到屈辱的奥地利，现在在德国国内面临一个危险的竞争者——普鲁士。在瑞典、波兰、德国西部和土耳其，法国的影响占优势。在这种情况下同俄国结成联盟具有很大的意义。

"显然，彼得堡或是莫斯科（这要看沙皇宫廷在什么地方）现在已成为欧洲外交活动的中心，也就是说，成为欧洲各宫廷的大臣们相互斗争的场所，为的是迫使或说服俄国政府帮助玛丽－泰莉莎从而保持欧洲均势。"①

在两个世纪的过程中第一次出现了不是俄国请求英国，而相反地是英国请求俄国签订同盟条约。只是从现在起，在英国驻彼得堡公使的指令中，才开始越来越频繁地唱起俄国和英国是天然盟友的调子。

1742年英俄之间签订了第一个防御同盟条约。但是，英国在条约里拒绝俄土之间的战争是履行盟约理由，而俄国方面则仅仅承认**欧洲境内的**一场战争史这种履行盟约理由。在英国，反对派的主要矛头正是对准了这一点。反对派指出，同盟条约只是对于汉诺威的乔治具有价值。在1747年英俄还签订了一项协定，根据这项协定，俄国要派一个三万人的军团进驻莱茵河。这是在德国心脏出现的第一批俄国士兵。

甚至七年战争都未能破坏同盟条约，尽管普鲁士同英国签订的韦斯明斯特条约（1756年1月16日）使英国负有义务把踏上德意志领土的任何非德意志武装力量用武力驱逐出去。英国仅限于付给弗里德里希二世补助金，而没有使俄国受到干扰。英国公使基思整个期间都在彼得堡，并竭尽全力使法国同奥地利和俄国不和。俄军惨无人道地劫掠东普鲁士、波美拉尼亚和勃兰登堡马尔克，但英国丝毫不履行自己的义务。

我们又看到一个现象，可以说明问题。俄国对英国的输出额不仅没有减少，甚至增加了，而英国向俄国的输出额1760年甚至低于1730年。马克思从这些数字中总是得出同样的结论，即同俄国的友好关系损害了英国的商业利益，因为英国对俄国的输出额直到1760年是持续下

---

① 索洛维约夫：《俄国史》第21卷第201页。

降的。这个结论和他以前的结论一样是错误的。在俄英关系冷淡的时候，英国的输出总是迅速减少，而俄国的输出则持续不断增加。

当然，除了这个主要原因，还有另外一个物质原因起作用。梅林也曾指出过这个原因，他说："任何英国大臣都不敢触动波罗的海的贸易。皮特一掌权，他就立即对普鲁士国王表示，弗里德里希绝不能指望看到韦斯明斯特条约各项条款的执行。"① 因此，英国一有机会就让弗里德里希二世去听天由命。

到这时俄国才开始在欧洲政治中扮演那个使它长期成为欧洲命运主宰者的角色。"1762 年，当大淫妇叶卡捷林娜二世在丈夫被杀后登上王位的时候，国际形势从来不曾这样有利于沙皇政府推行其侵略计划。七年战争把整个欧洲分裂成两个阵营。"②

英国固然摧毁了法国在美洲和印度的殖民势力，但是在欧洲内部它却处在"光荣孤立"中。当它同它的老盟友闹翻并把弗里德里希二世当做挤干的柠檬抛开以后，它更加思念它的"天然盟友"俄国。但是英国国内的党派斗争越激烈，英国和北美殖民地之间的关系越紧张，叶卡特林娜二世对英国的追求所采取的态度就越冷淡。

正是这种情况给英国公使的外交通信打上了特殊的印记。他们被迫对俄国做出让步，同时竭力想通过对北方的塞米拉米达低三下四、阿谀奉承，来减少让步的规模。有一点是马克思所没有注意到的，即他们都非常清楚，他们的全部正式通信都受到俄国警察当局的检查，甚至连密码信件也常常是在被俄国政府复制以后才能达到指定地点，他们正因为如此而越发使劲地在通信中使用对女皇谄媚的字眼。英国的状况越困难，俄国的态度就越冷淡。叶卡特林娜准备签订一项防御同盟条约；她根本不愿听到进攻同盟条约，因为"'进攻'一词使她厌恶"。③ 但是，即使是防御同盟条约也只有在英国承认对土耳其的战争是履行盟约理由，并

---

① 弗·梅林:《莱辛传奇》第 169 页。
② 恩格斯:《俄国沙皇政府的对外政策》，1890 年《新时代》杂志第 150 页（见《马克思恩格斯文集》第 4 卷，北京：人民出版社 2009 年版，第 363 页）。
③ 《詹姆斯·哈里斯的日记和通信》第 1 卷第 169 页。

出钱支持俄国在瑞典和波兰的政策时,她才愿意签订。马克思引用的麦卡特尼和哈里斯的书信正是关于这一时期的。其中一封信是在这一时期开始时写的,另一封信是结束时写的。这两个外交家算是英国外交界中最能干、最果断的成员。他们按照来自伦敦的坚决的指示对彼得堡宫廷极尽恭维之能事,而在他们的秘密报告中,则不惜笔墨地描绘充满彼得堡宫廷的卑鄙和野蛮的气氛。他们不仅不是由叶卡特林娜掌握的盲目追随者,而且(特别是哈里斯)对当时的彼得堡作了最露骨最尖刻的描述。

尽管土耳其公司或者——反正是一回事——英国驻君士坦丁堡使节发出"呼声",尽管东印度公司的呼声越来越强烈,英国不仅没有对1768年开始的叶卡特林娜二世第一次对土耳其的战争提出抗议,而且还装作不知道开往地中海的俄国舰队事实上是受英国军官指挥的,并在英国海军司令部的协助下由英国水兵进行补充。英国不但在整个战争过程中支持俄国舰队,而且当它获悉法国打算帮助土耳其消灭俄国舰队时,还提出强烈抗议。当缔结《库楚克-凯纳吉条约》(1774)的消息传到彼得堡时,叶卡特林娜在宫廷舞会上表示希望在她的牌桌旁只看到愉快的笑脸,并且在邀请丹麦使节的同时邀请**英国使节**。

当弗里德里希二世满怀对叶卡特林娜的炽热"友谊"向她建议,牺牲波兰以安抚奥地利,并同她以及饱含眼泪的玛丽-泰莉莎联合起来对波兰进行第一次瓜分(1772)时,英国只是对它在但泽的商业利益感到不安。而当弗里德里希二世在1774年5月11日敕令中保证英国人在那里的特权时,它对瓜分波兰表示完全赞同。①

但是,那些支持乔治三世"个人政权"的权奸们没有得到任何帮助。

叶卡特林娜从心底里希望英国人遇到新的困难,她把他们的让步当做理所当然的事情来接受,并且为他们制造新的困难作为报答。英国国王在同叛逆的臣民的斗争中每次失败都使叶卡特林娜感到由衷的高兴。她拒绝乔治提出的派两万人的援军到美国去的要求,而把这种高尚的事情让给德国诸侯去做。1779年,她建议西摩林在伦敦"只说些捉摸不

---

① 弗·米夏埃尔:《英国对第一次瓜分波兰的态度》1890年汉堡版。

定的泛泛空话",并且准备抛出 1780 年的"武装中立",这种中立保卫中立国同对英国作战的列强之间的海上贸易,矛头直指英国。她用温和而又惊讶的语气拒绝哈里斯的抗议,她表示,这个"武装无力"不会使英国遭受损失。

乔治三世和他的大臣们本来是根本不考虑由外国"在他们和他们叛逆的臣民之间"进行什么调停的,1781 年却向叶卡特林娜二世提出要把米诺尔卡岛送给她,在福克斯内阁取代诺斯内阁之后,这些人甚至同意把对土耳其的战争当做履行盟约理由,但是叶卡特林娜拒绝了。到了这时,甚至奥地利、法国和普鲁士的旧制度的最出色的外交家们都相信英国势力必然要衰落了。

英国用 1784 年同普鲁士签订一项同盟条约回答了叶卡特林娜的回绝。这是两个"奴才"对其主子的一种形式上的反抗。但是皮特在 1791 年为保护土耳其而向俄国宣战的初次尝试表明,把英俄联合起来的物质利益有多么大。

……

而从颁布新谷物法荷英国市场最重要的粮食供应地华沙割让给俄国的 1815 年起,自由贸易派文献中开始异口同声地热烈赞扬同俄国的联盟,说俄国是决不会让朋友挨饿的英国的"天然""老"盟友。

在几个世纪的进程中,俄英之间友好关系的物质基础就是这样发生着变化。相爱的人吵架,不过是寻开心!作为"正规贸易公司"早就失去任何意义的俄罗斯公司,在十九世纪仍然不断赞扬同俄国结盟的好处。在俄国急切盼望的废除谷物法之前不久(1847),罗伯特·皮尔在俄罗斯公司成立纪念宴会上的一篇精彩演说中表示希望作为欧洲宪兵的俄国沙皇能够访问英国。他以"大不列颠和俄国之间的友谊万古长存"的祝酒词结束了演说。甚至当克里木战争终于在违背几乎所有英国政治活动家的意志的情况下爆发时(1854),它在起初只是,而且也不能不只是一场装样子的战争。

甚至那些从小皮特时代起就以反对俄国侵犯土耳其利益为己任、并且对俄国在中亚的进展疾恶如仇的托利党人,也必须考虑这个事实。

"英雄"的反雅各宾战争时代向他们表明了,当需要保护资本主义社会的"最高利益"的时候,甚至像皮特那样仇视俄国的人都曾毫不迟疑地和俄国结盟。

九、俄国的对外政策和革命

马克思在同福格特的论战中还援引这部关于十八世纪俄英外交关系的著作并且用了其中主要的结论,这件事表明,他在六十年代初还保持着自己原来的观点。他忽略了从彼得一世到亚历山大二世之间俄国内部的发展。他既没有看到俄国专制制度在这个时期的演变,也没有看到俄国的经济发展及其和英国经济发展的密切联系。他忽视了下列事实:俄国在十六和十七世纪是资本主义英国最重要的殖民地之一;在十八世纪英国造船业的繁荣,从而英国在整个工场手工业时期在贸易上的霸权地位都是建立在俄国输出原料的基础上;在十九世纪六十年代俄国还是一个向英国大工业提供原料和为它的奴隶们提供面包的国家。一句话,他忽视了,世界市场的霸主——英国——之所以能够在贸易上奴役和剥削欧洲各民族的资产阶级,其中的一个原因就是由于得到俄国暴君的帮助。①

他依然把俄国专制制度看做一成不变的东西。在《福格特先生》一书里,他还写道(1860):"这种解放的目的只不过是消除障碍,从而使专制扩大到极限;这类障碍就是大专制君主迄今所遇到的俄国贵族中以农奴制为依靠的无数小专制君主和自治的农民公社,这种公社的物质基础,即公社所有制,是要被所谓解放消灭的。"② 因此,俄国专制制度将继续其侵略政策。这还不够。"此外,**按照俄国政府的精神**去解放农奴,就会使俄国的侵略性增强千百倍。"③

---

① 关于这方面,他在《政治经济学批判》一书中就曾指出过:"俄罗斯人早就懂得货币就是商品,不但1838—1842年把谷物输入英国这件事,而且他们的全部贸易史,都证明了这一点。"在这方面他们的老师是英国人。(《马克思恩格斯全集》第13卷第168页)
② 《马克思恩格斯全集》第14卷,北京:人民出版社1964年版,第535—536页。
③ 同上书,第535页。

当时恩格斯已经持另一种观点，我认为马克思的话暗含着对他的反驳。恩格斯在《萨瓦、尼斯与莱茵》这本小册子里写道（1860）：

"同时，我们已经有俄国农奴这样一个同盟者。现在俄国统治阶级和被奴役的农民阶级之间的斗争正如火如荼，它正在动摇俄国对外政策的整个体系。这个体系只有当俄国内部在政治上还没有发展以前，才可能存在。但是这个时代已经过去了。由政府与贵族共同大力促成的农业和工业的发展，已经达到了使现存的社会关系不能再继续下去的程度。这种社会关系的废除一方面是必要的，而另一方面，不经过暴力革命又是不可能的。随着从彼得大帝到尼古拉一世的俄国的毁灭，它的对外政策也将遭到毁灭。"①

事实证明恩格斯是对的。他当时就已经完全正确地指出，俄国欧洲霸权的主要原因在于叶卡特林娜二世的整个对外政策的基本原则：俄国使欧洲其他列强尽可能地相互残杀和相互削弱。也正是他正确地指出了，俄国内部的政治发展必然是破坏这种威力源泉——俄国对外政策的不变性和稳定性——的推动力。

……

正是这种意识——俄国"要是吃喝就要滋养两者"：专制制度和革命——毒害了尼古拉一世整个在位时期的生活，正是这种意识迫使他在国内成为刽子手，在整个欧洲成为宪兵，正是这种意识抑制着他对外政策的规模。

在十九世纪六十年代，恰好是在德英的帮助和法奥的纵容下把叛逆的波兰彻底镇压下去的时候（这个波兰在1795—1796年，1831和1859年都曾经是绑在俄国巨人腿上，妨碍他自由行动的沉重铅球），在俄国开始了革命运动，诞生了这个"亚洲"俄国和欧洲资本主义的"私"生子。从此以后，俄国专制制度的对外政策完全丧失了它致命的不变性。即使西欧发生新的分裂和争吵（特别是德法战争后的分裂，它比七年战争后

---

① 《马克思恩格斯全集》第13卷，北京：人民出版社1962年版，第679—680页。

的分裂更使西欧各国人民相互疏远），不断给俄国专制制度注入新的生命力，但是由于必须经常防备国内的革命运动，它每次都不得不中途罢手。不仅如此，以前作为主要目的的东西，现在变成了达到目的的手段。继续推行传统的对外侵略政策，成了防止国内爆发革命的唯一手段。

当西欧由于革命或争吵而被削弱时，侵略战争是不会爆发的，而当"内部的政治发展"给予这种战争以推动时，才会发生。但是这些战争只是更多地揭露出内部"制度"的不完善。事实表明，只有在革命运动的最低要求得到满足时，这种战争才有成效。因此，由于本身固定不变而丧失了自己的一个主要优点的沙皇政府的对外政策，也就**因为这种内部矛盾**而逐步趋于破产。俄国专制制度的掠夺性虽然没有变，但是不再有能够满足它的力量了。

不仅在欧洲文献中，而且在俄国文献中第一个揭露这一切矛盾的是恩格斯。他在对"民粹派"偏见的出色批判中——在对特卡乔夫的反驳中①——，已经指出俄国专制制度的阶级特征，指出它对一定的社会经济关系的依赖性。当内部的经济发展把城市无产阶级推向前台的时候，当俄国社会民主党诞生的时候，他在专门为俄国第一家社会民主党杂志撰写的一篇文章中天才地概述了"俄国沙皇政府的对外政策"。

他在这篇文章里证明，尽管俄国从彼得大帝起得到了很大发展，尽管它在欧洲的影响不断加强，只是在叶卡特林娜二世统治下它才开始扮演欧洲仲裁人的角色。此外，他还指出，俄国沙皇政府的对外政策的毋庸置疑的成果，与其说是建立在俄国外交家个人特性的基础上，倒不如说是建立在对这些外交家有利的欧洲政治状况的一般条件的基础上，俄国善于利用这些条件，要不是存在着波兰这个"俄国的肉中刺"，它还会利用得更好。他在阐明这个他在1859年就已表达的思想时，进一步指出，俄国内部的政治发展在使得那样一天更快临近，那时俄国人民将参与决定俄国的对外政策，俄国沙皇政府将由于自顾不暇而无心去干夺

---

① 《论俄国的社会问题》1875年版，载《〈人民国家报〉国际问题论文集》（见《马克思恩格斯全集》第18卷，北京：人民出版社1964年版，第610—623页）。

取君士坦丁堡、印度河世界霸权这样的儿戏。

恩格斯的预言是对的。他击中了问题的要害。但是与此同时，马克思和恩格斯曾在基本点上接受了的欧洲民主派对外政策的旧公式——这里是西欧，那里是亚洲俄国；这里是革命，那里是欧洲反动堡垒，即专制制度——日益失掉了它的意义。传统观念是根深蒂固的，国际社会民主派花费很大力量才改变了它对资产阶级社会所提出的一系列"问题"的观点。国际社会民主派也完全同资产阶级民主派一样，曾在对外政策的领域里使用关于革命种族和国家与反动种族和国家的僵化概念，而不注意那改变现存政府的社会性质以及"应份得到"这个政府的民族的阶级构成的历史进程。

不管马克思对欧洲在1848年以后再度受到的英俄奴役所进行的抨击看来是多么奇怪，其中也包含了如下的认识：即在欧洲除了俄国专制制度以外，还有另外一个反动堡垒，这就是背叛了自己历史使命的资产阶级，用自己的资本养育了俄国专制制度的欧洲资本主义。

这个事实在革命的1905年表现得最为明显。1848年的历史在当时是用头立地的。1848年开始的革命从西方推进到东方，在波兰边境上停留下来，正在敲打西欧的大门。1848年威胁西方民主的沙皇现在成了俄国无产阶级的俘虏。

恩格斯再次显示出自己是个很好的预言家：

"一旦这个主要堡垒本身转入革命的手中，欧洲的反动政府就会彻底丧失自信心和镇静；那时它们将只有指靠自己本身的力量，并且很快会感到局势发生了多大的变化。也许，他们竟会派遣自己的军队去恢复沙皇政权，——这将是世界历史的莫大讽刺！"①

这个讽刺果真成了现实。当时在彼得堡不断流传着一种谣言，说德国皇帝把他的军队集结在波兰边境上，对此反动的俄国新闻界不仅不否

---

① 这篇文章的德文原文载于1890年出版的《新时代》杂志（《马克思恩格斯文集》第4卷，北京：人民出版社2009年版，第393页）。

认，而且还兴高采烈地加以传布。

正如马克思和恩格斯（和他们一起的还有先进的德国无产阶级）在1848年以热切的希望注视着西方，并期待在英国爆发社会革命一样，1905年俄国的革命者和无产阶级在同专制制度进行的英勇斗争中，也把希望寄托在西欧的社会革命上。但是帮助并没有盼到。俄国无产阶级耗尽了多年来储备的革命力量以后，便在力量悬殊的斗争中失败了。

该战败者倒霉！但是，如果昏庸无能的市侩和长于算计的政客当牺牲的战士们尸骨未寒，沙皇每天竖起新的绞架的时候，板着冷若冰霜的面孔向俄国无产阶级数说它的错误，并且像乌鸦般地诅咒"革命已经死亡"的话，那么，人们就应该说：就算俄国无产阶级犯了罪，就算它接二连三地犯了错误，但是它所犯的最大"错误"是它的革命停留在民族革命上，而站在专制制度背后的却是国际资本。

如果说1848年革命之所以失败，是由于俄国专制制度的破坏和没有紧接着在英国爆发革命，那么，俄国革命则是由于停留在民族革命上和没有波及到欧洲其他地区而注定要遭到更严重的失败。如果革命不转变为国际的革命，那么，"它要想取得最终的胜利，就只能是并且始终只能是不能实现的良好愿望"。

同1848年的情况一样，在今天，欧洲这个最发达的资产阶级国家中的无产阶级还很弱小，不能阻止本国资产阶级实行反动的对外政策。今天，俄国沙皇也和当年一样地炫耀同英国的"亲密"友谊。当年英国资产阶级让俄国沙皇在匈牙利任意肆虐，现在，它为了俄国专制制度在俄国的利益和英国专制制度在印度的利益又同利亚霍夫一起扼杀**波斯**的自由。

四 陈乐民：《〈十八世纪外交史内幕〉笔记》（节选）①

马克思的《十八世纪外交史内幕》是一本研究十八世纪欧洲国际

---

① 本文节选自陈乐民：《〈十八世纪外交史内幕〉笔记》，载《中国社会科学院研究生院学报》1987年第1期。

关系的学术著作。书中大量引用了几份有关这个时期外交史的文件，许多是全文照录，书的主要部分则是马克思对这些文件所作的脚注、评论和发挥。乍一看，似乎不像一本有头有尾的书；深入下去就会发现，这是一本别具特色的国际问题著作，贯串着引人入胜的理论思维。

本书的主要内容是，十八世纪俄国和英国的关系和它们各自的政策、行为特点，也旁及有关的欧洲国际关系问题。要了解俄国和英国外交政策的历史渊源，这确实是一本不可不读的书。马克思对于欧洲问题分析之精辟自不待言，在国际问题的研究方法方面也给我们以极重要的启发。

一

这本书引用的主要文件，是直接反应1700年开始的北方战争的三本小册子：《北方危机》、《防御条约》和《真理合乎时宜才是真理》。

《北方危机》看来是丹麦宫廷透露出来的，1716年以小册子的形式在伦敦印行了英译本。1715年，俄国、丹麦、波兰、普鲁士和汉诺威缔结了北方联盟，目标是瓜分瑞典帝国，并准备第二年入侵瑞典本土。俄、丹两国是出兵最多的，利害关系也最直接。在同盟国行将向瑞典的马尔默首府肖楠（肖楠是根据1660年哥本哈根条约由丹麦割让给瑞典的）发起进攻的前夕，俄国突然变卦，表示不能如约派出三万俄军，只能派一万五千人，并说要推迟对肖楠的攻击（这并不是说俄国不想进攻瑞典了，只不过是想先造成瑞丹相互消耗的局面，然而再来收拾瑞典帝国）。这就给丹麦造成了很大困难和压力。丹麦宫廷认为有必要把有关情况向各国宫廷作一公开声明，《北方危机》的小册子就是为此而发的。

这里值得注意的并不是肖楠之战，而是英国的立场。英国本于1700年与瑞典签有防御同盟条约，但在北方联盟决定进攻肖楠时，却站了瑞典的敌人——北方联盟一边。英国国王通过驻丹公使表示支持丹麦，想方设法说服沙皇维持进攻肖楠的原议。英国还通过汉诺威以海军增援丹麦，因而在两军对垒中背弃了自己的盟国——瑞典。马克思指出,英国就这样被抛进了"俄国的势力圈"。俄国也由此很清楚地了解到英国在北方战争中的立场和作用。

《防御条约》是根据英国议会两院部分议员的要求发表的小册子。它把英瑞同盟条约的主要条款公诸于世,并且用批注的方式提出了二十几个"疑问",比前一本小册子更直接地揭露英国背弃条约、勾结俄国的"亲俄性质"。例如,条约的第二条写道:"盟国中任何一方由自己或任何别人,无论以何种方式或任何地点,无论从陆上或海上,进行损害另一方,使其丧失国土或领地的行动、谈判或尝试,均为非法;一方绝对不得协助另一方的敌人,包括反叛者或敌对者,以损害其盟国。"小册子则针对这一条款揭露,英国正在与俄国联合行动,英国的海军上将参加了俄国的针对瑞典的军事会议,并与北方联盟各国一起参与对瑞典的袭击。小册子说,主要是由于英国的缘故,瑞典丧失了它的全部德意志省份。这本小册子无疑出自英国"反俄派"议员之手。

《真理合乎时宜才是真理》于1717年在伦敦出版,写明"全部摘自N.N.在1715年8月从出使莫斯科宫廷回国奉国王陛下之命编写并向国务大臣的报告。谨呈下院。"也反映"反俄派"观点。这本小册子提醒英国内阁警惕俄国将成为危害英国利益的竞争敌手。

此外,还全文收进三封英国驻俄使节写回的信和一份报告。这些函件的国际背景,是北方战争以后直至十八世纪晚期以英俄关系为主的欧洲外交舞台上的纵横捭阖。文件披露了英国为了攫取欧洲霸权与俄国相互利用的情况。这些出使俄国宫廷的英国使节根据他们奉使期间的见闻,担心俄国同其他欧洲国家的关系可能损及英国的利益。

二

《十八世纪外交史内幕》中分量最大、着墨最多的,是马克思回顾几个世纪以来的俄国的发展道路。他在最后两章里集中写透了这个问题,堪称"通古今之变"的精彩文字。马克思和恩格斯论及沙皇俄国的文章很多,这本书可说是最系统的。

……

当时，西方对俄国有两种说法。一种是低估或干脆否认俄国的强大潜力，这当然是不符合历史事实的。另一种意见则相反，认为俄国从来就有广漠的版图，并非后来发展所强大起来的。有些俄国历史学家便硬说"这个使十九世纪欧洲害怕的北方幽灵"早在九世纪柳里克王公们治下就是笼罩欧洲的现实了。这当然也是不符合历史事实的。照这样说，早已如此，何来扩张之有！

于是，马克思从九世纪柳里克王公帝国时谈起，讲到它怎样不断分裂，以至诺曼式的俄罗斯迅速地从舞台上消失，一个与柳里克王公帝国的延续性微乎其微的莫斯科公国在"蒙古奴役的血腥泥潭"中代之而起。马克思很详细地追述了莫斯科公国怎样"从默默无闻中显露头角"，叙述了伊万一世·卡利塔怎样把其他王公一个一个地打下去，终于成为莫斯科公国权力的缔造者，是为莫斯科大公（1328年）。但当时的莫斯科公国还处于东方鞑靼人的统治之下。

当公位传到伊万三世（1440—1505）时，莫斯科公国才发展到一个新阶段。伊万三世其人并没有什么了不起，是一个"公认的懦夫"，他绝不是靠自己出众的智慧和韬略完成这个业绩的。然而，时代使他在位时进行了几场使欧洲震惊的斗争，由此巩固了莫斯科公国。这几场斗争是：与东方鞑靼人的斗争，与北方诺夫哥罗德人的斗争，与拥有封土的王公们的斗争，与西方的立陶宛、波兰的斗争。通过这些斗争，伊万三世做了伊万一世想做而做不到的事情。马克思说：

> 只要改换一下姓名和日期，就可以明显看出伊万三世的政策和现代俄国的政策并不是什么相似，而是一模一样。而伊万三世则不过是把伊万一世·卡利塔遗留下的莫斯科公国的传统政策加以完善化而已。

伊万三世起了承上启下的作用。他使莫斯科公国摆脱了东方蒙古贵族的统治，巩固了伊万一世缔造的业绩。但继承传统政策，并且加以发扬光大，从而使欧洲感到威胁的，则是一百多年以后的彼得一世（彼得大帝）（1672—1725）。彼得一世把伊万的传统政策"提炼成一个抽象的公式"、"把它的目的加以普遍化"，并且进而"把它的目标从推翻某个既定范围的权力提高到追求无限的权力"。莫斯科公国于是变成了"现代俄国",彼得一世则因此成为"现代俄国政策的创立者"。

彼得一世是伊万三世以后又一个俄国历史上的权力人物,他把俄罗斯的历史推到现代;他的新业绩,就是把僻居内陆地区的斯拉夫人世世代代要"探海"的梦想实现了。他宣布:"俄国需要的是水域。"

为了实现这句写在自己传记扉页上的誓言,彼得一世在阿速夫海、黑海、里海、波罗的海与土耳其、波斯、瑞典迎头相撞,把俄罗斯的地缘政治一步一步地向四周延伸出去,东抵顿河、德涅泊河、布格河、刻赤海峡,北抵涅瓦河口,并通过与瑞典的战争在波罗的海占据要津,建立了一个"俄国的利物浦",然后从北向西扩展。马克思分析说:"对于一种地域性蚕食体制来说,陆地是足够的;对于一种世界性侵略体制来说,水域就成为不可缺少的了"。于是,"彼得用出色本领把帝国的都城从内陆中心迁到滨海地区,他的特有的胆略把新都建在他征服的第一块波罗的海海岸上,距离边境几乎在步枪射程之内,就这样有意给他的领土制造一个外偏中心。"

马克思特别重视彼得一世的迁都(迁至圣彼得堡),这是俄国发展史上有决定意义的一举。从此,俄国就原来的内陆国家转向了海洋,使原来只借助东方的政策发展为同时向西开放和扩展的政策。这对于俄国的未来发展具有不可估量的意义。

其一,马克思犀利地指出,既然彼得堡是彼得一世"有意"制造出来的"外偏中心",那么以此为中心的圆周怎样划和划到哪里,就是最值得注意的大问题了。用马克思的话来说:"彼得堡这个帝国的外偏中心从一开始就表明:一个圆周尚有待划定。"这是画龙点睛的一笔。明确地说,这是一个"为进行世界性阴谋而精心选中的巢穴"。

其二,彼得一世因此使俄国接触了西方先进的科学文明。"通过迁都,彼得宣告了他打算反过来借助于西方来影响东方和各紧邻国家。如果对东方的借助由于亚洲各国人民的停滞特性和有限交往而大受限制的话,那么对西方的借助则由于西欧的活动特征和频繁交往而顿时变得毫无限制和无所不包了。"

彼得一世的俄国从北向西,从波罗的海接触了英国、荷兰等"海上强国"的科学、技术和工业、商业,从而加速了俄国资本主义发展的步伐。从俄罗斯的发展看,这第二种意义的重要性绝不下于第一种意义。甚至可以说,如果没有后者,前者肯定会遇到困难,甚至难免落空。

有彼得一世的政策确定了俄国向外大力扩展的姿态,俄国才得以借着这一强劲的推动向前奔跑起来,才会有叶卡特琳娜二世乃至保罗一世的进一步对外侵略扩张政策。俄国作为一个庞然大物才因而能够野心勃勃地迈进十九世纪,逼使欧洲接受它,同它认真地打交道。

三

一般史书写到北方战争时,都不太注意英国扮演了什么样的角色。马克思则注意到了这个后台的演员,把它们这个时期的政策描绘得淋漓尽致,而且着眼于这一政策的延续性。

北方战争时期("光荣革命"以后)的英国,作为欧洲大陆的"外来户",除了忙于同荷兰、西班牙、法国等争夺海上和海外霸权外,还要想方设法取得除与汉诺威的姻亲关系以外的更多的利益;能否涉足波罗的海地区当然是十分重要的。在短短十多年当中,它先于瑞典帝国缔结防御同盟,旋即背弃了同盟者,使俄皇得以趁瑞王年幼、丹麦和波兰孱弱,放手向爱沙尼亚、芬兰伸手,并伺机把丹麦、波兰、瑞典"一个一个吞噬掉"。马克思几乎全文引证的这份文件说,如果沙皇的计划得逞,他就将成为这些国家的敌人,那时的俄国将不仅"独揽全部北方贸易",而且可以把里海或黑海与彼得堡连结起来,土耳其和波斯地区就都在俄国的影响之下了。同时,俄国势将西向开进德意志帝国,深入欧洲腹地。

……

马克思在这里明确说,英国在北方战争一开始,也就是在它同瑞典缔约的时候,就已"理解"了俄国的意图,对于俄国的扩张是"默许"的。俄国在瓜分瑞典帝国的战争中是最大的得利者;英国在瓜分西班牙的王位继承战争中是最大的得利者。英国虽然不是北方战争的直接参加者，但其中时刻有它的影子，终于由于背弃了与瑞典的盟约而在波罗的海地区分得了一杯羹。因此，英国的"亲俄"本有所图，只是"假装天真糊涂"而已。英国要染指波罗的海是定了的，问题是在俄国和瑞典之间选择谁。英国是先选择了瑞典，不久以后选择了俄国。

当时曾有人用"商业利益"来解释为什么英国背弃瑞典，倒向俄国。马克思说这只是"杜撰"出来的"借口"；"商业利益"问题不过是个"外表"，英国内阁作的文章比"商业利益"要大得多。"光荣革命"后英国金融资本的政治地位已经迅速膨胀了起来，它的眼睛远处盯着世界，近处盯着欧洲；它既看中了波罗的海地区，也看中了俄国这个可以容纳巨额投资的场所。彼得一世从荷兰拿到投资的前例，使英国金融资本不禁垂涎三尺，也跃跃欲试。英国决心尽早与俄国缔约，为此需要向俄国送礼，开始衰落的瑞典帝国便充当了牺牲品。俄国也深深理解这是一个必须抓住的绝好机会。因此，马克思说："霍雷修·沃尔波尔用这样一句话来说明他的时代特征：'现今时兴的，是互相利用。'"这段故事再恰当不过地为百多年后英国首相帕麦斯顿的一句名言作了注脚，他说："我们没有永久的盟友，也没有永久的敌人。我们的利益才是永久的和不变的。"

十八世纪后半叶，英国继续实行这种远交近攻的政策。它与西班牙战，与法国战，同它们争夺海外殖民地，但对俄国则拉拢政策。那时，西欧大国为了扩张自己的势力，为了相互排斥，几乎都把俄国看做可以利用来牵制自己的直接敌人的力量，这当然为俄国提供了插足欧洲事务的机会。人们看到：

——英国和俄国相互利用，先是一起针对瑞典，继而是共同遏制法国。

——当英国困于北美殖民地独立战争之中，并面对法国、西班牙、荷兰等欧洲国家的联合进攻的时候，它指望俄国不要参加进反英的行列。俄国宣布了"武装中立"，这对英国既是安抚，也是威胁，但英国为了不增加压力，仍报以来诺尔卡岛。

——法国和俄国相互利用，以共同针对普鲁士；而法俄接近，特别是北美战争期间法俄的任何亲密表示都足以引起英国的警觉。

——普鲁士与俄国先在北方战争、后在七年战争期间缔约，并三次勾结一起瓜分波兰。

——法国革命爆发后，几乎所有欧洲君主国都相互勾结起来，结成几次反法联盟，把战争强加给法国。

于是，马克思敏锐地提示给人们一把观察十八世纪外交史的钥匙："……俄国自知它与其他国家没有任何共同利益，但是每一个国家都必须分别认识到它与俄国有排斥其他国家的共同利益。"

在这许多相互利用的关系中，无例外地都有一个俄国。英国等在相互利用中都未俄国之西向提供了机会，但也为自己树立了一个强大的竞争对手。这也算作一条欧洲近代史中的规律。马克思大量摘引的《真理合乎时宜才是真理》中提出警告说，英国内阁希图用扶植一个第三海上大国的巧妙办法来维持波罗的海均势，必定会因失控而养虎遗患。这本匿名小册子大声疾呼英国已不能独立控制均势，"时间必将向我们证实，把俄国人赶出波罗的海现在应该是我们内阁的首要目的。"这是马克思摘录的最后一句话，也是《十八世纪外交史内幕》的最后一句话。马克思没有再多加评述，但引文本身足以说明，一个斗争更加复杂激烈的十九世纪的欧洲的轮廓已经勾勒出来了。

拿破仑战争的结束宣告了英俄合作的结束，而克里米亚战争则为从十八世纪以来的英俄关系作了小结，它们终于转友为敌了。像恩格斯说的，切身利益使英国"成为反对俄国兼并和扩张领土计划的死敌"，"英国是不能同意俄国占领达达尼尔海峡和博斯普鲁斯海峡的。俄国如果占领这两个海峡，无论在贸易方面和政治方面，对英国实力都是一个沉重的打击，甚至是致命的打击。"[①]

四

马克思在这本书里提出了一个很重要的历史观。在我看来，它不仅

[①] 《马克思恩格斯全集》第9卷，北京：人民出版社1961年版，第14页。

是全书的方法论,对一般治学(起码对我涉足的国际政治)也有指导意义。他说:

要了解一个限定的历史时期,必须跳出它的局限,把它与其他历史时期相比较。要判断历届政府及其行动,必须以它们所处的时代以及和它们同时代的人们的良知为尺度。

这段话包含两点意思:

一,在观察一个限定时期的历史事件时,必须同其他时期比较,即要超越这个时期的局限;只有经过不同时期的比较,才能更深刻地了解这个限定的历史时期的特质。换言之,就是要有历史发展、延续和比较的观点。

二,在对一个人(一个政府、一个团体)的行为加以判断或评价时则相反,即不能超越那个特定的历史条件的局限,必须以他所处的历史时期所许可的条件为依据;"同时代的人们的良知",一般就是在这种条件下的"良知"。换言之,就是要有一切以时间、地点、条件为转移的观点。

总起来说,就是研究问题必须有"历史感"。国际关系既有历史的连贯性,又有历史的阶段性;没有历史感,便不足以言今天的国际关系。

……

沙皇俄国的政策及其意图是很容易理解的,以当时"同时代的人们的良知为尺度"是容易理解的。但是,英国统治阶级并没有按同一尺度行事,这就涉及到马克思所说的英国内阁在北方战争中的"亲俄性质"问题。马克思并没有简单化,而是:

第一,把英国统治阶级分成不同的小集团,有的主张英国应该继续站在瑞典一边,有的则主张应站在俄国一边。由于有不同的集团,英国内阁的这项或那项政策措施,"当然总是会符合这个阶级的这个或那个小集团的特殊利益"。第二,即使是站在俄国一边对瑞典落井下石的英国内阁,也是很早就理解了俄国的"意图"。所以,马克思所谓英国内阁的"亲俄性质"不过是极而言之,是从它的政策表象来看的,并不是说英国内阁真的"亲俄"。

……

五

这本书如果要归类,应属国际关系,或国际政治。像本文开头说的,它有很强的理论思维力量。

在西方,国际关系或国际政治可以笼统地说有两类研究方法。一种姑称之为"务实派"的研究法,认为国际关系无抽象理论可言:国际关系就是各国对外政策的总合,而对外政策只有实践,写出来的便是实践的记录,与理论不搭界。我想这大概是有些偏颇的。国际关系或国际政治属于社会科学,总要提到理论的高度,甚至需要探寻它的哲学含蕴,即对事实作理论的抽象,而不只是资料的堆砌、分类或归纳,也不只是就事论事。另一种是"务虚派"的研究法,提出国际关系应当"概念化"(Conceptualization),并推到极端,以至发展为从概念到概念,从定义到定义,陷入了新公式主义;空洞的术语层出不穷,却缺少充实的内涵,事物的面目反而被弄得朦胧不清,或者有意把明明简单的道理弄得繁琐而又玄虚。我觉得这种把理论架空的研究法,也是不足为训的。

人类正常的思维活动应该是从客观实际到头脑加工。及至治学,最最基本的终归还是太史公说的"网罗天下放失旧闻,略考其事,综其终始,稽其成败兴坏之纪",然后才有进行抽象思维的根据。马克思的《十八世纪外交史内幕》,篇幅不大,却是理论与实践相结合的巨著,通篇闪耀着理论思维的光芒,有着震撼人心的力量。其所以故,恰恰就在于马克思不作脱离事实的纯抽象思维,每一分析、每一推论、每一论断都有大量而全面的事实作为依据。仍以彼得一世的"外偏中心"论为例,马克思起码是在通盘研究了伊万以来的俄国发展史之后,才水到渠成地作出这个结论的。也就是说,他是先有了这些文件,加上他对现实问题的了解,才进入理论思维的:书中不乏警句,都是这样从大量的具体事实中抽象出来的。"论"从"史"出,这里的"史"就是包括过去的和现行的现实运动的材料。国际政治是很具体的学问，各种各样矛盾只能通过具体事物的运动表现出来。

这个问题似乎是老生常谈，但实行起来却仍有问题。作一篇文章，总要先有材料，否则就是无米之炊。如果先生主观主义地凭空"想"一个题目，然后去找材料，那就颠倒了思维运动的次序，结果或则索性作不出文章，或则把拿到手的材料断章取义，为我所用。这绝不是我们应该提倡的学风。

研究国际政治需要上升到理论，这是肯定的，问题是绝不能丝毫忽视理论思维的物质基础。

此外，我还觉得，马克思这本书的文风也属上乘。前面说过一开卷辄不能释手，文字的犀利、透彻、生动是不可小看的原因。

由此我联想到，绝不可把理论文章的文字问题看做不足道的雕虫小技，因为第一，它关系到论点能否充分而准确地表达；第二，它关系到能否使人读下去。即使立意极好，如果文字使人无法卒读，仍然起不到应有的效用，那是非常遗憾的。我国宋代诗人梅尧臣说，凡好文章都要有两个条件，即"意新、语工"。多年来，报刊上常有人批评某些理论文章之佶屈聱牙，不能不引起我们的重视。长期以来确实有一种错误的看法，以为凡理论文章必具有一定程式，否则即不被接受为理论文章；遣词造句也率多道貌岸然，以致千人一面，毫无特色。读了马克思这篇不拘格调、挥洒自如的著作，我止不住联想了许多。我认为，理论著作不仅应该文字清通，而且应该提倡作者的个性和特色。

近一两年来，我在一些大学兼课，发现系里给学生列出的参考书目中都有这本书，且指为必读。我则由于特别喜欢这本书，也经常以很大的热情向学生们（包括我们研究生院西欧系的研究生）推荐。但是，我隐隐约约地感到，真正认真去读的人似乎不多，甚至多数人可能根本没有看。这是很可惜的。现在把我的粗浅体会写出来，倘能引起一丝阅读这本书的兴趣，我也就满足了。

附录 Ⅱ　延伸阅读书目

著　作

1. 《马克思恩格斯全集》第 44 卷，北京：人民出版社 1982 年版。
2. 《马克思恩格斯全集》第 29 卷，北京：人民出版社 1972 年版。
3. 《马克思恩格斯文集》第 2 卷，北京：人民出版社 2009 年版。
4. 《马克思恩格斯文集》第 1 卷，北京：人民出版社 2009 年版。
5. 《马克思恩格斯全集》第 13 卷，北京：人民出版社 1998 年版。
6. 《马克思恩格斯全集》第 12 卷，北京：人民出版社 1998 年版。
7. 《马克思恩格斯文集》第 4 卷，北京：人民出版社 2009 年版。
8. 马克思：《十八世纪外交史内幕》，北京：人民出版社 1979 年版。
9. 《毛泽东外交文选》，北京：中央文献出版社、世界知识出版社 1994 年版。
10. 《周恩来外交文选》，北京：中央文献出版社 1990 年版。
11. 《邓小平外交思想学习纲要》，北京：世界知识出版社 1999 年版。
12. 中央编译局编：《回忆马克思》，北京：人民出版社 2005 年版。
13. 〔英〕泰勒：《争夺欧洲霸权的斗争》，沈苏儒译，北京：商务印书馆 1987 年版。
14. 王逸舟：《中国外交新高地》，北京：中国社会科学出版社 2008 年版。
15. 白云真：《当代中国外交变迁和转型》，北京：中国社会科学出版社 2011 年版。

论 文

1. 陈乐民:《〈十八世纪外交史内幕〉笔记》,载《中国社会科学院研究生院学报》1987年第1期。

2. 郭树勇:《"国际政治的秘密":对马克思国际政治观的政治社会学重读》,载《太平洋学报》2007年第11期。

3. 达·梁赞诺夫:《卡尔·马克思论俄国在欧洲的霸权地位的起源》,载《马列著作编译资料》第5辑,北京:人民出版社1979年版。

4. 莱·哈钦森:《马克思〈十八世纪外交史内幕〉1969年英文版的〈导言〉》,载《马列著作编译资料》第5辑,北京:人民出版社1979年版。(罗铁鸽译 杜章智校)

图书在版编目（CIP）数据

马克思《十八世纪外交史内幕》研究读本／白云真编著．—北京：中央编译出版社，2014.12
（马克思主义经典著作研究读本／杨金海，李惠斌主编）

ISBN 978-7-5117-2378-9

Ⅰ．①马… Ⅱ．①白… Ⅲ．①《十八世纪外交史内幕》-马克思著作研究 Ⅳ．①A811.24

中国版本图书馆 CIP 数据核字（2014）第 248018 号

马克思《十八世纪外交史内幕》研究读本

出 版 人：	刘明清
责任编辑：	盛菊艳
责任印制：	刘　慧
出版发行：	中央编译出版社
地　　址：	北京西城区车公庄大街乙 5 号鸿儒大厦 B 座（100044）
电　　话：	（010）52612345（总编室）　（010）52612335（编辑室）
	（010）52612316（发行部）　（010）52612317（网络销售）
	（010）52612346（馆配部）　（010）55626985（读者服务部）
传　　真：	（010）66515838
经　　销：	全国新华书店
印　　刷：	北京文昌阁彩色印刷有限责任公司
开　　本：	710 毫米×1000 毫米　1/16
字　　数：	231 千字
印　　张：	16
版　　次：	2014 年 12 月第 1 版
印　　次：	2018 年 6 月第 3 次印刷
定　　价：	56.00 元

网　　址：www.cctphome.com　　邮　　箱：cctp@cctphome.com
新浪微博：@中央编译出版社　　微　　信：中央编译出版社（ID：cctphome）
淘宝店铺：中央编译出版社直销店（http://shop108367160.taobao.com）　（010）52612349

本社常年法律顾问：北京市吴栾赵阎律师事务所律师　闫军　梁勤
凡有印装质量问题，本社负责调换。电话：（010）55626985